震災復興・原発震災
提言シリーズ 11
PROPOSAL SERIES

東日本大震災
100の教訓
復興検証編

千葉　昭彦 Chiba Akihiko
塩崎　賢明 Shiozaki Yoshimitsu
長谷川公一 Hasegawa Kouichi
遠州　尋美 Ensyu Hiromi
みやぎ震災復興研究センター 編

クリエイツかもがわ
CREATES KAMOGAWA

はしがき

2023年は関東大震災から100年の節目の年にあたる。9月1日の大地震により、東京、神奈川を中心とした関東各地、さらには静岡に至る広い範囲に被害が及んでいる。特に、東京下町の木造住宅密集地域を中心に火災が各所で発生し、その犠牲者を中心として死者・行方不明者は推定で10万5千人に達すると言われている。この大震災に対しては即座に帝都復興院が設置され、帝都復興計画が提案されている。この復興計画自体は理想的な近代都市計画とも評されているが、実際には予算が大幅に圧縮され、その計画は実現されなかった。しかしこの大震災に対する復旧・復興への取り組みはその後の東京の都市構造を方向づけている。すなわち、この復旧・復興の過程で山の手方面にオフィスや大学等の諸施設が移転し、そのさらなる西方に住宅地が広がった。そしてその結果として新宿や渋谷、池袋などがターミナル駅としての地位を獲得するようになった。つまり、東京の今日の姿はこの100年前の震災からの復旧・復興に端を発するものも少なくない。

東日本大震災発生からも既に12年を経ていて、今の小学生は大震災の記憶はなく、中学生もその記憶はあまり鮮明ではないだろう。被災の記憶はどんどん薄れ、被災地の痕跡も次々と変化しつつある。ただ、この復旧・復興の取り組みは、関東大震災での取り組みと同様に、被災地の今後の変化の端緒となる可能性は大きい。とは言え、関東大震災の被災地とは異なり、東日本大震災の被災地の多くは少子高齢化の中で人口減少が顕著な地域であり、商業活動も停滞状態にあり、農水産業の衰退も著しい地域でもあった。そういった点では被災地の今後の変化は東京とは異なる経過をたどる可能性は大きく、実際そのような兆候は既に指摘されている。例えば、水産業が回復しない沿岸部では土地区画整理事業が完了しても空き地が目立ち、仙台とその周辺市町を除いて宮城・岩手両県での沿岸市町村では人口減少が加速化している。その結果、多額の事業費をかけた道路や橋、防潮堤などは人々の暮らし、地域社会を支えているとは言い難い状況にある。また商業活動も被災地応援・観光的な小売り飲食施設は整備されているものの、高台移転した住民居住地が遠隔化したことなどからそれまで続いていた個人商店などの廃業も少なくはない。

このような復旧・復興の先行的な事例としては北海道南西沖地震の被災地奥尻島をあげることができる。1993年7月に発生した地震は奥尻島で推定震度6とされていて、奥尻町では死者・行方不明者202人、住宅の全壊・半壊481戸の被害などを記録している。特に島の南部の青苗地区は三方を海に囲まれていて、各方面から津波が複数回押し寄せたために壊滅状態になったと伝えられている。このような被災に対して奥尻島での復旧・復興事業は徹底したハード事業が進められ、島周囲に総延長14キロ、最大高さ11・7メートルの防潮堤が建設され、青苗地区の漁港は人口基盤で固められた。しかし、この〝世界一津波対策が進んだ島〟ではそれから30年を経てこれらの建造物の劣化が著しくなっている。これらの修繕費や集団移転の居住地の整備が大きな負担となっているし、さらにそのことが他の公共施設等の修理・整備をも滞らせている。漁業を中心とする産業の停滞・衰退はとまらず、新たな雇用の場も増えているわけではない。そのため、震災発生前から続く若年層を中心とした人口流出はとまらず、奥尻町ではこの間に人口は半減している。このことは町財政のさらなる悪化を招き、劣化した建造物の修理や新たな産業創出などの取り組みを難しくしている。

復旧・復興事業の制度に多少相違はあるものの、30年後の東日本大震災被災地の市町村の姿にこのような状況が当てはまらないとは言い切れない。実際、現在でも石巻市の大川小学校や気仙沼市の気仙沼向洋高校旧校舎などの維持・修繕費の負担が市町の財政に重荷になっているとの報告もある。このように災害復旧・復興が被災地の将来の姿に影響を与える可能性は小さくない。また、大震災発生から8年を経た2019年に出版された『東日本大震災 100の教訓 地震・津波編』においても、応急対応や防災対策の問題以外にも、被災地での産業再建の停滞やインフラ整備の状況、予算のあり方などについても指摘している。それから3年を経た現在では復興事業は基本的には終了している。にもかかわらず、この復旧・復興の取り組みを通じて被災地での諸問題は解消される兆しはみられない。むしろ、復旧・復興の諸事業を通じて問題が新たに発生したり、拡大・深刻化したりしていて、〝復興災害〟と称されるような状態をつくりだしているようにも思われる。これには、直接的・短期的なものも多数あるが、長期的に地域社会のあり方を左右するようなものも含まれている。

今日、日本列島各地で自然災害が多発している。阪神・淡路大震災、熊本、新潟中越、能登等々での地震被害、巨大台風や梅雨前線の活発な活動などによる風水害、日本海側を中心とした記録的な大雪被害、阿蘇や口永良部島などでの火山噴火など挙げればきりがなく、連日のようにニュースで報じられている。そしてこれらの被災地ではそのたび復旧・復興への取り組みが求められている。これら全国でみられる諸事業が適切に取り組まれるためにも、東日本大震災の復旧・復興の過程を検証することは現在の、そして将来の自然災害をめぐる諸課題への視点ともなる。

最後に、本書の構成を簡単に述べておきたい。

本書は、2部構成をとった。第1部は、復興理念・ビジョン、復興制度・手法、復興財源措置、復興推進体制などの、大震災復興事業の全体的枠組みを規定した構造的問題について、俯瞰的・総括的に問題提起する項目からなる。各項目4頁をさいて、本格的に論じていただいた。いわば、総論と言える。

第2部は、復興現場における具体的事例を中心に記録し共有すべき項目からなる、いわば各論である。復旧・復興の各側面から、特徴的事例をピックアップして、各2頁で簡潔に論じている。課題や問題は多岐にわたるが、読者のみなさんの関心にフィットする項目が必ず含まれていることと思う。

私たちが前に出版した『東日本大震災100の教訓　地震・津波編』（『地震・津波編』）とともに、本書も書架に備えて、みなさんご自身の事前減災に役立てていただけるなら、それに勝る喜びはない。

なお、前回出版後の2022年に、みやぎ震災復興研究センターの創設者であり、同書の企画・出版を牽引された綱島不二雄先生がお亡くなりになられました。末筆にはなりますが、綱島先生のご冥福をお祈りいたします。合掌。

2023年11月30日、編著者を代表して　　千葉昭彦

東日本大震災100の教訓――復興検証編　目次

2　復興まちづくり・基盤整備 72

3　住まい、暮らし、コミュニティ再建支援 96

俯瞰的・総括的検証

大震災の復興検証をめぐって ①

対照的な宮城県と岩手県の復興検証への姿勢

東日本大震災から12年あまりが経過した現在、東日本大震災の復興をどのように評価するのかは極めて論争的なテーマである。復興庁や宮城県当局など、行政当局による数値達成を列挙して実績や成果を誇る「検証」があるが、それらは第三者による批判的検証の手続きを経ていないか、批判的検証の過程が明示されていない、一方的な成果報告書というべきものである。復興庁の『東日本大震災からの復興の状況と取組』（２０２２年、各年版がある）や宮城県土木部都市計画課による『復興まちづくりの検証―東日本大震災からの復興　沿岸被災市町の取組と効果』（２０２２年）は、その典型である。

一方、岩手県による『東日本大震災津波からの復興―岩手からの提言』（２０２０年）は、３７９頁もあり、読んでもらおうという姿勢があり、内容的にも読み応えがある。冒頭に4頁の達増知事のメッセージがあり、末尾には索引がついており活用の便をはかっている。復興庁や宮城県の検証記録には索引がついておらず、データ集的な性格が強い。

岩手県は、復興防災部の復興推進課が事務局を担当し、発災当初から県内各界代表を網羅した岩手県東日本大震災津波復興委員会をつくっており、会議には毎回知事も出席し、最後にまとめ的な発言を行っている（通例、この種の委員会では首長は冒頭の挨拶のみで退席することが多い）。各年ほぼ2回開催し、２０２３年2月までに34回会議を行っている。津波復興委員会のもとに、総合企画専門委員会と女性参画推進専門委員会があり、総合企画専門委員会は計33回、女性参画推進専門委員会は計22回委員会を開催している（２０２３年2月現在）。これらはいずれも公開で行われ、会議資料と議事録も県のサイトで公開されている。前述の提言集の作成の方向性や内容も、２０１９年度のこれらの会議で、審議事項となっている。

いわて県民計画（２０１９～２０２８年度）の第1期復興推進プラン（２０１９～２０２２年度）、第2期復興推進プラン（２０２３～２０２６年度）として、復興過程の進行管理、検証の見直しも、この3つの委員会のもとで定常的に継続されている。

これに対して宮城県は、宮城県震災復興会議を２０１１年5月から8月にかけて4回、しかもそのうち2回は東京で開催したのみであり、２０１２年度以降は、復興過程の進行管理、検証の見直し等を外部の有識者を含む形では一切行っていない。復興の検証は、県当局内部でしか行っていないのである。東日本大震災関連で、宮城県が設けていた有識者会議は２０１２年以降は、宮城県震災遺構有識者会議（２０１３年から14年にかけて７回開催）と東日本大震災の記憶・教訓伝承のあり方検討有識者会議（２０１７年度に６回開催）のみである。２０１１年10月に発表され、２０２０年度までをカバーする宮城県震災復興計画が、どのように見直され、改訂されてきたのか、誰も検証することができない。宮城県当局は、第三者による批判的検証の必要性を認識しておらず、またその意義も理解していないようである。なお同計画は、２０２０年に策定された新・宮城の将来ビジョン（２０２１〜30年度）に実質的に引き継がれている。

図１　復興進捗度に関する地域リーダー評価の変遷（岩手県）

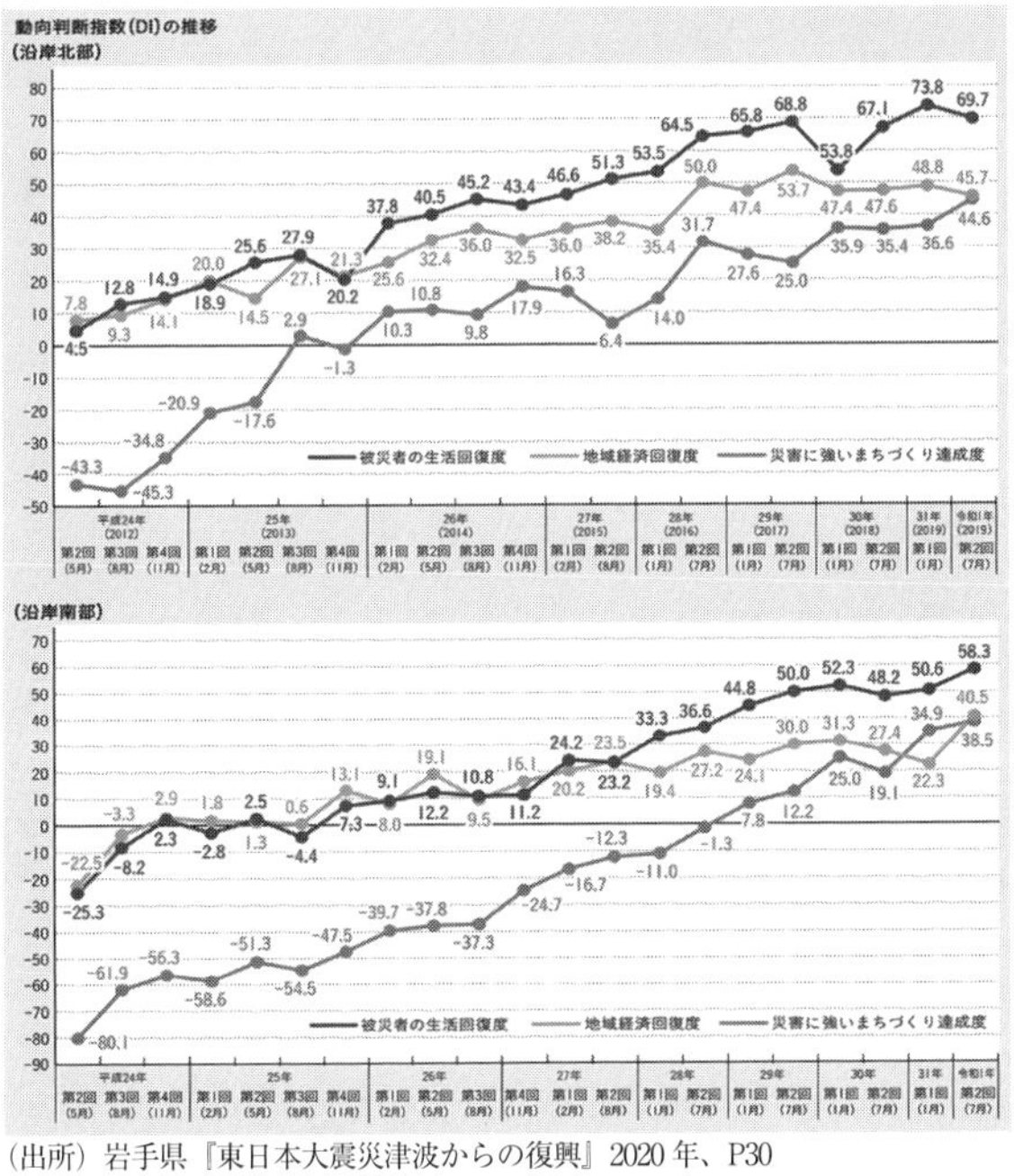

（出所）岩手県『東日本大震災津波からの復興』2020 年、P30

県民意識調査は宮城・岩手両県とも毎年行っているが、岩手県で特筆すべきは、復興推進プランの進行管理の一環として、沿岸12市町村に居住または就労する１５２名（原則毎回同一人とする。自治会・団体役員、教員、金融機関の関係者など、「被災地域において復興の動きを観察できる立場にある方々」が回答者である）を対象に、「いわて復興ウォッチャー調査」を毎年２〜４回実施してきたことである。図１のように、震災被害の大きかった沿岸南部（宮古市以南）と沿岸北部（岩泉町以北）の復興感の時間的ズレが明確に浮かび上がってくる。復興の進捗状況を地域住民に評価してもらうという岩手県の姿勢がこの調査にはよく現れている。

批判的検証の意義

第三者による批判的検証が必要なのは、震災復興のプロセスが適切であったのか、エビデンスとデータにもとづく公平で透明な評価を行うためである。

防潮堤のあり方、まちづくりのあり方、防災集団移転促進事業のあり方、産業や生業の再生、学校・病院等の統廃合など、震災復興をめぐっては、いろいろな見解の相違や利害対立がつきものである。成果とともに教訓や課題も浮き彫りにされ、改善できる点は、すみやかに改善されるべきである。

12年経たから、○○年経たから、復興が終了というわけではない。地域が存続する限り、何年経っても、復興の成否は問われ続ける。今後の地域づくりのためにも、復興の検証は欠かすことができない。地域づくりや地域再生の新たな課題が明確になれば、それに応じて復興の見直しや軌道修正が必要になる。復興のフォローアップ・絶えざる見直しのためにも、批判的検証は不可欠である。

第三者による批判的検証が重要なのは、第三に信頼性の確保のためである。震災復興のプロセスの成否は、当該の地域社会の信頼に依存する。第三者の検証は、情報の公開を可能にし、関心をもつ人びとや地域社会からの信頼確保に貢献しうる。

第四に、震災復興のプロセスのどの点はうまくいったのか、どの点はうまくいかなかったのかを理解することは、今後の災害対策や復興計画の改善に役立ち、今後の教訓を得るために不可欠である。南海トラフや首都直下型地震など、次の大災害に備えて、謙虚に、真摯に、教訓を学びとる必要がある。今日、災害の発生を事前に想定し、被害の最小化につながるような、巨大災害に対する「事前復興」の必要性が叫ばれている。災害に強い地域のグランドデザインを描き、合意形成を図るためにも、東日本大震災の復興の教訓を整理することは欠かすことができない。

気候危機とともに、近年集中豪雨や大型台風の接近・上陸に伴う土砂崩れや浸水などの洪水被害が、日本のどこかで毎年のように起こっている。この12年間で一層顕著になった傾向に「災害の日常化」がある。「災害の日常化」に対処する上でも、批判的検証は不可欠である。

第五に、2011年度から2021年度までの復興関連予算の執行見込額は、総額39兆4482億円である。1億2550万人の人口で割ると、国民1人あたり31万4328円の国費が投じられたことになる。過大な事業や過大な支出だったと批判を受けているプロジェクトも多い。復興庁や県当局には、適正な予算執行に関して、国民に対する説明責任がある。

誰のための、何のための復興だったのか

宮城県・岩手県の被災地を歩いてみると、かさ上げ道路が整備され、石巻以北のリアス式海岸の地区では高台移転がなり、ハードの復旧・復興事業はほぼ終了している。しかしどの地域でも、かつての日常の賑わいは戻ってはおらず、ぬくもりやさざめきは時折の観光客をのぞくと、なかなか聞こえてこない。被災地域の景観は一変した。危険区域に指定され、住民が去った旧中心部では広大な空き地がひろがり、防潮堤や箱物施設に代表される、プラモデルのような、張りぼてのようなコンクリートの無機質な空間がひろがっている。被災地はそもそも交通の利便性の低い地域なだけに、商業施設や震災伝承館などの集客施設が、長期的に持続可能なのか、懸念が残る。

被災者は親しい家族や親族、友人を失い、家を失い、居場所を失い、故郷を失い、生業のよりどころを失った。津波が流したものは死者や行方不明者の数、倒壊家屋数などの数字では示すことができない。住宅の再建をめぐって、居住地の選択をめぐって、家族や親族が引き裂かれ、コミュニティが分断されてきた。被災者一人一人が、苦しく、にがく、重い、様々な選択を強いられてきた。

被災者が、地域社会が得たものは、はたして犠牲の大きさに見合うものだったのか。被災地の多くで、復興をめぐる住民の期待は応えられたのだろうか。

塩崎賢明が「復興〈災害〉」と呼んだように、復興過程で、復興の名のもとに、次々と新たな問題が顕在化し、復興自体が新たな「災害」、災厄をもたらすこともある。

誰のための、何のための復興だったのか。復興の評価の主体は誰なのか。復興の理念、意思決定や政策決定のあり方、復興をめぐる制度の功罪・改善すべき点、費用対効果、被災者支援のあり方、住まいとまちの復興、産業・生業の回復等々、復興の検証は総合的・多面的に行われなければならない。

人口流出が示すもの

東日本大震災の被災地は、そもそも長年人口の流出に苦しんできた。仙台市のような地方中核都市の吸引力をはじめ、人口の流出にはいろいろな要因が複雑に関わっており、単純化は危険だが、大幅な人口減少は、震災によるダメージの大きさと震災復興の困難さのバロメーターと言える。

表1のように、震災前の2010年と2020年の国勢調査人口を市町村別に比較してみると、宮城県の場合、女川町の36・0％減、南三陸町の29・9％減、山元町の27・9％減のように、震災の被害が多かった町ほど、人口減少が著しい。仙台市から比較的近い地域は人口が増加もしくは減少幅は小さい。

表2は岩手県の被災市町村だが、どの市町村も10％以上、人口が減少している。特に大槌町の28・0％減、山田町の23・1％減、陸前高田市の21・6％減、田野畑村の20・4％減が目立つ。

市町村別の人口増減では隠れてしまう地区別の動向をみるために、1市6町が、2005年に広域合併した石巻市について詳しくみてみると、沿岸部の雄勝地区（旧雄勝町）は74・2％減と、人口の4分の3が流出してしまっている。牡鹿地区（旧牡鹿町）は51・6％、北上地区は42・6％（旧北上町）と、いずれも著しい減少率である。これら3地区における被害の大きさと復興の困難さを示している。高台移転をめぐる合意形成や用地確保に時間がかかったために、元の地区への居住を断念した住民が多かった。特に雄勝地区では8割の世帯の住居が全壊もしくは流出だった。高台移転や防潮堤建設をめぐって、地域内での分断、亀裂が大きかったことの現れでもある。

宮城県の『復興まちづくりの検証』は、このような復興の困難さ、地域内での分断や亀裂の深さ、被災者が失ったものの重さなどについて、あたかも一顧だにしていないかのようである。復興計画の策定から復興の検証まで、宮城県当局の姿勢は一貫して、被災者軽視・県主導である。

（長谷川公一）

表1　宮城県沿岸15市町の人口推移

	2010年	2020年	2010年比
気仙沼市	73,489	61,147	▲16.8%
南三陸町	17,429	12,225	▲29.9%
石巻市	160,826	140,151	▲12.9%
女川町	10,051	6,430	▲36.0%
東松島市	42,903	39,098	▲8.9%
松島町	15,085	13,323	▲11.7%
利府町	33,994	35,182	3.5%
塩竈市	56,490	52,203	▲7.6%
多賀城市	63,060	62,827	▲0.4%
七ヶ浜町	20,416	18,132	▲11.2%
仙台市	1,045,986	1,096,704	4.8%
名取市	73,134	78,718	7.6%
岩沼市	44,187	44,068	▲0.3%
亘理町	34,845	33,087	▲5.0%
山元町	16,704	12,046	▲27.9%
宮城県全体	2,348,165	2,301,996	▲2.0%

表2　岩手県沿岸12市町村の人口推移

	2010年	2020年	2010年比
洋野町	17,913	15,091	▲15.8%
久慈市	36,872	33,043	▲10.4%
野田村	4,632	3,936	▲15.0%
普代村	3,088	2,487	▲19.5%
田野畑村	3,843	3,059	▲20.4%
岩泉町	10,804	8,726	▲19.2%
宮古市	59,430	50,369	▲15.2%
山田町	18,617	14,320	▲23.1%
大槌町	15,276	11,004	▲28.0%
釜石市	39,574	32,078	▲18.9%
大船渡市	40,737	34,728	▲14.8%
陸前高田市	23,300	18,262	▲21.6%
岩手県全体	1,330,147	1,210,534	▲9.0%

表3　石巻市地区別人口の推移

	2010年	2020年	2010年比
石巻地区	112,683	99,904	▲11.3%
河北地区	11,578	9,878	▲14.7%
雄勝地区	3,994	1,031	▲74.2%
河南地区	16,950	18,481	9.0%
桃生地区	7,582	6,629	▲12.6%
北上地区	3,718	2,135	▲42.6%
牡鹿地区	4,321	2,093	▲51.6%
石巻市全体	160,826	140,151	▲12.9%

（注）表1、表2、表3とも国勢調査人口

俯瞰的・総括的検証

地域・コミュニティ主体の復興だったのか

②

復興構想7原則と現実

　東日本大震災から2か月後の2011年5月10日、政府の「東日本大震災復興構想会議」は「復興構想7原則」を発表した（以後、2000年以降の年は原則西暦下2桁で表記）。原則2には、「被災地の広域性・多様性を踏まえつつ、地域・コミュニティ主体の復興を基本とする。国は、復興の全体方針と制度設計によってそれを支える」と謳っていた。原則4には「自然エネルギー活用型地域の建設を進める」とあるが、宮城県内で自然エネルギー活用型地域づくりを進めているのは、被災地では東松島市のみである。復興構想7原則はいずれも大なり小なり空手形に終わった感があるが、とりわけ「地域・コミュニティ主体の復興」は虚ろに感じられる。全体として、国主体・県主導の復興であり、巨大防潮堤やかさ上げ道路の整備、高台移転、防災集団移転促進事業、区画整理事業など、ハードな公共事業中心の復興だった。事業メニューありきの復興だった。被災地の多様性がどこまで踏まえられていたのかは疑問である。市町村独自の創意工夫の余地は、極めて限られていた。

面的な「災害危険区域」指定の問題点

　岩手・宮城・福島の震災3県の浸水面積約4万7100㌶のうち、ちょうど3分の1（33・4%）にあたる1万5700㌶が建築基準法第39条の「災害危険区域」に指定され、被災者は居住用の建物の新築や増築を禁じられ、現住地での住宅再建を断念させられた。指定面積は山手線の内側の面積6440㌶の2・4倍にあたる。災害危険区域の指定にあたったのは、個々の市町村である。表1のように、大船渡市では浸水面積に占める災害危険区域の割合は、96・3%にものぼった。リアス式海岸がひろがる宮城県北部は75・0%と割合が高く、平地の宮城県中南部は29・9%と相対的に低い。その中では山元町の81・0%が高い。

　災害危険区域の指定は、区画整理事業や防災集団移転促進事業（防集事業）などの前提となるものである。指定の仕方は様々だが、地域住民の意向の聴取とともに、移転事業との整合性などに関して県との調整が図られた。ひょうご震災記念21世紀研究機構研究調査本部『自然災害後の土地利用規制における現状と課題』（2015年）の被災市町村へのヒアリング調査によれば、区画整理事業や防集事業を実施するために、面的に広範囲に指定せざるを得なかったとされる。表1で、陸前高田市の災害危険区域指定の割合が5・3％と例外的に低いのは、他の自治体が災害危険区域指定を面的に行ったのに対し、陸前高田市は防集事業やがけ地近接等危険住宅移転事業（がけ近事業）に参加する世帯を対象に点的に災害危険区域の指定を行ったためという。災害危険区域の面的指定によって、高台の確保や移転場所選択の合意形成に時間がかかり、集団で移転する者と単独で他所で自主再建を選ぶ者との分断や亀裂をひろげ、結果的に高台移転が桎梏となって、コミュニティが維持できなくなった事例が多い。みやぎ震災復興研究センターの小川静治の試算では、防集事業では、通例事業開始まで2年半、事業開始から終了まで平均580日を要しているという。移転が可能になるまで4年以上を要したことになる。造成費や宅地整備費が高騰し、総事業費は1戸あたり4千万円前後となった例も少なくない。特に石巻市の雄勝・牡鹿・北上地区では、1戸あたり平均6千万円も要している。被災した全国27市町村計324地区で住宅用の宅地整備が防災集団移転促進事業によって行われ、20年3月末までに完了した。事業に必要な約6千億円の経費は、ほぼ全額国費でまかなわれた。

災害危険区域の指定をもっと抑制的に行い、住民の選択によって浸水域であっても現住地での住宅再建を可能にしたならば、短期間での自力再建が容易になり、現住地でのコミュニティの存続が可能だったのではあるまいか。災害危険区域指定と高台移転のようなハードな事業だけが、「防災・減災」の切り札ではない。防災・減災は、日頃からの避難行動の準備や心がけとセットで考えるべき問題である。

早期の小規模な移転を可能にする方法として注目されるのは、大船渡市で実現した「差し込み式防集事業」である。既存集落の空き地などに移転するというやり方であり、大船渡市では、このやり方で防集事業の約半数にあたる186戸が移転し、造成に要した費用は、1戸あたり3237万円で200日あまりで事業は完了している。大規模な造成工事が不要になったためだ（各論2－⑤参照）。

他の大規模な造成事業では、事業に時間がかかったため、自力再建可能な若年層は待ちきれずに新たな雇用の機会を求めて他出し、半島部での小規模な造成宅地には高齢者世帯が残り、造成地の長期的な持続可能性が懸念されている。

岩手・宮城・福島の震災3県の高台移転の計画戸数は、12年12月時点では合計約2万8100戸だったが、17年9月時点では計約1万8300

表1　災害危険区域を指定している市町村の基礎情報

		浸水面積概数（ha）	建物用地浸水面積（ha）	被災建物全壊率	災害危険区域（ha）	災害危険区域指定率
岩手県	野田村	200	100	0.605	76	0.380
	宮古市	1,000	400	0.604	554	0.554
	山田町	500	200	0.820	228	0.456
	大槌町	400	200	0.797	154	0.384
	釜石市	700	200	0.629	179	0.256
	大船渡市	800	400	0.503	771	0.963
	陸前高田市	1,300	300	0.938	69	0.053
	小計	4,900	1,800	0.687	2,030	0.414
宮城県北部	気仙沼市	1,800	600	0.538	1,390	0.772
	南三陸町	1,000	300	0.695	666	0.666
	女川町	300	100	0.743	269	0.897
	小計	3,100	1,000	0.601	2,325	0.750
宮城県中南部	石巻市	7,300	2,100	0.376	1,696	0.232
	東松島市	3,700	800	0.408	1,202	0.325
	塩竃市	600	400	0.062	13	0.022
	七ヶ浜町	500	100	0.172	160	0.320
	仙台市	5,200	700	0.153	1,216	0.233
	名取市	2,700	300	0.200	769	0.285
	岩沼市	2,900	400	0.136	1,056	0.364
	亘理町	3,500	400	0.428	545	0.156
	山元町	2,400	300	0.499	1,945	0.810
	小計	28,800	5,500	0.220	8,602	0.299
福島県	新地町	1,100	100	0.352	56	0.051
	相馬市	2,900	200	0.193	110	0.038
	南相馬市	3,900	300	0.402	1,981	0.508
	浪江町	600	100	—	495	0.825
	楢葉町	300	50	—	105	0.350
	いわき市	1,500	500	0.087	19	0.013
	小計	10,300	1,250	0.141	2,766	0.269
合計		47,100	9,550	0.250	15,723	0.334

注）災害危険区域は2014年12月時点。同指定率は、浸水面積に対する面積比。
（出所）ひょうご震災記念21世紀研究機構研究調査本部『自然災害後の土地利用規制における現状と課題』（2015年）表2-1をもとに簡略化した。

戸（12年比35％減）に減少した。岩手県は約7500戸（12年比35％減）、宮城県は約9000戸（12年比42％減）、福島県は約1900戸（12年比26％減）だった（五十嵐敬喜他『震災復興10年の総点検』岩波書店、2021年）。

　図式化すると、以下のような問題状況となっている。

〈面的な「災害危険区域」指定→大規模な防集事業計画→合意形成の長期化・移転対象地確保の困難→防集事業開始の遅延→大規模な土木工事→若年層の他出→造成地でのコミュニティ形成の困難→造成地の持続可能性の懸念〉

個人補償とどちらが合理的か

　防集は1972年に議員立法でつくられた法律にもとづく制度だが、その手法は「住宅適地造成事業」（1933年）を踏襲したものという。生活の基盤が集落にあった時代に生まれた制度である。

　日本政府は、長い間「私有財産には公費は投じない」「個人の被害は自助努力が基本」として個人補償を否定してきた。阪神・淡路大震災を契機として、小田実やコープこうべなどによる市民運動の努力で、1988年ようやく自然災害の被災者を対象とする被災者生活再建支援法が制定された。その後何度か改正され、現在では、全壊の世帯（半壊解体、長期避難を含む）には最高300万円、大規模半壊世帯には250万円、中規模半壊世帯には100万円が支給されることになっている。東日本大震災では、計22万4千世帯に被災者生活再建支援金が支給されたが、住まいの確保という点からみて、300万円でも不十分であることは明らかだ。

　前述のように、東日本大震災の防集事業には1戸あたり4千万円前後の税金を投じている。石巻市の半島部では、1戸あたり平均6千万円も要している。1億円を超えたケースもあるという。個人補償への冷淡さと防集事業への大盤振る舞いとの間には1戸あたりの金額で13から30倍もの開きがある。

　日本の復興政策は被災地における公共事業を通じたインフラの復興であり、そのことによって間接的に被災者を支援する形を取っている。大規模な防集事業に時間と厖大な国費とを投入し、結果として集落の持続可能性を損ねているのが東日本大震災の復興の残念な現状である。人びとの価値観が個人化・多様化し、居住場所の選択も、いろいろな諸条件に規定されて可変的であるという実状を踏まえていない。

　災害の規模がさらに広域化すると予想される南海トラフ地震や首都直下型地震の場合には、日本経済の地盤沈下や累積債務の増大によって、同様の大盤振る舞いはもはや困難だろう。

　被災者生活再建支援金を大幅に拡充する方が、柔軟で、「人間の復興」という観点にも資することになり、総体的に安上がりで効率的に住宅再建が可能になるのではないか。このような観点からの抜本的な再検討が必要である。

　巨大防潮堤、区画整理事業についても多くの批判がある。

大規模公共事業で、大手ゼネコンがほくそ笑む

　公共事業を通じたインフラ整備中心の復興は、誰を利するのだろうか。

　図1は、ゼネコン最大手の鹿島と大成建設の株価の推移である。01年4月から06年9月までの小泉純一郎内閣の時代には、公共事業費の大幅抑制方針のもとで、両社の株価は低迷していた。両社の株価が上昇基調に転じるのは、東日本大震災の発災を契機としてであり、特に著し

い上昇局面に至るのは、13年12月の国土強靭化基本法成立の頃からである。そして復興10年が近づいた19年末頃、両社の株価は底を打つ。株価の推移から、東日本大震災が何よりも大手ゼネコンを利したことがわかる。

図1　鹿島と大成建設の日経平均株価の推移

災害社会学者の田中重好は、東日本大震災後の災害対策基本法の2度の改正（12年6月と翌13年6月の改正）を検証し、改正の特徴として、①減災の考え方の提示、②自治体間の応援体制の拡充・広域避難者への対応をはじめとする大規模災害時の緊急対応能力の強化、③公助・共助・自助の考え方の明記と、多様な主体への着目、④地区防災計画制度の導入、自主防災組織への期待などの地域防災力の強化、以上の4点については評価している（田中重好「防災パラダイムの転換へ」田中他編『防災と支援』有斐閣、２０１９年）。しかし、こうした新しい要素は加わったものの、「⑴防災関係法全体の体系、⑵中央防災会議と防災基本計画を中心としたトップダウンの防災対策の展開、⑶科学的な想定に基づく防災計画の策定と防災対策の実施という、従来からの基本的な枠組みは少しも揺らいでいない」、しかも国土強靭化基本法（13年）の制定によって、防災行政は硬直的な方向に向かって一層強化された、と批判する。

国土強靭化基本法による大規模公共事業の拡大

国土強靭化基本法とはどんな法律なのだろうか。東日本大震災に、いわば悪ノリする形で、南海トラフ地震や首都直下型地震に備える、トンネル崩落などの老朽インフラ事故を想定し、鉄道・高速道路の代替ルートの確保をはかるという大義名分のもとに国土強靭化基本法が制定され、10年間で2百兆円という膨大な事業費が予定されている。消費税増税や建設国債の発行によって、継続してこれらの公共事業の維持・拡大をはかろうという法律である。

内閣総理大臣をトップに全閣僚で構成する国土強靭化推進本部を設け、概ね5年ごとに指針となる「国土強靭化基本計画」を策定し、老朽化した道路・橋・トンネル・堤防などを計画的に点検し、防災対策の課題や弱点を洗い出す「脆弱性評価」を実施し、優先順位をつけて強靭化政策を進めるとしている。第一次国土強靭化基本計画は14年に、第二次基本計画は18年に作られ、第三次基本計画は23年7月に閣議決定された。国土交通省はまた、14年以降毎年、その年に取り組むべき施策をまとめた年次計画を策定している。

筆者には、区画整理事業や防集事業、防潮堤などの大規模公共事業中心の復興のあり方を反省し、抜本的な見直しをはかることにこそ、東日本大震災の最大の教訓があると思われるが、結果的には、13年の国土強靭化基本法の成立によって、大規模公共事業の継続・拡大が正当化されることになってしまった。

（長谷川公一）

俯瞰的・総括的検証

復興構想会議

創造的復興の青写真提言

③

東日本大震災から4か月が過ぎた2011年7月下旬、民主党政権が復興基本方針を策定した。青写真は政府の「復興構想会議」によってわずか2か月余りで描かれた。鎮魂や伝承、地域主体、技術革新、災害に強い安全・安心のまち、日本経済の再生、国民全体の分かち合いなどの原則を掲げ「創造的復興」の基盤をつくった構想会議は、どんな議論を経て、何をもたらしたのか。

11年4月14日に始まった復興構想会議は、五百旗頭真・神戸大学名誉教授が議長を務める親会議と飯尾潤・政策研究大学院大学教授を部会長とする検討部会で構成。哲学者梅原猛氏（故人）、脚本家内館牧子氏ら著名な文化人や経済人の他、被災した岩手、宮城、福島各県の知事が名を連ねた16人の親会議を12回、産業経済や都市計画の専門家ら19人の検討部会を8回開いて同6月25日、政府に提言した。

議論にあたり、五百旗頭氏が意識したのは1995年1月に発生した阪神・淡路大震災の悔恨だ。国の支援が復旧に留まり、それ以上の復興事業は被災地に大きな負担となった。初会合で「単なる復旧ではなく、創造的復興を目指す」「全国民的な支援と負担が不可欠である」と、自ら基本姿勢を鮮明にした。

復興を誰がどう進めるのか。阪神・淡路大震災後も復興に特化した法律はなかった。閣議決定で設置された構想会議は異様な熱気に包まれながら、不安定な民主党政権の下、「政治空白」の中を進んだ。五百旗頭氏や飯尾氏の訴えで、事務方に政権から排除されていた霞が関の官僚が増員され、省庁をフル活用して具体的な政策が浮かび上がってきた。

「水産特区」に知事の執念

被災地の岩手、宮城県は世論

◉東日本大震災の年（2011年）１年間の主な動き

3月	11日	震災発生
4月	14日	復興構想会議初会合
5月	2日	1次補正予算成立、仮住宅建設など4兆153億円
6月	20日	復興基本法成立
	25日	復興構想会議が菅直人首相に「復興への提言」提出
	28日	政府の復興対策本部が初会合
7月	25日	2次補正予算成立、二重ローン対策など1兆9988億円
	29日	政府が復興基本方針策定
8月	11日	岩手県が復興基本計画策定
9月	2日	野田内閣発足
10月	18日	宮城県が復興計画策定
11月	21日	3次補正予算成立、復興交付金など震災関連9兆2438億円
	30日	臨時増税を盛り込んだ復興財源確保法成立
12月	7日	復興特別区域（復興特区）法成立
	28日	福島県が復興計画（1次）策定
12年		
2月	10日	復興庁スタート
3月	2日	復興交付金の第1回交付可能額を通知
	30日	福島復興再生特別措置法成立

の注目を集める構想会議を千載一遇のチャンスと捉えた。

宮城県は構想会議が始まるころ、既に被災地の復興まちづくり計画の「たたき台」を用意していた。宮城県の村井嘉浩知事は初会合で高台移転と職住分離の独自構想をぶち上げ、第2回会合には一部自治体のたたき台を披露。菅直人首相に「決断があればすぐに取りかかれる」と迫った。

村井知事が強くこだわったのは、「水産特区」の導入だ。漁協に優先付与される漁業権を地元漁業者が参画する法人も同様に扱うよう求めた。必要性を測りかねて賛同はほとんどなかったが、「この部分を譲るぐらいなら、委員をやめなければいけない」と執念を見せる知事の強硬姿勢で、提言に加えられた。

岩手県が躍起になったのは高規格道路の延長だった。県内の三陸道は総延長223キロの4割しか事業化が決まっておらず、8割を超える宮城県に比べて遅れていた。達増拓也知事は「物流というより、安全、安心な地域づくりの中に位置づける方がいい」と、震災時に救援物資の運搬などで「命の道」となったと強調。実現にこぎつけた。

一方、収束が見えない東京電力福島第1原発事故からの復興は本格的な議論にならなかった。原発事故の被災地については約1年後に成立した福島復興再生特措法に基づき、具体的な政策が進められることになる。

大規模造成に「喜びと悲しみ」

震災から10年目の20年夏、五百旗頭氏は陸前高田市の中心市街地を訪れた。震災直後、鉄筋の建物の残骸がわずかに立つだけの壊滅したありさまを目の

復興構想７原則

原則１：失われたおびただしい「いのち」への追悼と鎮魂こそ、私たち生き残った者にとって復興の起点である。この観点から、鎮魂の森やモニュメントを含め、大震災の記録を永遠に残し、広く学術関係者により科学的に分析し、その教訓を次世代に伝承し、国内外に発信する。

原則２：被災地の広域性・多様性を踏まえつつ、地域・コミュニティ主体の復興を基本とする。国は、復興の全体方針と制度設計によってそれを支える。

原則３：被災した東北の再生のため、潜在力を活かし、技術革新を伴う復旧・復興を目指す。この地に、来たるべき時代をリードする経済社会の可能性を追求する。

原則４：地域社会の強い絆を守りつつ、災害に強い安全・安心のまち、自然エネルギー活用型地域の建設を進める。

原則５：被災地域の復興なくして日本経済の再生はない。日本経済の再生なくして被災地域の真の復興はない。この認識に立ち、大震災からの復興と日本再生の同時進行を目指す。

原則６：原発事故の早期収束を求めつつ、原発被災地への支援と復興にはより一層のきめ細やかな配慮をつくす。

原則７：今を生きる私たち全てがこの大災害を自らのことと受け止め、国民全体の連帯と分かち合いによって復興を推進するものとする。

（出所）東日本大震災復興構想会議『復興への提言～悲惨のなかの希望～』2011年6月25日

漁場・資源の回復、漁業者と民間企業との連携促進

津波により、漁場を含めた海洋生態系が激変したことから、科学的知見も活用しながら漁場や資源の回復を図るとともに、これを契機により積極的に資源管理を推進すべきである。

漁業の再生には、漁業者が主体的に民間企業と連携し、民間の資金と知恵を活用することも有効である。地域の理解を基礎としつつ、国と地方公共団体が連携して、地元のニーズや民間企業の意向を把握し、地元漁業者が主体的に民間企業と様々な形で連携できるよう、仲介・マッチングを進めるべきである。

必要な地域では、以下の取組を「特区」手法の活用により実現すべきである。具体的には、地元漁業者が主体となった法人が漁協に劣後しないで漁業権を取得できる仕組みとする。ただし、民間企業が単独で免許を求める場合にはそのようにせず地元漁業者の生業の保全に留意した仕組みとする。その際、関係者間の協議・調整を行う第三者機関を設置するなど、所要の対応を行うべきである。

村井知事の執念が実り、水産特区は「提言」30頁に盛り込まれた。網掛けは筆者。

五百旗頭議長に「思い切った大事業をやった喜びと悲しみが出ている」と言わしめた陸前高田市のかさ上げ市街地。

当たりにした場所だった。大規模に地盤をかさ上げしたものの空き地が広がる現実に「思い切った大事業をやった喜びと悲しみが出ている」と語った。

追悼施設、減災と多重防御、復興特区、復興交付金、増税による財源確保…。構想会議の提言を踏まえて阪神・淡路大震災ではなかった考え方や仕組みが生まれた反面、教訓や課題も残した。

「日本経済の再生なくして被災地域の真の復興はない」との文言は、復興予算を巡ってモラルハザード（倫理観の欠如）を引き起こした。反捕鯨団体の対策費、沖縄県の国道整備など被災地と関係ない「復興事業」に予算が流用された。

減災は、発生頻度が高い津波は防潮堤などのハード対策で防ぐ一方で、震災級の津波は避難といったソフト対策も含めた「多重防御」で被害を抑えるという考えだ。だが実際は「究極の津波防災」と言える防災集団移転が相次ぎ事業は長期化、住民流出が加速した。全額国費負担という手厚い措置の間に事業を進めようと、まちづくりの合意形成が不十分になった側面もある。

飯尾氏は「コミュニティがばらばらになった阪神・淡路大震災の記憶が大きく、津波被災地に（地震被災地の）阪神の教訓を当てはめてしまった。長い目で見れば、人がいなければまちが成り立たない。コミュニティといっても元に戻るのではなく、新しくつくるという支援をもっとやれば良かったが、イメージはなかなか難しい」と振り返る。

復興の「事前準備」を

関連死を含めて2万2200人以上が死亡・行方不明になり、

東日本大震災復興構想会議　名簿

議　長：	五百旗頭　真	防衛大学校長、神戸大学名誉教授
議長代理：	安藤忠雄	建築家、東京大学名誉教授
議長代理：	御厨　貴	東京大学教授
委　員：	赤坂憲雄	学習院大学教授、福島県立博物館館長
	内館牧子	脚本家
	大西　隆	東京大学大学院工学系研究科都市工学専攻教授
	河田惠昭	関西大学社会安全学部長・教授 阪神・淡路大震災記念　人と防災未来センター長
	玄侑宗久	臨済宗福聚寺住職、作家
	佐藤雄平	福島県知事
	清家　篤	慶應義塾長
	高成田　享	仙台大学教授
	達増拓也	岩手県知事
	中鉢良治	ソニー株式会社代表執行役副会長
	橋本五郎	読売新聞特別編集委員
	村井嘉浩	宮城県知事

（15名）

（五十音順、敬称略）

特別顧問（名誉議長）：

梅原　猛　哲学者

（出所）東日本大震災復興構想会議、前掲提言書、P66

石巻半島部の防災集団移転団地（立浜団地、分譲12、公営3）

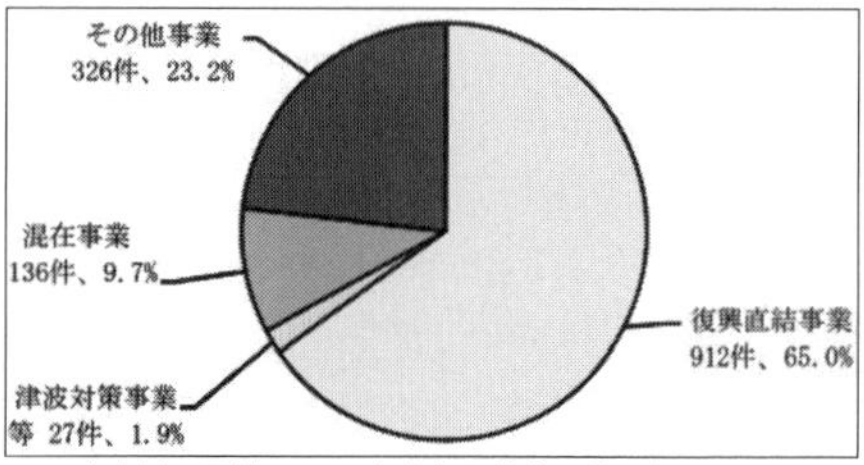

2011年度補正予算、2012年度復興特会予算に位置づけられた1401事業中、326件（上図「その他事業」、1兆4490億円）は、被災地の復興と関係がないと会計検査院は結論づけた。2013年10月の会計検査院報告。

徳島県復興指針［概要版］

【背景】

大規模災害は，これまで時を重ね築き上げてきた社会の仕組や人々の生活を一気に破壊

【行政運営】
・復旧・復興に係る膨大な業務
・経験や人手不足
・復興方針・計画の策定には住民の合意形成に時間が必要

【地域の再生・生活再建】
・膨大な災害廃棄物の仮置場や日常生活が可能な応急仮設住宅等の用地の確保
・普段の人間関係の希薄化

【産業・経済の再建】
・塩害やがれき流入による農業，漁業の再建の遅れ
・調達や販売に必要な物流機能の回復の遅れ

復旧・復興には，幅広い領域での政策決定と合意形成に加え，実施に多大な労力と時間が必要

【目的】
・ 南海トラフ巨大地震や中央構造線・活断層地震が発生しても，それぞれの地域において，被災者一人ひとりが復興に向き合い，復興に向けた体制・ビジョンづくりや合意形成，各復興事業などを速やかに進める
・ 住民，事業者，行政など復興を担う関係者による被災イメージの共有から，平時の地域づくりの議論，復興に向けた事前の「準備と実践」につなげる

【理念】
・地方創生の視点を持った創造的「事前復興」の推進
　現在の課題を踏まえ，将来のあり方までを見据えた「持続可能な地域づくり」
・自助・共助・公助の連携
　多様な主体で参画し，「総働」で取り組む「最後の一人まで」の生活再建
・地域コミュニティの維持・再生・育成
　地域の担い手による「人とのつながり」を活かした地域社会の復興

【復興の主体と役割】
・住民，地域コミュニティ
・事業者・事業団体（建設，運輸等）
・専門職団体（士業ネットワーク，NPO，研究機関等）
・医療・福祉の事業者・団体（医療機関や社会福祉法人等）
・県や市町村（行政）
○外部支援者との連携体制構築
○被災前からの継続的な人材育成

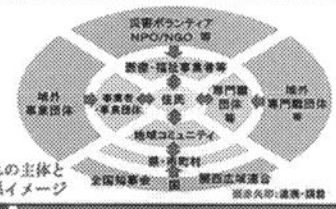

図 復興におけるそれぞれの主体と外部支援者等との関係イメージ

【想定する災害】 南海トラフ巨大地震，中央構造線・活断層地震

【事前復興の推進】
○被災前からの復興に向けた様々な取組を「事前復興」と総称し，「準備する事前復興」と「実践する事前復興」とに分類
◆準備する事前復興
　被災後の対応では復興が大幅に遅れる事項や要因解決に向けた取組
　・事前に取り組むべき事項に係るマニュアルや対応方針等の作成
　・様々な台帳等の整備や地籍調査による権利関係の把握　など
◇実践する事前復興
　被災しない状態を実現する施設整備や復興に向けた訓練等
　・高台移転や堤防整備
　・策定したマニュアルを用いた訓練やイメージトレーニング　など

条件整備

復興に関する応急対策
○被災状況等の把握
　◆行方不明者に関する情報公開基準検討
　◆施設台帳や長寿命化計画更新
　◆二次被害防止のための人材育成・確保
○災害廃棄物等の処理
　◆３Ｒによる廃棄物の減容化対策
　◆仮置場候補地の事前選定
　◇関係事業者等と連携した訓練実施

計画的復興への条件整備
○復興体制の整備
　◆災対本部と復興本部の役割分担の確認
　◇復興本部設置訓練
○復興計画の策定
　◆復興方針・計画検討
　◇策定に向けたイメージトレーニング実施
○広報・財源確保
　◆メディア活用方法，連絡体制検討・調整
　◇被災外国人を想定した対応訓練実施

分野別の対策

1）すまいの再建
○緊急の住宅確保
　◆応急仮設住宅用地の候補地選定・確保
　◆公営住宅等の提供方法確認
　◆事業者等との連携構築
○恒久住宅の供給・再建
　◆新規供給必要戸数の調査方法検討
　◆住宅再建相談窓口設置や支援措置検討
　◆マンション再建のアドバイザー養成

2）暮らしの再建
○雇用の維持・確保
　◆被災状況調査検討
　◆助成制度周知
○被災者への経済的支援
　◆被災者生活再建支援制度等周知
○公的サービスの回復
　◆災害ケースマネジメント導入に向けた環境づくり
　◇徳島県災害時情報共有システムの入力訓練
○地域社会の維持・再生・育成
　◇地域情報の可視化，共有化

3）安全・安心な地域づくり
○公共土木施設等の災害復旧
　◆迅速な被害状況把握への技術力向上・新技術検討
　◆道路啓開等体制整備
　◇災害発生の起因となる障害物事前除去
○復興まちづくり
　◆都市復興基本方針・計画策定の体制・手順検討
　◇復興まちづくり訓練実施
○社会基盤施設の復興
　◆ライフライン事業者との情報共有と連携強化

4）産業・経済の復興
○情報収集・提供・相談
　◆各金融機関との融資制度周知方法検討
○中小企業の再建
　◆事業再開・再建資金確保に向けた体制構築
　◆共同仮設工場・店舗の設置に向けた検討
○農林漁業の再建
　◆生産物加工施設等の代替施設確保（協定）
　◇BCPに基づく訓練実施

徳島県が定めた事前復興指針。数少ない先進的な取り組みだ。

原発事故を引き起こした東日本大震災の衝撃は強く、経済成長を追い求めた社会や生活のあり方を見直す機運が高まった。

「東京も停電で『暗い日本』を経験した。震災が戦時体験と同じように国民の共通体験になり、日本が変わると思えた」「戦後の発展モデルの衰退を直視しないわけにはいかない。被災した過疎地の東北が、日本の縮小均衡モデルの最先端になると考えるようになった」。構想会議で議長代理を務めた御厨貴・東京大学名誉教授はこう語る一方で「（縮小モデルは）被災自治体にとても受け入れられなかった」と打ち明ける。

「課題先進地」とされる被災地では、基幹産業の水産業は不漁や担い手不足で厳しさを増し、人口減少や高齢化が進む一方だ。各地で様々な復興の取り組みが芽ばえているが、構想会議の提言に盛り込まれた地域包括ケア、観光スタイルなどで社会をリードするような新たなモデルが確立されたとは言えないのではないか。

13年6月、復興に関する初めての恒久法「大規模災害復興法」が施行した。政府の基本方針策定、市町村の復興計画作成など手順は用意されたが、それだけでは東日本大震災と同じ課題を繰り返してしまわないか。

構想会議検討部会長を務めた飯尾氏は「災害が起きてからの対応には限界がある。事前に政策準備や職員の人材育成、住民との合意形成を進め、復興のイメージを考えておくべきだ」と指摘する。

国は自治体に復興の「事前準備」を促すが、国土交通省の調査によると22年7月現在、全国の自治体の8割近くが復興の目標などを検討していない。そもそも復興とはどんな状態か。日ごろから地域の将来像を議論し、共有することが重要だろう。

（坂井直人）

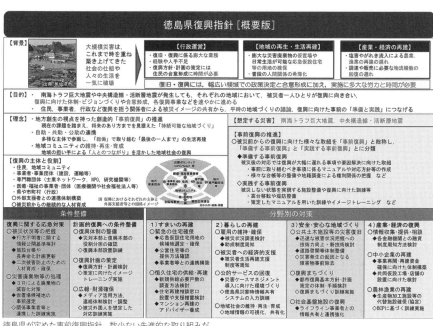

俯瞰的・総括的検証

震災からの復興と日本再生の二つの旗印

④

東日本大震災は、1000年に一度という巨大津波と原発の過酷事故にみまわれ、その復興には、震災後とられた基本戦略における諸問題が復興をより複雑・困難なものとしたことを指摘しないわけにいかない。その根幹が復興基本法である。

復興基本法は「東日本大震災からの復興の円滑かつ迅速な推進と活力ある日本の再生を図る」ことを目的とした。復興基本法という名称にもかかわらず、この法律は被災地の復興だけでなく、それに並立して日本再生をも法の目的にした点に違和感を招かざるを得ない。東北という一地域の復興と日本全体の再生とは自ずから別物であり、その両者を一つの法律において目的とすることには無理がある。当初民主党菅内閣が提出した「東日本大震災復興の基本方針及び組織に関する法律案」にはこの文言はなかったが、ねじれ国会のもと、自民・公明との修正協議でこの文言が挿入されたといういきさつがある。

復興構想会議

東日本大震災発生直後、政府は官邸対策室を設置し、災害対策基本法に基づく「緊急災害対策本部」を設置した。これは法制定以来初めてのことであった。

復興に関しては、4月11日に総理大臣の諮問機関として東日本大震災復興構想会議が設置され、6月25日には「復興への提言」が提出された。

復興構想会議は、4月14日の初会合で「基本方針」として、①超党派の、国と国民のための復興会議とする、②被災地主体の復興を基本としつつ、国としての全体計画をつくる、③単なる復旧ではなく創造的復興を期す、④全国民的な支援と負担が不可欠である、⑤明日の日本への希望となる青写真を描く、という5項目を示した。

既にこの時点で、復興の財源に「義援金＋公債＋震災復興税」が必要としている。

復興の理念として「創造的復興」を掲げ、高台移転や高層ビルの建設を掲げた。

他方、「被災地主体の復興」にも触れ、被災自治体が復興の主体であると述べている。

構想会議の「復興構想7原則」は、鎮魂こそ復興の起点であるとし、鎮魂の森やモニュメント、大震災の記録、教訓を次世代に伝承し、国内外に発信することが復興の第1原則だという。

追悼・鎮魂は大切であるが、復興は生き残った被災者の生活を立て直すことであり、それこそが第1原則でなければならない。だが、7原則には「被災者」という語句はまったく登場しない。

原則の5番目では「被災地域の復興なくして日本経済の復興はない。日本経済の再生なくして被災地の真の復興はない。大震災からの復興と日本再生に同時進行を目指す」という。

しかし、被災地の問題と日本全体の問題を同列に捉えるのは正しいだろうか。被災地は壊滅的に打撃を受け、生命や健康が脅かされ、一刻も早く救済しなければならない状態にある。日本経済の再生ができるまで被災地の復興はないというのは現実をまったく無視した、強者の論理である。

ここに見られる被災地の復興と日本経済の再生を並列する考え方は、その後の復興基本法に反映し、復興予算の流用を生む根源となっていく。

復興基本法と復興の基本方針

6月9日に「東日本大震災復興基本法案」が議員立法として国会へ提出され、与野党協議を経て6月20日に成立し、内閣に復興対策本部が設置された。

東日本大震災復興基本法は復興の基本理念および資金の確保、復興地区別区域制度の整備、復興対策本部と復興庁の設置等を定め、「東日本大震災からの復興の円滑かつ迅速な推進と活力ある日本の再生を図る」ことを目的とした（第1条）。復興の目的として、復興だけでなく、日本再生を掲げた点が特異である。

第2条では、6項目の基本理念が掲げられたが、疑問が多い。

第1項では「一人一人の人間が災害を乗り越えて豊かな人生を送ることができるようにする」というすばらしい文章が登場する。しかし、この後に「豊かな人生を送ることができるようにすることを旨として行われる施策の推進により、新たな地域社会の構築がなされるとともに、21世紀半ばにおける日本のあるべき姿を目指して行われるべきこと」という文章が続き、「被災者の豊かな人生」というのは、施策を行う上での建前に過ぎないことになってしまっている。

また、東北という特定の被災地域の復興とはかけ離れた全国的・全人類的課題を並べ立てている点も違和感を抱かせる。

第4項では、少子高齢化、人口減少、国際的な経済問題への対応、食料問題、エネルギー、環境問題、が挙げられ、第5項では、地震その他の天変地変による災害の防止の効果が高く、安全な地域づくりの施策に取り組むべきとする。

いずれもその重要性を否定する人はいないであろうが、いまそこにある被災地の復興に直接結びつくものでないことは明らかである。

このような東日本大震災の復興基本法は、阪神・淡路大震災と比べると、かなり特異である。

「阪神・淡路大震災復興の基本方針および組織に関する法

表１　復興基本法が定めた基本理念（第二条（抄））

第二条　…復興は、次に掲げる事項を基本理念として行う…。

一　…被災地域における経済活動の停滞（等）…の影響が広く全国に及んでいることを踏まえ、国民一般の理解と協力の下に、…単なる災害復旧にとどまらない活力ある日本の再生を視野に入れた抜本的な対策及び一人一人の人間（が災害を乗り越えて豊かな人生を送ることができるようにすることを旨として行われる復興のための施策の推進により、新たな地域社会の構築…、二十一世紀半ばにおける日本のあるべき姿を目指して行われるべきこと。…。

二　国と地方公共団体との適切な役割分担及び相互の連携協力並びに全国各地の地方公共団体の相互の連携協力が確保され…、被災地域の住民の意向が尊重され、あわせて女性、子ども、障害者等を含めた多様な国民の意見が反映されるべきこと。…

三　被災者を含む国民一人一人が相互に連帯し…協力することを基本とし、…多様な主体が、自発的に協働するとともに、適切に役割を分担すべきこと。

四　少子高齢化、人口の減少及び国境を越えた社会経済活動の進展への対応等の我が国が直面する課題や、食料問題、電力その他のエネルギーの利用の制約、環境への負荷及び地球温暖化問題等の人類共通の課題の解決に資するための先導的な施策への取組が行われるべきこと。

五　次に掲げる施策が推進されるべきこと。

イ　…災害の防止の効果が高く、何人も将来にわたって安心して暮らすことのできる安全な地域づくりを進めるための施策

ロ　被災地域における雇用機会の創出と持続可能で活力ある社会経済の再生を図るための施策

ハ　地域の特色ある文化を振興し、地域社会の維持及び強化を図り、並びに共生社会の実現に資するための施策

六　原子力発電施設の事故による災害を受けた地域の復興については、…前各号に掲げる事項が行われるべきこと。

（注）省略部分を「…」により示した

律」は1995年の2月24日(震災から1月1週間後）に成立した。

法の目的は「阪神・淡路地域の復興についての基本理念を明らかにするとともに、阪神・淡路復興対策本部の設置等を定めることにより、阪神・淡路地域の復興を迅速に推進すること」であり、「活力ある日本の再生」などは含まれていない。

第2条では、復興は、国と地方公共団体とが適切な役割分担の下に生活の再建および経済の復興を緊急に図り、安全な地域づくりを推進するものとしている。

ここでは、対象を阪神・淡路地域に限定し、国と地方公共団体という主語を明確にし、そこでの生活の再建を第一の目的に掲げている。「関西圏の再生」が謳われているが、それは阪神・淡路地域の復興の結果として実現するものとして設定されているのである。

阪神・淡路大震災の復興がこの基本法によって、首尾よく成し遂げられたと言うことはできない。しかし、東日本大震災復興基本法では、対象を日本全国に拡大し、結果的に、被災者・被災地の復興以外に資源をふり向けていく構造になっているのである。

当初民主党菅内閣が5月13日に提出した法律案が、ねじれ国会のもとで、自民・公明との修正協議を余儀なくされ、そこでの主要テーマは、復興本部や復興庁の役割、権限、復興特区制度などであったというが、「日本再生」は主たる論点にならなかったのかもしれない。

財界・自民党の提言

しかし、この点について財界や自民党は明確に意識していたと思われる。

日本経団連は震災から5日後の3月16日に「未曽有の震災からの早期復旧にむけた緊急アピール」を発している。そこでは今こそ、政治のリーダーシップが求められる。与野党は一致協力して、国難といえる事態に際しての適切かつ迅速な対策の実施に取り組んでいただきたい」と、震災からのすみやかな復旧を強く求めている。この時点では復旧にのみ触れているのであるが、つづいて3月31日にだされた「震災復興に向けた緊急提言」では明確に「早期復興と新しい日本の創造」に向けた基本法と基本計画の策定を求め、「スピード感をもって被災者支援、被災地復興、原子力問題の早期収束、日本経済の立て直しに国を挙げて取り組むことである。」と述べている。

経団連は、その後も、「震災復興基本法の早期制定を求める」（4月22日）、「国難を乗り越え『新たな日本』を創造する―2011年度総会決議―」(5月22日)、「復興・創生マスタープラン～再び世界に誇れる日本を目指して～」（5月27日）と矢継ぎ早やの発信をしている。そのいずれにも、被災地復興と日本再生が掲げられているのである。復興の基本理念がこうした財界の意向を色濃く反映したものになったと考えるのが自然であろう。

また自民党は5月31日の「復興への道標」と題する提言で次のように述べている。

「未曾有の東日本大震災の影響は被災地域だけでなく、わが国経済全体に急速に暗い影を落としつつあり、リーマン・ショック以上の厳しい状況になっている」とした上で、「震災からの復興と同時にわが国の経済再生と国際競争力の強化に向けて「日本の強み」を最大限に発揮させていく必要」があるとしている。

このような財界や自民党の認識を背景に復興基本法案をめぐる協議が行われ、日本経済の再生が目的とされるに至ったものとおもわれる。これがその後の復興のあり方に大きな影響を及ぼすことになっていった。

日本経済の再生 ──復興予算の流用

復興基本法をうけて策定された復興基本方針によって復興の枠組みが形づくられた。復興施策の推進組織は、内閣に設置された復興対策本部であるが、その長は内閣総理大臣で、副本部長は復興担当大臣と内閣官房長官、本部員はすべての大臣と官房副長官、各副大臣から構成されていたから、実質的には内閣を復興対策本部と呼び代えたようなものである。

復興基本方針の中には「実施する施策」という項目があり、三つの施策を掲げている。すなわち、(イ) 被災地域の復旧・復興及び被災者の暮らしの再生、(ロ) 被災者の避難先や震災の悪影響が及んでいる地域など、被災地域と密接に関連する地域で、被災地域の復旧・復興のために一体不可分のものとして実施すべき施策、(ハ) 東日本大震災を教訓として、全国的に実施する必要性が高い、防災、減災等の施策、である。

この(ハ)の項目が、復興基本法に掲げる「活力ある日本の再生」に対応しており、東日本大震災の被災地以外でも防災、減災等の施策は復興事業として実施してもよいという根拠となっている。

2015年5月の復興庁の資料「集中復興期間における復興事業の主な実績」には5年間に投じられた25・4兆円（見込額）の使い道が示されている。最大の使途は「住宅再建・復興まちづくり」の10兆円（40％）であるが、ここには災害公営住宅や高台移転などの他、インフラ整備・復興道路事業も含まれる。「被災者支援」（2・1兆円、8・3％）には応急仮設住宅や被災者生活再建支援金が含まれる。

見過ごすことができないのは、全国防災対策費等3兆円（11・8％）である。全国防災対策費は被災地の復旧・復興ではなく、建物耐震化など将来の防災対策を行う費用であり、被災地以外の全国で使われたものだが、実際のところ何にいくら使用されたか判然としない。会計検査院の報告（2016年4月）では、平成23〜26年度の支出済み額を1兆612億円としているし、財務省の「復興関係について」という資料（2016年4月4日）では平成23〜26年度の支出済額合計は1兆4430億円となる。

3兆円には全国防災対策費と「全国向け事業に係る基金」が含まれるとみられる。後者は2013年5月までに1兆142億円が執行済みとなっている。

復興予算の流用は、全国防災だけに留まらず、企業立地補助金や林業の育成や道路工事など、広範な分野に広がっていた。流用への批判が盛り上がる中で、復興庁の国会報告「東日本大震災からの復興の状況に関する報告」（2016年11月）では「流用等の批判を招くことがないよう使途の厳格化」を強調し、全国向け事業に係る基金については、基金の執行を見合わせ国への返還を要請し、平成25年度から平成27年度までに2481億円が国庫に返還されたという。

復興基本法において「東日本大震災の速やかな復興」と同時に「活力ある日本の再生」を法の目的としたことが復興予算の全国流用につながり、ひいては被災地復興の減速をもたらす要因となったといえよう。

（塩崎賢明）

俯瞰的・総括的検証

東日本大震災と復興行財政の到達点

教訓と課題

⑤

東日本大震災の発生から10年余りが過ぎた。従来、政府や財界によって主張されてきた災害復興理念は、大規模な公共事業をテコとする経済成長・開発優先型の災害復興であった。東日本大震災においても、その理念は基本的に継承発展され、「創造的復興」の名のもとにつぎつぎと復興計画の中に押し込まれた。

だが、「創造的復興」のみが唯一の復興理念ではない。関東大震災時に福田徳三は「人間復興」の理念を唱え、「生活、営業及労働機会の復興」を主張した。この主張は、戦後の日本国憲法の基本的人権や地方自治の理念に引き継がれた。「創造的復興」と「人間的復興」は今日、復興政策、復興制度、復興行財政の中で激しくせめぎ合っている。

財政システムと財源措置

震災復興の財源調達は２０１１年の「復興財源確保法」に基づく。また特例措置として別枠の東日本大震災復興特別交付税（以下、震災復興特別交付税）、復興交付金、復興特別税、復興債、震災復興特別会計や復興庁が新設された。復興期間（２０１１～20年度）中の復興財源の見込額合計は約32兆円とされたが、復興特別税約9・7兆円、ことに復興特別所得税約7・3兆円と復興特別法人税約2・4兆円の問題点は大きい。

復興特別法人税は付加税率10％、課税期間3年が安倍政権のもとで2年間に短縮され、そのため8千億円の大幅減額となった。逆に特別所得税は2・1％の付加税が当初の10年間から25年間（２０１３～37年）に大幅延長され、その結果、5・5兆円の見込額が7・5兆円に大増税された。

しかも、政府は、来年度から5年間で43兆円の大軍拡の財源の一部として、特別所得税課税をさらに10年以上延長し、2・1％のうち1％を新税として流用するとした。そのため、失う復興財源を1・1％で取り戻すためには、課税期間をさらに13年間、２０５０年まで延長する必要があるという。

大軍拡のために震災復興を遅らせることは、被災者と被災地の災害復興にとって重大な障害となる。これは、政府が当初復興基本方針で明言していた、「復旧・復興のための財源については、次の世代に負担を先送りすることなく、今を生きる世代全体で連帯し負担を分かち合うことを基本とする」、との基本方針に明白に背反している。それは国民、特に若い世代への裏切りであって、復興財源の最悪の流用といわなければならない。

復興財政の特徴と問題点

復興財政の特徴は、第一に、経済成長・開発優先型の「創造的復興」経費が優位を占め、逆に、そのことが被災地や被災者の復興に直接寄与しない浪費的経費や他用途流用、大企業向け寄生的経費などの問題点を生み出したことである。

表1のように、2011〜20年度の決算合計額約38・2兆円のうち約16・9兆円がハード事業に投入された。うち公共事業関係費が約7・7兆円（20・2%）、大部分がハードな公共事業に充当される復興交付金が3・3兆円（8・7%）、約8割超がハード事業投入の復興特別交付税が5・9兆円（15・4%）、合計約17兆円（44%）が、巨大防潮堤や三陸沿岸道路、東北横断自動車道、東北中央自動車道などの新高速道路網、港湾施設、下水道整備、大規模市街地の高台移転や嵩上げなどの大規模公共事業を主軸に支出された。

加えて、「予算の流用」も大規模に行われた。特に「全国防災対策費」1・6兆円は、東北の被災地と直接関係のない高知や沖縄の国道整備や首都圏の官庁の耐震化等に支出された。

以上を合算すると、広義の公共事業関係経費は18・6兆円、全復興経費の約49%と半分に達する。要するに、復興財源の多くが「災害復興」の美名のもとに、実際には被災地の他、それ以外にも、大企業を主軸とする成長・開発型の大規模公共事業を最優先に充当されたのである。

第二に、その一方、被災者の生活と生業の再建、雇用回復、コミュニティ再生などの「人間復興」は劣位に置かれ、この限界を補うべく、多くの自治体による支援が試みられた。

肝心の被災者生活再建支援制度は、部分的改善はなされたが、抜本的改革は見られなかった。

とはいえ、大震災は戦後最大の巨大災害であり、災害救助法にしても、多数の項目で特別基準が適用され、阪神・淡路大震災と比べれば広範な予算補助が設けられた。例えば、国民健康保険・高齢者医療・介護保険の自己負担の減免、雇用保険の給付期間の延長、災害弔慰金の支給拡大など。

しかし、災害が長期化するにつれて特別措置は次々と縮小され、予定されていた被災者再建支援法の改正も見送られた。その結果、表1のように、災害救助等関係経費は約1兆円（2・7%）に留まり、被災者生活再建、医療、保健、介護、福祉、教育、雇用などの人間復興に関わる経費と合わせても2・7兆円（7・2%）に過ぎなかった。その穴を埋めるべく、被災した県や自治体で支援要求や運動が高まり、復興特別交付税や復興基金等を活用した被災者支援策が多数生じた。しかし、その補完政策は、必ずしも被災者の生活苦の改善や地域経済社会の再生にはつながらなかった。

NHKが2012年から毎年

表1　東日本大震災関係経費の状況（累計）

区　分	億円	%
公共事業関係費等	77,272	20.2
東日本大震災復興交付金	33,281	8.7
震災復興特別交付税等	58,790	15.4
全国防災対策費	16,221	4.2
小計	185,564	48.6
災害廃棄物処理事業	11,502	3.0
災害関連融資	16,339	4.3
災害救助等関係経費	10,356	2.7
被災者生活再建支援金	6,060	1.6
医療・保健・介護・福祉	4,428	1.2
教育支援	1,040	0.3
雇用関係	5,517	1.4
小計	27,401	7.2
農林水産	5,933	1.6
中小企業対策	4,336	1.1
国内立地補助金	8,445	2.2
原子力災害関係	67,469	17.7
除染・土壌処理	49,755	13.0
福島再生加速化交付金等	17,713	4.6
合計（その他共）	381,711	100.0

（注）2011～20年度の支出済歳出累計額
（出所）財務省『決算の説明』より作成

実施しているアンケート調査によれば、被災10年後でも、家庭の収入が減ったが52％に達し、その原因は失職39％、事業不振17％、給与減収13％となっている。また地域経済が震災の影響から脱したのは18％と極めて低く、被災者の深刻な生活苦とコミュニティ再生の困難さを示している。しかも、被災地間の復興格差も大きく、復興が完了・進んでいる割合は、宮城59％、岩手45％に対し、福島は原発事故を反映し29％に過ぎない。

第三に、被災中小企業の生業再建には一定の改善があった半面、制度の不備や限界も明らかとなった。例えば、中小企業等グループ補助金は、中小企業等がグループを組んで復興する場合に施設・設備の復旧を支援（国2分の1、県4分の1）する、これまでにない画期的制度であった。だが、運用面では当初、グループを組めない小規模事業者が排除されたり、地元大手企業が優先されたりした。その後地元業者らの強い要求で一定の改善を見た。しかし、グループ補助金は、基本は被災企業の破損した機械等の原形復旧であり、再建後の新たな事業展開にはつながらない弱点を有していた。また、事業者は復旧費の4分の1は銀行等からの借入で賄わざるを得ず、6年目から本格化する借入金の返済に売上不振が重なって、倒産するケースも増えている。

確かに、生業再建は、阪神・淡路大震災当時の融資制度しかなかった状態からは一定改善されたが、壁は依然厚く、大震災から10年以上経つ20年6月時点でも、東北4県で震災前の雇用水準に回復した事業者は56％に過ぎない。特に主要産業である水産・食品加工業では38％と突出して低く、地域経済の復興の遅れを象徴している。

これに対して、地場企業再建策が県・市町村レベルでも広まっている。例えば、岩手県宮古市では、県内随一の漁業都市であることから水産施設、漁港施設の復旧に、市単独事業の他、国・県補助金に市予算を上乗せし補助率を9分の8に引き上げた。また、被災した店舗・工場等の修繕費に2分の1補助制度を新設、これらが大きな力となって商工業者の8割が営業再開に踏み出した。この制度は、岩手県の補助制度と組んで、大船渡市や久慈市、陸前高田市など県内の多くの被災自治体へと拡大した。被災者の要求をもとに、国の施策待ちにならず、国に先駆けて中小企業や漁業等に支援したことが復興を速めた。被災者と自治体が主導して、地域循環型経済の再建を促進した成果である。

第四に、原子力災害支出については、被災者への損害賠償補償金や除染費用、汚染廃棄物処理費等が計上された。しかし、福島復興方針は15年半ばから大きく転換し、帰還困難区域を除き被災11市町村すべての「避難指示」は解除された。それに伴い避難指示地区の住民に支払われていた一人月10万円の精神的損害賠償（慰謝料）も17年度末で一律終了とされた。これと引き換えに、被災地の環境整備を加速し、地域の将来像を描かせる等の方針を打ち出した。この方針転換は、避難者とりわけ域外避難者にとっては過酷な選択を迫った。かつ、原発被災市町村にとっても、人口激減の顕在化と固定化に拍車をかけ、非常に厳しい自治体運営を強いている。

国─地方間の復興財政制度

東日本大震災では、国─地方の政府間財政関係にも新たな制度が創設された（表2）。それらはかつて阪神・淡路大震災の際にも要望されたが、実現されなかったものである。

第一は、今回最大の目玉とされる「東日本大震災復興交付金」（以下、復興交付金）制度である。被災地復興に必要な国交省など5省40事業を一括して被災自治体に資金を交付するハードな基幹事業とソフトな効果促進事業からなる。復興交付金の不足分は復興特別交付税で補填し、自治体負担分は「原則ゼロ」の建前である。使い勝手がよいとされるが、それは多分に形式上で、基幹事業では国交省が85％、農水省が14％、両者で99％を独占する。

第二は、「震災復興特別交付税」（以下、震災特交）である。震災特交は、復興事業の一般財源を別枠で交付し、復興交付金等に伴う地方負担分への一般会計からの繰り出し、単独災害復旧事業、法律や条例に伴う地方税減収分の補填等を目的に創設された。震災特交が、阪神・淡路大震災の自治体復興財政の赤字の失敗を教訓に創設された意義は小さくない。しかし実態は、本来一般財源のはずの交付税が、この20年間にその約84％が公共事業の特定財源として補助金化した問題は重大である（表3）。

第三は、「取崩し型復興基金」の創設である。被災者の生活・生業を再建し、地域の復興を果たすためには、被災の実情に合わせて現行制度の隙間を埋めるきめ細かい対策が必要となる。この基金は、使途の限定の緩い一般的な基金と津波被災地域の住宅再建資金基金で新設されたが、規模は少額に留まった。

以上、東日本大震災で創設された国・地方間の新制度は、ハード事業の財源保障の点では一定の前進面をもつが、被災自治体の人間復興を支える分権自治型制度としては限界を抱え、抜本的転換が不可欠となっている。

教訓と課題

東日本大震災の検証を踏まえて、その教訓と課題は何か。

第一は、従来欠如していた巨大災害に対する「事前復興」への備え、ことに重要なのは復興理念の転換である。成長・開発型の「創造的復興」から、生活・生業・人権を最優先する「人間復興」への根本的転換である。

第二は、そのための自治体、特に市町村を中心とし府県や国によって補完される維持可能な循環型地域経済社会を再構築する復興制度への転換である。

第三は、財源措置として、「事前復興財源」である復興基金を準備しておくことである。人間の力で避けうる戦争よりも、避けることのできない巨大災害への備えこそが、国政の中心課題でなければならない。

（宮入興一）

表2　東日本大震災分の地方歳入決算額の状況

（2011～2020年度純計の累計額）

区　分	億円	%
一般財源	70,066	18.5
震災復興特別交付税	54,082	14.3
国庫支出金	145,442	38.4
普通建設事業費支出金	16,909	4.5
災害復旧事業費支出金	40,543	10.7
東日本大震災復興交付金	21,115	5.6
地方債	20,934	5.5
その他	142,454	37.6
繰入金	79,729	21.0
繰越金	26,895	7.1
貸付金元利収入	29,243	7.7
合計	378,897	100
取崩し型復興基金※（再掲）	3,007	0.8

（注）※この基金は、震災復興特別交付税にも含まれている。
（出所）総務省「地方財政白書」資料編、各年度より作成

表3　震災復興特別交付税交付金の内訳

（2011～2020年度累計）

内　訳	億円	%
①直轄・補助事業地方負担金	40,766	75.4
②単独災害復旧事業費	4,782	8.8
①＋②	45,548	84.2
中長期職員派遣・職員採用等	5,916	10.9
地方税等減収補填	5,914	10.9
合計	54,083	100.0
（参考）過年度分清算	▲3,297	－

（注）過年度分の交付額の清算により、合計と内訳は不一致の場合がある。
（出所）総務省「震災復興特別交付税交付額の決定」各年度より作成

俯瞰的・総括的検証

復興特区法と復興交付金事業の批判的検証

⑥

　復興特区（「東日本大震災復興特別区域法」による）の役割は、2011年6月に成立した東日本大震災復興基本法の第二章基本的施策（復興特別区域制度の整備）第10条に示されている。当初この条文は、民主党菅政権が提出した基本法案には存在せず、その後の民主、自民、公明三党による修正案（共同提出）の中に組み込まれた。（注1、表1）

　第10条「政府は、被災地域の地方公共団体の申出により、区域を限って、規制の特例措置その他の特別措置を適用する制度（以下「復興特別区域制度」という）を活用し、地域における創意工夫を生かして行われる東日本大震災からの復興に向けた取組の推進を図るものとし、このために必要な復興特別区域制度について総合的に検討を加え、速やかに必要な法制上の措置を講ずるものとする」と明記されているように、特例・特別措置がポイントで、問題はその内容であった。

ハード事業と規制緩和中心の復興特別区域

　復興特別区域（以下、復興特区）の中味は、従来からの制度の規制緩和が主であり、総合特区（複数の特例措置と税制、財政、金融措置による総合的な支援の下、国と地方が一体となって推進）の流れを汲み、復興推進計画と復興整備計画、復興交付金事業計画の3つの計画により構成される。

　特に復興整備計画は、事業の迅速性が追求される中での規制緩和一色の特例措置で、これまで「公共」が構築してきた都市計画（土地利用計画、都市計画事業、開発許可等）による規制誘導措置を放棄するような内容であった。

　なかでも、復興整備計画の中で全体に係わる特例措置として見逃せないのは、UR都市機構の受託業務の拡大である（従来は、大都市等での受託業務に限定されていた）。

　これが、被災地市街地の復興のために導入された、調査・設計と工事施工を一括で発注する復興CM方式の要となり、事実上ゼネコン主体の事業体制が

表1　復興基本法案（内閣及び各党）の比較

	菅内閣法案	自民党案	公明党案
組　織	首相が本部長、全閣僚参加の「復興対策本部」	省庁機能集約の「復興再生院」を10年間限定で	復興担当相がトップの「復興庁」
組織の権限	復興策の企画・立案	復興策の企画・立案と実施	
その他の特色	付則で「復興庁」設置検討を明記 原発事故災害地域の復興に関する機関設置	復興財源確保のための「復興再生債」発行	復興を迅速にする「復興特区制度」創設

（出所）岩崎忠「東日本大震災復興基本法の制定過程」（『自治総研』通巻394号2011年8月号）の図表1を筆者簡略化

整った。

　復興交付金事業計画も、従来からのハード事業中心の5省40事業（以下の絞り込まれた3事業はほぼ全額国庫負担）と、被災自治体には評判の悪かった基幹事業に関連して実施する「効果促進事業等」であった。

　絞り込まれた3事業は、復興構想会議提言でも高台移転の主要事業として、肝いりで〝PR〟された防災集団移転促進事業（図1、以下、「防集事業」）と土地区画整理事業、さらに新たな中心市街地整備を担う津波拠点復興整備事業である。特にこの3つの事業のパッケージ化は、被災自治体が「復興主体」「コミュニティ主体」として取り組むという国の基本方針と全く矛盾し、硬直的、画一的な事業展開になった。

　また手続きとしてのワンストップ協議の場も、あくまでその手続きの効率化・簡素化で、その構成からしてトップダウンの場でもあり、地域の復興や住民合意をめぐる課題について掘り下げることもなく、被災自治体や被災者が求める地域や生活の再生・復興に応える場ではなかった。

　そして復興特区制度及び3事業の具体化を推進したのが、被災地「支援」も兼ねた国の「市街地復興パターン調査」である。この調査のプロセスとともに、被災自治体の震災復興計画の方向性が固まっていった被災自治体も少なくない。

図1　復興構想会議提言に紹介された防災集団移転促進事業概念図

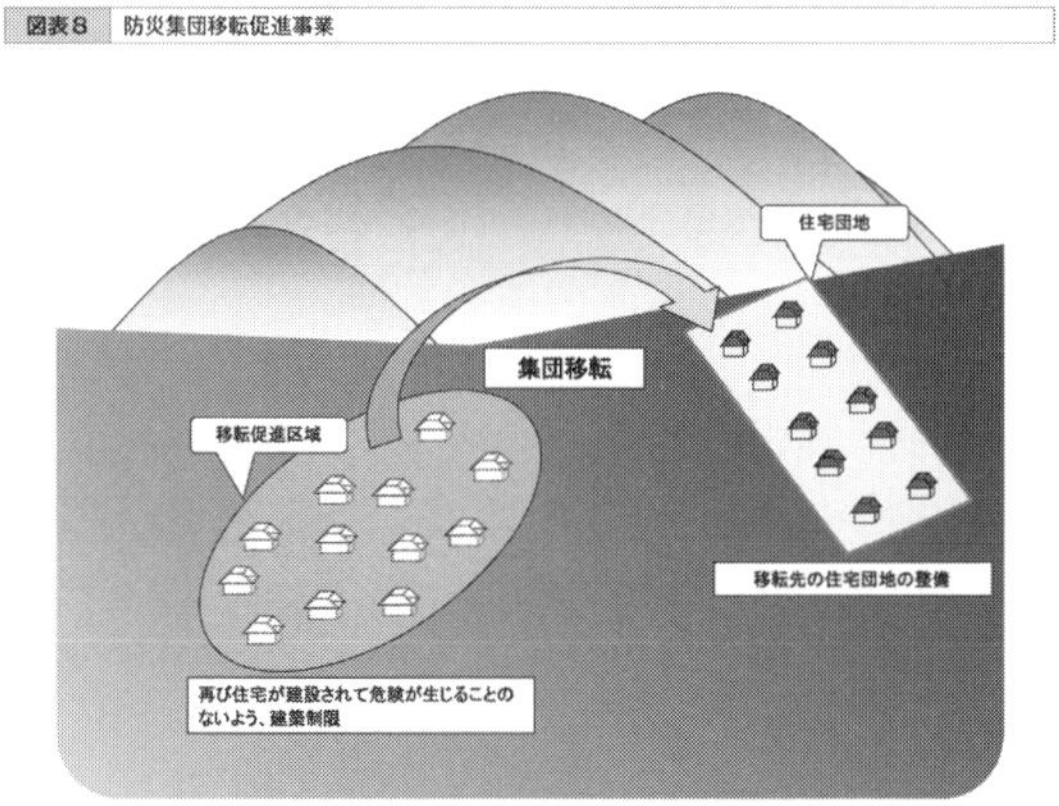

（出所）復興構想会議『復興への提言』p14

復興まちづくり事業の巨大化、長期化

　事業のパターン化、迅速化の中で、3つの復興まちづくり事業（津波復興拠点整備事業は新規で、用地買収方式による面整備、施設整備事業であり一般の都市開発事業と同類）は多くの問題に直面することになった。

　事業推進側のイメージとしては、津波による被災住宅を高台に移転させる防集事業を先行させ、この事業と一体的または独自に土地区画整理事業で行う。そして、これらの事業の長期化に備え、施設整備ができる津波拠点復興整備事業を先行して実施するという目論見であった。

　しかし、移転跡地と移転先で

表2　復興まちづくり事業の実施状況
（2020年12月末現在）

	防災集団移転促進事業	土地区画整理事業	津波復興拠点整備事業
市町村数	28自治体	22自治体	17自治体
事業地区数	321地区	65地区	24地区
総面積	820ha	1,890ha	280ha
総事業費	5,583億円	4,632億円	1,374億円
民間区画数	8,375区画	9,357区画	—

（出所）東日本大震災における津波被害からの市街地復興事業検証委員会第1回配布資料をもとに筆者作成。民間区画数は、産業系事業の整備区画数は含まない。

図2　土地区画整理事業の事業規模構成

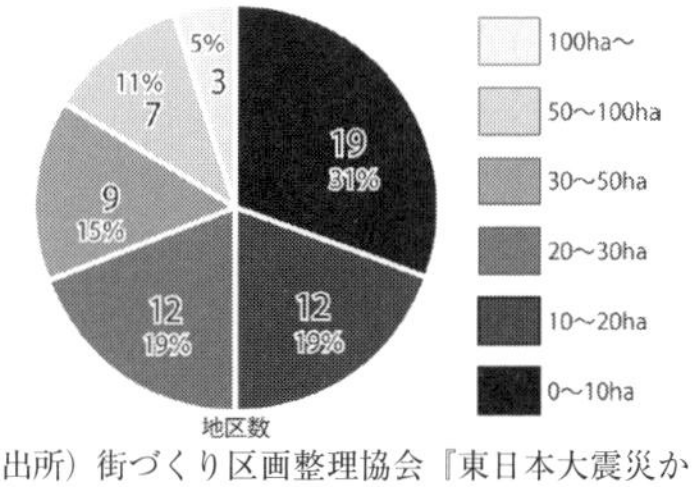

（出所）街づくり区画整理協会『東日本大震災からの復興土地区画整理事業の記録』をもとに筆者作成。ただし女川町全体を1地区として集計した。

ある高台整備を一体的に行えば、当然その事業規模は、被災前の市街地よりも大規模にならざるを得ず、長期化も避けられない。また、用地取得が前提の防集事業や、もともと公共用地の少ない市街地での土地区画整理事業は、事前に多くの用地買収が必要であった。加えて、事業推進のための「がけ地近接等危険住宅移転事業」による用地買収も重なり、さらなる事業規模の拡大と人口流出にさらされることになった。（注2）

図3　石巻市の防災集団移転団地の戸数規模構成

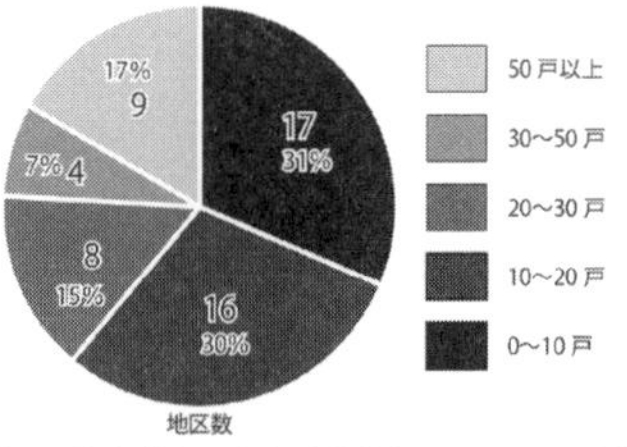

（出所）国交省「東日本大震災被災地における防災集団移転促進事業の住宅団地別実施状況一覧（令和4年3月末時点）」をもとに筆者作成

復興交付金事業の効果が問われている

今日までの復興まちづくり事業の実施状況であるが、事業地区数は防集事業が321地区と最も多いが、事業面積は土地区画整理事業が1888ヘクタールと上回る。まず、一地区あたりの事業面積が広い土地区画整理事業の特徴について見ると30ヘクタール以上の規模が19地区と約3割を占めている。特に被災が甚大であった宮城県において大規模事業が多い（表2、図2）。

一方、防集事業は321地区と土地区画整理事業地区の約5倍となっている。その特徴は、小規模・分散化、拡散化で、計画段階から地区の存続が懸念され、既に存続の危機に直面している地区が多い。例えば、「災害に強いまちづくり」を銘打ち高台移転・職住分離・多重防御を徹底した宮城県・石巻市の場合、10戸未満の地区が17地区30%、10戸～20戸合わせて6割超となっている（図3）。

いずれにしても事業の過大化、効果についての評価は、今後の時間の経過とともにより鮮明になっていく。公表されている現時点の土地区画整理事業地区の宅地の土地活用済の割合は、65地区全体で71%、住居系50地区で70%であり、多くの未活用地が存在する。なお土地活用済のデータには、建築済宅地のみではなく農業的土地利用他も含まれているので留意する必要がある（表3）。

また、30ヘクタール以上の土地区画整理事業地区における土地活用済の割合を見ると、10地区の内全体の活用が進行し、一定の復興効果が示されていると見られるのは3地区程度である（図4）。なお、これらの宅地には資材置

表3　土地区画整理事業地区の土地活用状況（2021年12月末現在）　単位：ha　割合：%

区分（地区数）	地区面積	造成完了済	土地活用済	活用済の割合
住居系（50）	1,443	728	514	70%
非住居系（15）	446	281	204	73%
全体（65）	1,889	1009	717	71%

（出所）国交省「東日本大震災からの復興に係る土地区画整理事業における土地活用状況」2021年12月末現在（東日本大震災による津波被害からの市街地復興事業検証委員会、第5回配布資料）

図4　大規模土地区画整理事業地区（30ha以上）の土地活用状況（2021年12月末現在）

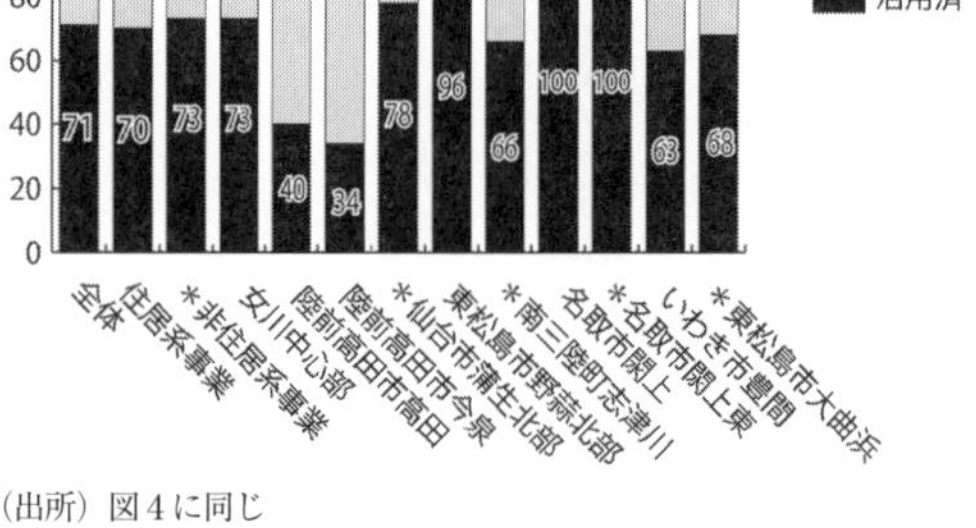

（出所）図4に同じ

き場なども含まれ、今後の詳細な調査分析を踏まえた評価と検証が必要である。

さらに復興まちづくり事業が、被災者の住宅再建にどの程度の役割を果たしたのかについて触れる。被災3県の全半壊戸数35万戸のうち被災者生活再建支援法による加算支援金受給者は13・5万世帯（38・6％）となっているので、加算支援金なしで自力再建したのは21・5万世帯（61・4％）とみられる。一方、防集事業による宅地は8400戸（2・4％）で、土地区画整理事業の9300戸（6・9％）と合わせても1割にも満たない。（注3）

過大な「復興」都市計画事業が繰返される可能性

発生が確実視される南海トラフ地震と首都直下型地震においても、その復旧・復興過程では東日本大震災同様、トップダウンによる、復興まちづくり事業のパターン化・パッケージ化、復興CMへの依存による開発型の復興まちづくり事業になる可能性が大である。

東日本大震災の復興特区同様の仕組がビルトインされた大規模災害復興法（2013年6月制定）が、その懸念の源である。

同法は、東日本大震災後最初の災害対策基本法改正時の国会の付帯決議（最後）を受けて直ちに制定され、復興計画に定める事業に土地区画整理事業や防集事業を位置づけるとともに、復興協議会の設置や、復興特区法と同様の特別・特例措置の実施も盛り込まれている。基本理念には地域住民の意向尊重や生活再建を謳ったものの、その形骸化を招きかねない「円滑かつ迅速な推進」も明示された。結局、東日本大震災における復興特区法の、検証なき恒久化とも言える内容となっているのである（注4）。

同法制定直後の同年12月には、この動きに呼応して防災・減災を成長戦略・ビジネスチャンスとする国土強靭化法が制定され、防災・減災等を標榜する巨大公共事業推進の動きも強まっている。

（阿部重憲）

〈注〉

1　「復興特区」を含む復興基本法制定の背景には財界の動きがある。経団連は、発災直後の4月30日に「震災復興に向けた基本的な考え方について」を示し、その中で「新しい日本の創造に向けた『基本法』」制定や復興庁の設置、道州制導入、復興特区の整備を求め、5月27日には詳細な「復興・創生マスタープラン」を打ち出している。経済同友会も4月6日「東日本大震災からの復興に向けて〈第2次緊急アピール〉」において「新しい日本創生」をテーマに道州制の先行モデルをめざすことや東北復興院設置、復興税の導入、特区制度（都市計画、産業振興）等の提起を行っている。

2　がけ地近接等危険住宅移転事業とは、がけ崩れなどの危険がある区域（がけ地近接等危険区域）内にある既存の住宅（危険住宅）を除去し、移転者（新築、購入等）に国、県及び市町村が一体となって費用の補助を行う。

3　塩崎賢明「東日本大震災10年と残された課題」（『住宅会議』112号、日本住宅会議、2021年6月30日発行）。

4　今後の南海トラフ地震からの早期復興の手引きである「津波被害からの復興まちづくりガイダンス（改訂版）について」（2022年3月11日）においても本文で触れた3事業偏重の構成を維持しており、それを実施するための建築制限（建築基準法第84条）の実施にも触れている。また住民合意ではなく事業同意、迅速性の追求による問題発生も懸念される。

俯瞰的・総括的検証

蔑ろにされた住まいの復興

「居住確保支援」の落とし穴

⑦

東日本大震災の住家被害は、全国で全半壊40万棟余り、一部破損等を含めて116万棟と、阪神・淡路大震災を凌駕する大惨事となった（表1）。

国は復興増税によって復興事業に必要な莫大な資金を確保し、被災自治体の財政負担なしに復興に取り組むことができる体制を整えた。だが、被災者の生活再建の基盤となる住まいの復興支援は著しく不十分で、被災住宅を補修できずに破損した住宅に住み続けている在宅被災者を筆頭に、支援制度から漏れ落ちて苦しむ人々を取り残す結果となっている。本稿では、その問題構造を論じたい。

自助・共助による居住確保支援

住まいの復興が蔑ろにされる根本的原因は、自助・共助に拘泥する国の居住確保支援スキームにある。国は「住宅再建支援」とか「住まいの復興支援」とは言わず、「居住確保支援」と言う。要するに、住宅再建や住まいの復興は支援しない。財産権を絶対視し、個人の資産形成に国費を投入しないとの立場を、災害救助や復旧・復興においても貫こうとしているのである。

国は、被災者の住宅の再建や居住の確保について「保険、共済等の『自助、共助』が基本であり、『公助』でそれを側面的に支援する」（２００４年４月１日内閣府政策統括官（防災担当）通知）という立場を頑なに維持してきた。

表1　東日本大震災の住家被害（2021年3月1日現在）

	全壊	半壊	一部破損	床上浸水	床下浸水
岩手県	19,508	6,571	9,065		6
宮城県	83,005	155,130	224,202		7,796
福島県	15,435	82,783	141,054	1,061	51
被災３県	117,948	244,484	374,321	1,061	7,853
全国	122,005	283,156	747,732	1,489	9,786

（出所）消防庁調べ

災害救助法により公助を行うのは、社会が混乱して市場が機能しない状況における一時的措置であり、それゆえ「救助」として無償かつ現物供与で資源を被災者に提供する。その結果として同法に基づく応急修理は必要最小限の部位に、また応急仮設住宅も「雨露を凌ぐ」程度の質に制限し、自力で住まいの再建が叶わない被災者に提供する災害公営住宅も、「終の住処」を保証するものではなく、低所得者を対象とする公営住宅の枠組みの中に押し込めてきた。

阪神・淡路大震災と被災者生活再建支援法

この自助・共助主体の居住確保支援スキームの限界が強く認識されたのが、阪神・淡路大震災だった。兵庫県内の地震保険加入率は6％に過ぎず、雲仙普賢岳噴火災害や北海道南西沖地震災害等では全半壊世帯あたり

2500万円から3000万円を超えていた義援金も、わずか40万円程度に留まった。自助・共助による住まいの復興が不可能なのはあまりにも明白だったのである。それが1998年の被災者生活再建支援法成立につながった。

ただし、創設当初の同法は所得・年齢要件や使途の制限などが設けられ利用の妨げとなったが、数度の改正を経て2007年改正でほぼ現行の形となった。使徒を定めた実費積み上げ方式を廃止し、使徒を定めず渡しきりにしたことが最大の改善点である。収入や年齢要件も撤廃し、建物の損傷ではなく敷地の被害で解体を余儀なくされた場合も支給対象となった。

すなわち罹災証明の提出によって被災後速やかに基礎支援金が対象世帯に支給され、さらに住宅再建の方法（建設購入、補修、賃貸の別）に従って加算支援金が支給される。ただし、補助金適正化法の制約を逃れるために「見舞金」と位置づけられ、新たな制約要因となる危険性をはらむこととなった。

東日本大震災時の居住確保支援スキーム

上記の経過を経た東日本大震災時の居住確保支援スキームを図1に示す。①住宅が滅失した被災者には、応急仮設住宅を経て被災者再建支援金を支給し、持家取得、民間賃貸住宅への入居、あるいは災害公営住宅

図1　東日本大震災における居住確保支援スキーム
（大震災時のものでその後の変化は下部の付表を参照のこと）

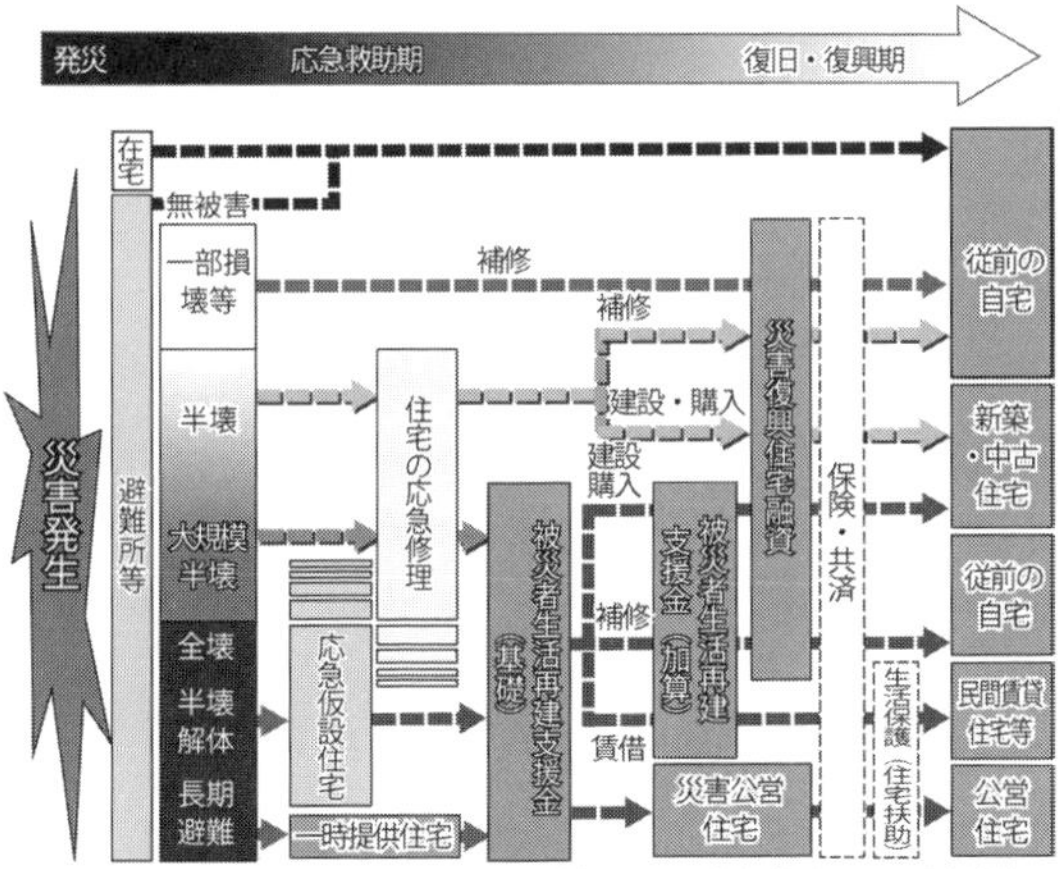

（注1）賃借人世帯では，被災した従前賃貸住宅の補修は貸主が行うので，応急修理，加算支援金における補修，災害復興住宅融資の補修の対象外であるが，その他は持家居世帯と同様に支援対象となる。
（注2）災害公営住宅に入居した場合は，加算支援金は支給されないが，退去した場合には支給対象となる。
（注3）都道府県や市町村が独自に定めた支援については，このスキーム図では割愛している。

住宅の応急修理（災害救助法第4条六）	限度額52万円（発災時）。現物給付（自治体が発注、限度内で支払い。東日本大震災では、被災者が発注後でも支払い前なら適用）。半壊で、修復すれば居住可能であること。大規模半壊・全壊でも修復により居住可能であれば適用可。資力要件有。大規模半壊・全壊の場合は資力要件なし。2019年に台風15号対応で準半壊（一部損壊で損害割合10%以上）まで適用範囲を拡充（限度額：半壊以上59.5万円、準半壊30万円）。適用を受けると応急仮設住宅に入居不可。ただし2020年に、修理完了までの間は応急仮設住宅に入居可と運用変更。	
応急仮設住宅（災害救助法第4条一）	現物給付。標準29.7㎡／戸。238.7万円／戸以下（ともに発災時。現行は地域の実情に応じた規模。571.4万円／戸以下。実際の単価(特別基準）は大幅に上回り、宮城県では約730万円)。無償。資力要件有り（東日本大震災では、住家被害程度のみで入居可否を判断)。原則2年以内（東日本大震災では最長9年を超える)。賃貸住宅の借上げ可（東日本大震災では、建設型を上回る供給)。	
被災者生活再建支援金（被災者生活再建支援法）	基礎支援金	全壊・大規模半壊・半壊解体・長期避難を対象。使途の制限なし。全壊：100万円。大規模半壊：50万円。資力要件なし。単身世帯は3／4。
	加算支援金	（建設購入）200万円／世帯。（補修）100万円／世帯（借家は原則対象外)。（賃借）50万円／世帯（公営住宅は対象外)。単身世帯は3／4。
		2020年改正で、中規模半壊（損害割合30%台）を新設し、建設購入・補修・賃借に滅失世帯の1／2を支給。
災害公営住宅（公営住宅法）	一般災害では公営住宅の入居収入基準を適用。激甚災では入居時に収入を問わないが、入居3年を経て入居収入基準を上回ると収入超過者に。応能応益家賃（減免可)。近傍同種家賃との差額の2／3を補助（期限20年以内。激甚災は当初5年3／4)。滅失住宅数の3割（激甚災は5割)。	
災害復興住宅融資（住宅金融支援機構)(金利は、2021年1月1日現在)	申込期限：被災日から2年以内（東日本大震災では2026年3月31日)。金利1.33%～1.57%(団体信用生命保険の種類によって異なる)。【建設購入】全壊（大規模半壊／半壊で修理困難な場合を含む)。限度額3700万円（土地を取得しない場合2700万円)。返済期限：35年または80才。【補修】住宅を被災。限度額1200万円。返済期限：20年または80才。熊本地震後、「高齢者返済特例」(リバースモーゲージ型）新設。60才以上。金利2.72%。元金は死亡後抵当物件の処分等で一括返済（抵当物件の処分による場合は債務残は請求しない)。	
保険・共済(民間)	契約者に対し損害額を補償（再調達価額)。ただし、地震保険は火災保険の契約金額の30～50%。	

（出所）中央防災会議「被災者に対する国の支援の在り方に関する検討会」「被災者の住まいの確保策検討ワーキンググループ」2014/7/30, 提出資料掲載の図他を元に、筆者作成

への入居をゴールとする。②住宅の滅失を免れた場合は、住宅の応急修理と自力補修により従前住宅で居住を維持することを想定するスキームとなった。

再び露呈した居住確保支援の限界

東日本大震災では、上記のスキームの限界が再び露呈した。住家被害のうち全壊、全流出などの最も深刻な被害の大半が巨大津波の浸水によるものであり、また、福島県では福島第一原発事故による放射能汚染によって、住宅に地震・津波による被害がほとんどなくとも長期の避難を強いられる事態が発生した。巨大津波の凶暴さ、水蒸気爆発で吹き飛ぶ原発建屋の映像がもたらした衝撃は激しく、住宅再建の前提として、いかにして安全な「まち」を再建するのかが最大の関心事にならざるを得なかったのである。

その結果、防災集団移転促進事業（以下、防集事業）、都市再生土地区画整理事業、漁業集落防災機能強化事業、津波復興拠点整備事業等の面的整備が、住宅再建に先行して前例のない規模で実施された。長期間を要した面的整備により住宅再建が遅れ、仮設居住は著しく長期化した。阪神・淡路大震災の最長5年を超えて、東日本大震災では仮設居住の解消に10年を要することになった。

滅失相当被災における居住確保状況

被災者生活再建支援金は住宅を滅失した被災者をカバーする中核的支援制度である。大規模な面的整備と原発事故避難者の発生により半壊解体や長期避難者が膨張し、被災3県における被災者再建支援金(基礎)(以下、基礎支援金）の支給件数は19万世帯を超えた。この支給件数をベースに滅失相当被災における居住確保状況を推測することができる（表2）。

(1) 持ち家の再建

まず持ち家の再建であるが「建設・購入」と「補修」の関係は、復興まちづくり事業の展開と密接に関係する。三陸沿岸の小都市や漁業集落が津波で壊滅的被害を受けた岩手県では、防集事業や漁集事業に宅地確保を依存せざるを得なかった。「補修」はわずかで、「建設・購入」が半数を占めたが、そのほぼ7割は復興まちづくり事業を通して実現された。対照的に宮城県では、「建設・購入」が28％で、復興まちづくり事業経由がさらにその24％に留まった。対照的に「補修」は滅失相当被災の32％を占めた。内陸よりの集落に位置し防集事業対象外とされた被災住宅が少なくなかったことの現れだろう。

なお、福島県では原発災害による長期避難が影響している。滅失相当被災の相当部分を原発避難者が占めることから、「建設・購入」は岩手県に匹敵する。ただし復興まちづくり事業経由はその11％に留まり、「補修」も24％と少なかった。

(2) 持ち家再建を断念した場合

一方持ち家の再建を断念した

表2　住宅滅失世帯に対する居住確保支援状況（被災３県）

	被災者生活再建支援金支給決定件数（件）＊1					災害公営＊2住宅（完成戸数）	民間住宅＊2用等宅地（完成戸数）
	基礎支援金＊3	加算支援金					
		計	建設・購入	補修	賃貸		
岩手県	23,173	14,495	10,584	2,989	922	5,693	7,196
宮城県	132,568	97,587	36,697	42,747	18,143	15,823	8,867
福島県	36,789	27,630	16,691	8,754	2,185	7,917	1,841
被災３県	192,530	139,712	63,972	54,492	21,250	29,433	17,904

＊1　岩手県は2019年9月30日現在、宮城県は同11月29日現在、福島県は同11月30日現在の数値。被災３件の数値は集計日が異なるものを単純に合算している。

＊2　2019年9月30日現在。なお、民間住宅等用宅地とは、地方公共団体が面的整備事業により供給する住宅用の宅地を指す。

＊3　基礎支援金支給件数は、支給要件を満たす被災者が全て申請したものと仮定するなら、滅失相当の被災者数に概ね一致するとみなしうる。

（出所）支援金支給決定件数は、岩手県『主な取組の進捗状況』2019年11月、宮城県総務部消防課、（公財）都道府県センター（福島県避難地域振興局生活拠点課提供）。災害公営住宅及び民間住宅等用宅地は、復興庁調べ場合では、民間賃貸住宅のストックが豊富な宮城県では、災害公営住宅入居を民間賃貸住宅への入居が上回ったが、岩手県、福島県では災害公営住宅入居が民間賃貸住宅入居を圧倒した。

ただし、居住は確保されても、それは生活再建とは同義ではない。災害公営住宅では、特例により収入を問わず入居できたが、入居後3年を経て入居基準を超える収入があると、事実上退去を迫られている世帯もある（収入超過者）。入居者の高齢化と窮乏化が進み、コミュニティ維持の危機に直面している災害公営住宅や小規模防集団地も少なくない。

埋もれた半壊以下の被災者の実態

(1) 国の支援から排除される半壊以下の被災者

他方、「半壊」「一部損壊」と判定された被災者は、国の支援から取り残された。半壊世帯はかろうじて応急修理の対象となったが一部損壊では皆無だった。滅失を免れたことは、居住が確保されていると判断され、「居住確保支援」の対象外とされたのである。

全国知事会WGの報告（注1）によれば、住宅被害の損害額は半壊でおよそ1000万円、一部損壊でも300万円を超えるとされる。応急修理の52万円では到底カバーできない。住宅滅失被災者でも補修を望めば補修加算支援金を受給できるが応急修理と併せて202万円。大規模半壊の損害額1400万円には遠く及ばない。修理未了の損壊住宅に住み続ける在宅被災者が大量に生まれることになる。

(2) 地方独自支援も届かない

国の支援から抜け落ちた人々を救うという名目で地方が自由に支出できる「取り崩し型復興基金」が11年度第2次補正予算で設けられ、また津波被災地域への住民定着促進を目途に12年度補正予算で積みましされた。これを活用した地方独自の住宅再建支援が実施されている。

ただし、主に被災者再建支援法の不足を補い宅地被害や擁壁、嵩上げの補助を行うもの（岩手県）や、防集による移転再建と自力再建との支援格差を埋めるもので（宮城県）、住宅滅失被災者を対象としている。一部自治体は、半壊世帯の住宅補修にも拡大したが、結局、独自支援であっても一部損壊世帯は支援の対象から排除された。

支援の対象にならず支援実績としてカウントされなければ、その被災者の状態を把握する術がない。支援格差は災害弱者の実態を社会の目から覆い隠す。それが最も大きな問題である。

求められる被災者支援の抜本改革

居住が確保されているか否かを元に支援、非支援を峻別する居住確保支援システムは、住まいの復興だけでなく、被災者支援全般に著しい制約をもたらしている。住家被害の度合いに基づく罹災判定があらゆる支援の基礎とされるからである。一部損壊世帯では、税や医療費・保育料・給食費などの減免や義援金の配分も受けることができない場合が多い。善意の支援物資も、自治体の支援情報も避難所や仮設住宅に集中するから、半壊や一部損壊の在宅被災者には届かない。家が倒壊せずに残っているかどうかだけを見て、人々のくらしの実態を顧みない被災者支援が被災者を苦しめている。支援の目的を居住の確保ではなく、人間らしいくらしの再建とする、被災者支援の抜本的改革が求められている。

（遠州尋美）

〈注〉

1　全国知事会「被災者生活再建支援制度の見直し検討結果報告」2018年11月。

俯瞰的・総括的検証⑧

グループ補助金は「画期的制度」と評価していいか

制度設計：助成と補助

従来、私企業の復旧・復興（資産形成）への税金投入は「ありえない選択」だったが、「中小企業等グループ施設等復旧整備補助金（以下、グループ補助金）」はそれを越えた画期的制度と言われる（注1）。一方で一部のエコノミスト・経済学者は、当初からその過大化・非効率化への懸念も表明していた（注2）。

政府資金で企業等を支援するため、国や地方自治体等は返済不要の給付金を助成／補助してきた。前者で所定要件を満たせば原則給付され（厚労省の雇用関係と経産省の研究開発支援が代表的）、後者には採択件数や予算枠があり、申請と受給は直結しない。新規事業や創業促進等の行政目的の達成、つまり公益性の実現が求められ、予算化後に「公募→申請→審査→採択→期間内事業実施→実績報告→額確定→支払請求→支払」となる。

グループ補助金の公益性

従来も、特定災害で被災した中小企業等のグループや事業協同組合等が行う施設設備の復旧整備に対して、資金貸付けが行われてきたが、個別企業の施設復旧等の費用を直接支援するには、もう一段の公益性の認定が必要で、激甚災害制度のスキームが参照された。激甚災害法では「被災者に対する特別の助成措置を行うことが特に必要と認められる災害」を「激甚災害」に指定の上、特段の措置（地方自治体が行う災害復旧事業等への国庫補助の嵩上げや中小企業に対する貸付や保証等）が講じられる。特に第14条等の「特定団体による（共同生産設備等の）復旧事業を県が経費援助する際の国の役割」規定が援用された。

資格要件とグループ編成

支給先は個別企業であるが、申請には共同事業等を行うグループを編成して構成員になる必要がある。以下では、帰還困難区域の解除期に福島県が作成した公募要領からグループの機能要件を確認したい（注3）。

表1（⑤は原発被災地への帰還対応）のように、経済波及効果や外部性を介して、いずれかのロジックで税金投入は地域社会

表1　中小企業グループの機能要件（福島県公募要領）

①サプライチェーン型 グループの復旧・復興がサプライチェーンにおいて重要な役割を果たしていること
②経済・雇用効果大型 事業規模や雇用規模が大きく、県内の経済・雇用への貢献度が高いこと
③基幹産業型 一定の地域内において経済的・社会的に基幹となる産業群を担う集団であり、当該地域の復興・雇用維持に不可欠であること
④商店街型 地域住民の生活利便や消費者の買い物の際の利便を向上させ、地域の人々の交流を促進する社会的機能を有する者であること
⑤コミュニティ再生型 住民が帰還するに当たり、住民の生活に不可欠な生活環境の整備や、地域に密着した雇用機会の提供に不可欠であること

（出所）福島県（2017.04）による

に還元されることが要件となる（サプライチェーン経由ではグループ外・被災地外でも効果発現）。類型を選んで企業グループは復興事業計画を作成し、県が認定すれば必要な施設設備の復旧費用が補助される。残り1／4の自己負担分も無利子長期（償還期間20年以内、据え置き期間5年を含む）の貸付がうけられる。

運用のチューニングと事後の政策評価

申請数と予算規模が合わずに不採択が続発した初期の「査定庁」批判を経て、2年目まで大きな予算枠が確保され（図1）、復興・創生期間に向けた「復興の基本方針」見直し（2016年3月）でも支援策拡充が盛り込まれた（この間の主な修正点は表2参照）。

２０２２年度後半の半年間、震災10年間の振り返りを担当した有識者会議の検討は、総花的で討論熱度は物足りないが、事務局作製資料の有用性は高い（注4）。第2回会議でグループ補助金の課題として、①新分野事業の活用、②適正規模での復旧、③財産処分上のきめ細やかな対応（休廃業時等）が紹介された。

次に、国の政策評価体系の一環として令和5年度復興庁行政事業レビュー外部有識者会合は、平成29年度公開プロセスの指摘への対応が進まず、再度検討の対象にグループ補助金を選んだ（注5）。主な選定理由は、①予算規模の適正化（低調な執行率）、②実施済支援の有効性と事業者の継続・採算性の観点でフォローアップが必要の2点で、その後、実務上の核心に迫る適切なコメント（表3⑵）が出された。ただ公開プロセスの視聴の限りでは具体的方策や検討手順は未提示で、制度改革への動きは遅い。

制度検証の試み　グループ化と共同事業

個社データとグループとの対応の困難性を押して、グループ化と共同事業の関係に踏み込んだ桒田の研究は貴重である。詳細は、桒田による別項（本書148頁）に委ねるが、桒田の後述の指摘は注目される。第一に、共同事業が補助採択の要件

図１　東北４県の補助金執行と制度修正（2021年度末現在、東北４県の実績集計）

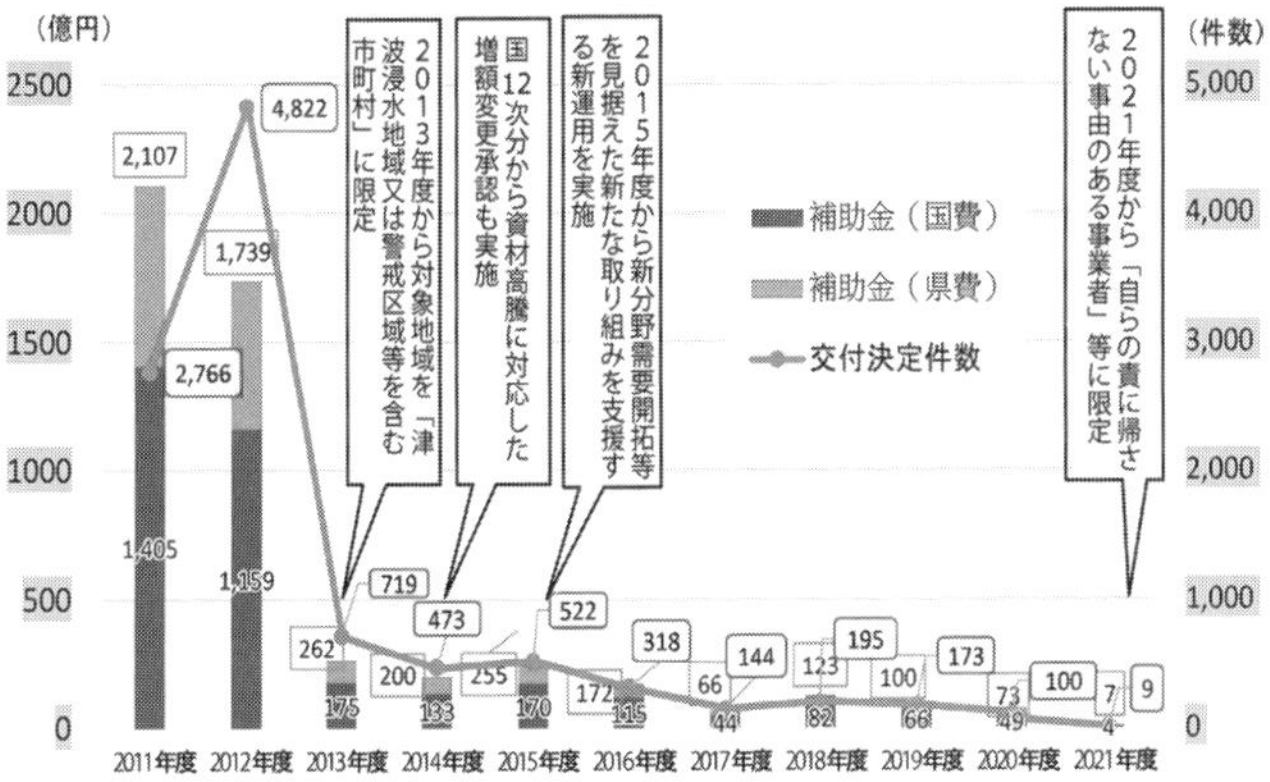

（出所）東北経済産業局（2022.03.11）「中期政策に基づく震災からの産業復興の現状と今後の取組」４頁を引用

表２　主な制度修正点

① **地域の限定（平成25年度～）**
補助金の趣旨と有効性確保のため、８道県に広がっていた対象地域を「津波浸水地域または警戒区域等を含む市町村」に限定

② **資材高騰対応（平成26年中～）**
国の第12次公募（2014年10月）から、復興特需・オリンピック等による資材高騰に対応した増額変更も承認

③ **新分野事業（平成27年度～）**
事業者や関係団体からの要望を踏まえ、原状回復による復旧では、事業再開・売上回復が困難な場合に、原状回復に相当する経費を上限に、新たな取組を実施するための施設等にも対象を拡大

④ **繰越・不用多発への対応（平成28年度～）**
年度内に事業完了せず繰越・再交付や不用が多発したため、2016年度以降は復興事業計画の認定と補助金交付申請の時期を切り離し、複数施設等の一括申請の制約も緩和

⑤ **補助金の適切な執行・不正対応**
補助金適正化法や事務処理マニュアル等のルール遵守と、不正を行った者に対する交付決定取消や補助金返還に加え、刑事告訴や報道発表等を実施。現地調査も実施して実態確認

⑥ **第２期復興・創生期間（令和３年度～）**
2021年度から「自らの責に帰さない事由（復興工事の遅れや、帰還困難区域の避難指示解除の遅れ等）のある事業者」のみに対象を限定

であるにもかかわらず、その要件の曖昧さが制度利用の促進に貢献したこと、第二に、当初枠組みの拡充として導入された「新分野事業」は、現場の要求に応えるものではあるが、原形復旧という制度の根幹と齟齬を生じさせること、それゆえ、今後の事業要件の厳格化や新分野事業の拡大は、制度の根本的見直しを迫るという主張である。

倒産・休廃業の抑制：ゾンビ企業の生き残り問題

帝国データバンクによれば、発災から2022年2月までの11年で、震災被害を直接／間接の要因とする「東日本大震災関連倒産」は、東北3県を中心に累計2085件に上ったとされる。その内で地震や津波で建物倒壊や喪失など「直接被害型」の倒産が占める割合は5年目以降急増して8年目には56・1％を超え、11年目にはまた半数を占めた（図3）。この点につき同社は、グループ補助金等の支援後の取引先廃業や需要低迷、2020年以降のコロナ禍による影響で経営破綻が多いとする。

以下では、その確認の一助として、帝国データバンク「ゾンビ企業の現状分析」を検討する（注6）。2021年度のゾンビ企業率は全国12・9％、東北17・8％である。県別データが確認できる前年度は、全国11・3％、東北16・0％とコロナ禍の借入増で悪化が進み、福島17・7％、宮城17・0％がワースト1、2位を占めていた。同調査の東北地域の評価は「東日本大震災からの復興に伴う資金繰り支援策や返済猶予措置などがあり、他地域に比べ借入負担が増加していること」を背景に、金融支援はあくまで延命措置で、支援期間内で収益構造見直しが遅れれば、

表3　復興庁行政事業レビュー公開プロセス

（1）論点

- 繰越、不用が大きく、執行率の低調な状態が継続しており、予算規模の更なる適正化が必要ではないか。これまでの具体的な対応を検証したうえで、改善に向けての検討が必要ではないか。
- 支援対象事業者の業績（売上、利益、自己負担分の返済状況、等）の確認等、事業者の継続性の観点で事業をどうフォローアップしているのか。支援の有効性向上のために検討すべき点はないか。
- グループによる復興事業計画の一環として取り組む共同事業について、その進捗を把握しフォローしていくことが必要ではないか。
- 平成29年度公開プロセスで指摘された不正事案への対応として、その後とられた対応と不正の有無の実態（過大申請か否かのチェック等、補助金の適切な交付のための検証が必要）。

（2）取りまとめコメント

- 前回（平成29年度）の公開レビュー以降、事業量減少に伴い繰越・不用の金額は減少しているものの、その割合には大きな改善が見られない。申請件数が落ち着いてきている中、事前相談等の段階で事業ニーズの規模・タイミング等を丁寧に把握することなどにより、各年度の事業の所要額の見積もり精度を高め、適正な予算規模とすべき。
- フォローアップとして行われているアンケート調査は回収率が半数程度にとどまる等、十分とは言い難い面がある。フォローアップについて、不正防止や補助金使用の適正性確保、業績や事業継続状態の把握、補助金活用後の課題への対応の徹底につながるよう、アンケート調査の内容・手法、集計・公表方法の改善に加え、第三者による実績報告書の監査、検証などのその他の手法の検討等に努めるべき。
- 事業の公益性・外部経済性担保の点から取り組まれるグループの共同事業について、補助事業実施後の共同事業の実態・進捗状況の把握に努め、補助事業そのものの適正性の向上につなげるべき。
- 成果目標について、本事業のアクティビティやアウトプットとのつながりが分かりにくいため、これを見直し、本事業の実施により目指す変化を的確に捉えるアウトカムを設定し、短期的・中期的に効果検証が可能となるように検討すべき。

（出所）令和5年度復興庁行政事業レビュー「論点等整理紙、公開プロセスとりまとめ結果」を引用。

図2　国第22次までの交付グループ数（累計）と各次の平均補助額

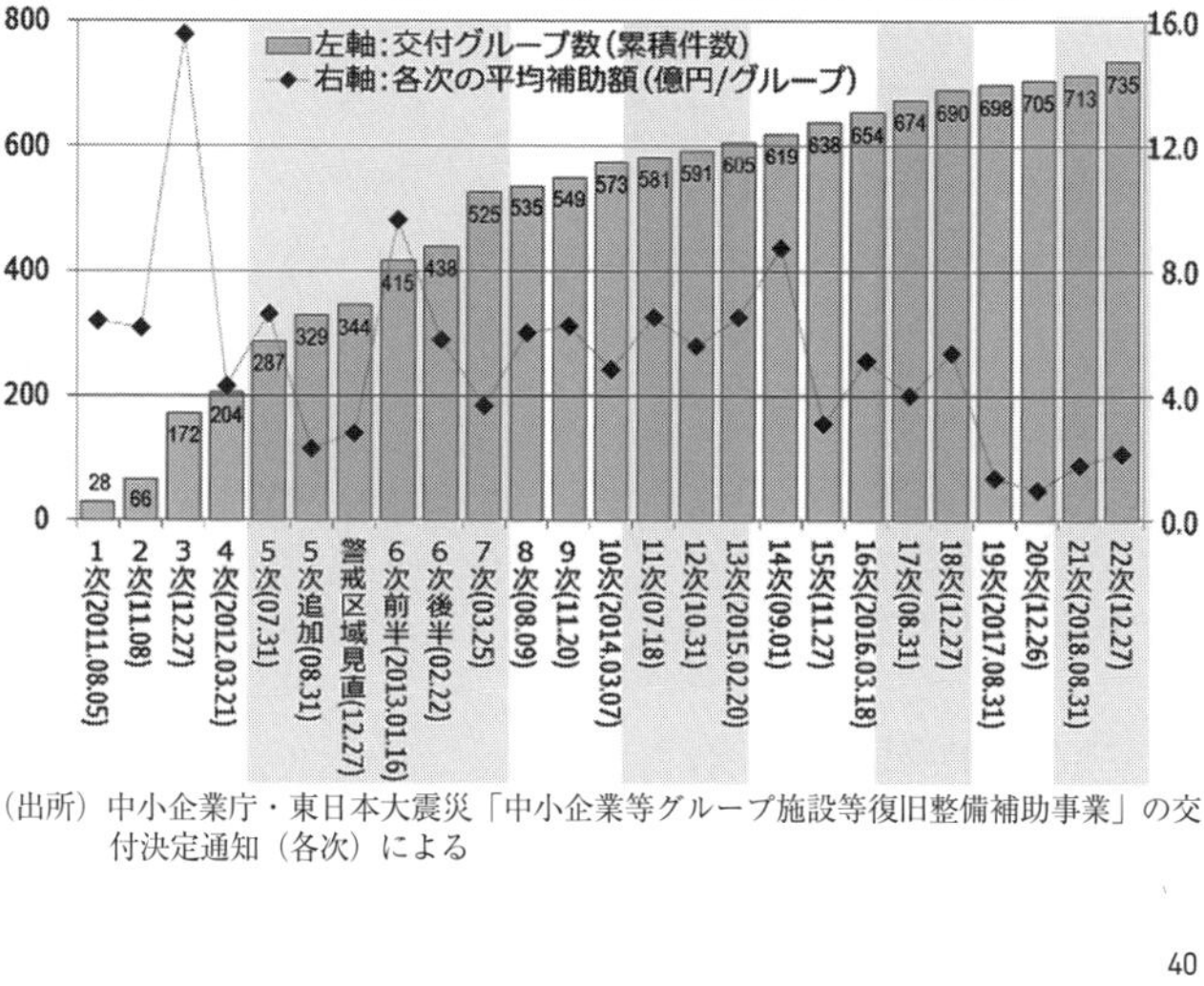

（出所）中小企業庁・東日本大震災「中小企業等グループ施設等復旧整備補助事業」の交付決定通知（各次）による

当然ゾンビ企業化は進むとする。グループ補助金による設備復旧を経ても、製品開発や販路開拓等を含めた経営課題の解決がなければ、いずれ市場からの退出を迫られ、既に被災５千社の事業継続率は減少に転じた（図４）。

図３　東日本大震災関連倒産の全国件数（年間）と直接被害型の割合（累計）

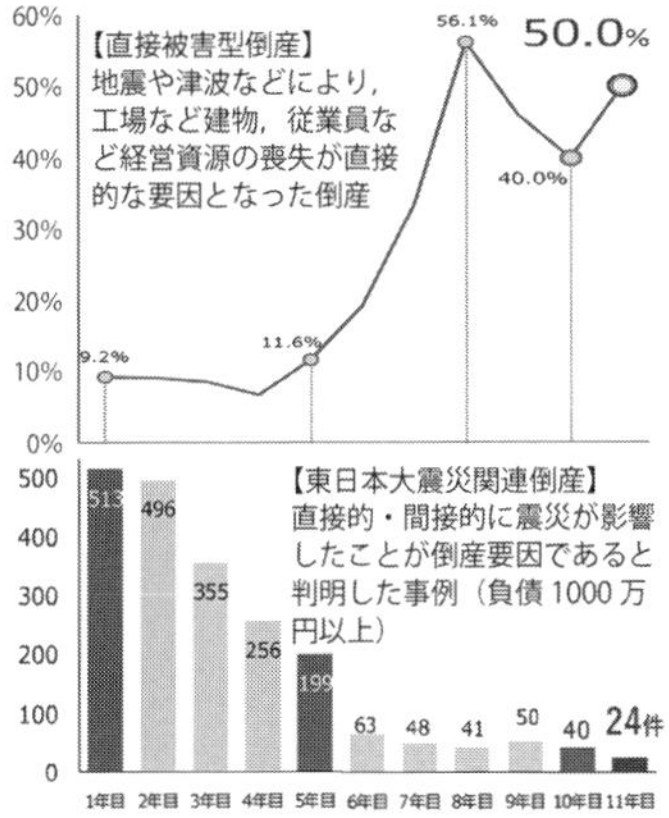

図４　被災３県・被害甚大地域企業の事業継続率

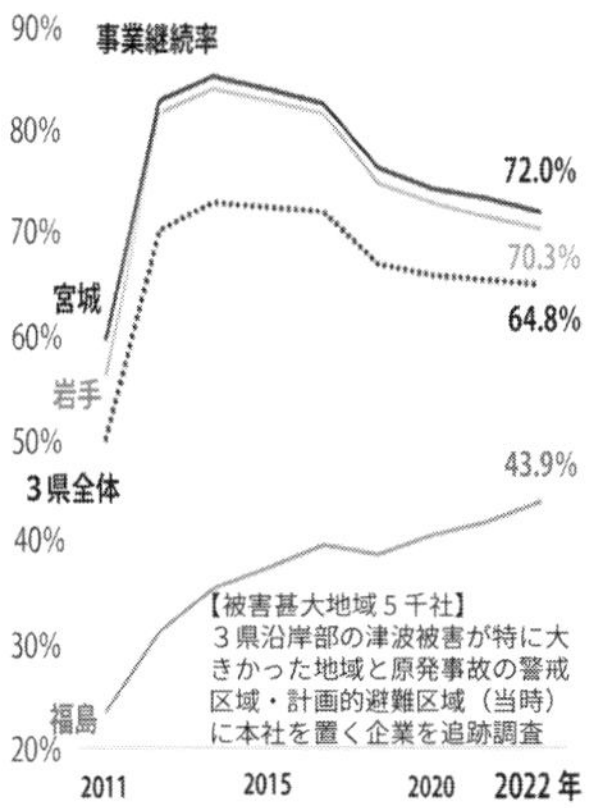

（出所）図３、図４とも帝国データバンク（2022.03.08）より引用

少子高齢化が進んでいた津波被災地で、如何なる地域経済や産業構造の将来復興像を描き実現を目指すかを示すことなしに、「画期的制度」の道具的是非だけを問うことの意味は薄い。ただし、民主党政権下の発災後数か月でこのような「期を画した」制度が生まれたこと、津波ですべてを失った被災地の要望をうけて中央で政策理念が転換したこと、運用変更や政策修正を経てそれなりに現地評価を得ていること、その後の大規模災害で「標準的支援メニュー」として定着してきたことも、実装実験として日々評価に晒されるという画期的な政策過程上にある。難しいことは承知の上でも、表３⑵実現に向けた申請・審査・実績データのオープン化と第３者組織によるエビデンス研究への道がひらかれることを期待したい。

（増田　聡）

〈注〉

1　岡本全勝・藤沢烈・青柳光昌（２０１６）『東日本大震災 復興が日本を変える』ぎょうせい。

2　原田泰（２０１２）『震災復興欺瞞の構図』新潮新書、斎藤誠（２０１５）『震災復興の政治経済学』日本評論社、ＮＨＫ東北コから（２０１９・６・21）「震災補助金：被災企業再生に何が必要か」。

3　福島県中小企業等グループ施設等復旧整備補助事業復興事業計画認定公募要領：福島県（２０１７・04）「第31次公募（一般枠：津波浸水地域・警戒区域等見直し地域（移転再開）向け）」。

4　復興庁（２０２２・12・05）「関連資料」20―21頁（東日本大震災の復興政策10年間の振り返りに関する有識者会議第２回資料５）、復興庁（２０２３・03・23）「東日本大震災からの復興政策10年間の振り返り本文案第６章」（同第４回資料６⑦）。公表は23年８月。

5　中小企業庁経営支援部小規模企業振興課（２０２３・06・09）「中小企業組合等共同施設等災害復旧事業（グループ補助金）説明資料」（復興庁：令和５年度復興庁行政事業レビュー、同公開プロセス添付資料）。

6　帝国データバンク（２０２２・03・08）「特別企画：震災から11年「東日本大震災関連倒産」動向調査（２０２２年）」、同（２０２２・08・15）「特別企画：『ゾンビ』企業の属性分析」、同（２０２２・12・26）『「ゾンビ企業」の現状分析（２０２２年11月末時点の最新動向）』。ゾンビ企業とは、３年連続でInterest Coverage Ratio (ICR) が１未満、かつ設立10年以上。

$$ICR = \frac{営業利益+受取利息+受取配当金}{支払利息+割引率}$$

俯瞰的・総括的検証

被災者支援総合交付金が導いた被災者支援の新たな可能性

⑨

復興財政のごくわずかだが意義は大きい

国が２０２１年度までに支出した東日本大震災復旧・復興関係経費の総額は約35兆円にのぼる（国債整理基金特別会計への繰入を除く）。そのうち被災者支援総合交付金（以下、総合交付金）は７７０億円で０・２％に過ぎない。復興財政の多くは、災害復旧事業・道路整備事業、復興交付金事業・福島再生加速化交付金事業などのハード事業、及び除染や災害廃棄物処理といった災害の後始末が占めた。

それでも総合交付金を取り上げたのは次のような変化を見ることができたからである。①災害復興＝ハードの復旧・復興ではすまず、被災者とコミュニティに対する再生支援が政府の役割として認識され始めたこと、②そのための手段として復興庁・厚労省・文科省の事業をまとめた総合的な交付金が作られ、被災自治体の選択の幅が広がったこと、③総合交付金事業の計画主体としても事業実施主体としても、ＮＰＯなどの市民活動団体の役割が認められたこと、④原発災害による広域避難に対応して、避難先自治体の一部（全国20都道府県の30自治体）も交付金事業実施主体になったことである。

交付金の事業メニューと交付額

15年度に「被災者健康・生活支援総合交付金」が新設され、翌16年度には3省庁の事業をまとめた「被災者支援総合交付金」に改編された。16～20年度の事業別交付額は表1の通りである。大半は岩手・宮城・福島への交付だが、中でも福島が半分以上を占める。事業メニューでは、「①被災者支援総合事業」（約２９３億円）、「②被災者見守り・相談支援事業」（約１６７億円）、「⑥被災した子ど

表1　被災者支援総合交付金事業（2016～2020年度交付可能額計）　単位：百万円

交付先		事業メニュー								合計
		復興庁	厚労省					文科省		
		①被災者支援総合事業	②被災者見守り・相談支援	③仮設住宅サポート支援拠点運営	④被災者健康支援	⑤被災者の心のケア支援	⑥被災した子どもの健康・生活支援	⑦福島県の子どもたち自然体験・交流	⑧子どもの学習支援	
岩手	県	1,224	3,044	1,343	202	914	1,451	0	762	8,940
	市町村	2,856	121	0	0	0	0	0	0	2,977
宮城	県	2,807	5,340	558	136	852	2,849	0	1,144	13,676
	市町村	4,224	0	0	0	0	1,037	0	0	5,261
福島	県	10,020	6,773	1,174	1,046	1,262	4,272	976	874	26,0372
	市町村	7,192	309	522	94	0	2,207	0	316	10,640
他県自治体		961	0	0	0	0	85	0	0	1,0460
公募法人		0	1,140	0	0	0	0	0	26	1,166
合　計		29,234	16,726	3,597	1,478	3,028	11,857	976	3,121	70,077

（出所）復興庁提供資料より作成。

もの健康・生活対策等総合支援事業」（約119億円）と続く。県と市町村を比較すると、県は幅広い事業に取り組み交付額も多い一方、市町村は「被災者支援総合事業」に集中している。

各市町村への交付額と避難者数

被災3県の沿岸市町村及び原発事故避難指示12市町村の避難者数と交付額の関係を図示した（図1）。ただし、仙台市及び避難者のなかった岩手県久慈市・洋野町を除いており、避難者数は、各県資料に基づき避難者数が最大となった人数を用いた。

避難者数と交付額には強い正の相関が確認できた（相関係数0・7906）。もちろん、市町村によって交付額に大小は見られた。図には含まれていないが、仙台市と郡山市の交付額は、いずれも約20億円と避難住民数に比して多額である。仙台市は保育料の減免に、郡山市は給食の放射線量測定に多くを支出していた。

16年度から20年度までの交付額の推移を見ると、岩手が288億円から163億円へ（43％減）、宮城が445億円から273億円へ（39％減）と大きく減っているが、福島は733億円から659億円（10％減）でそれほど減少していない。事業別に見ると、仮設住宅サポート拠点運営や被災地健康支援は事業終了を迎えつつある一方で、被災者の心のケア支援は19年度から始まり、被災者支援総合事業も18年度をピークに減少しつつあるとはいえ、20年度も462億円とそれなりの規模を維持している。

図1　市町村別の避難者数と総合交付金交付額（2016～20年度交付可能額計）

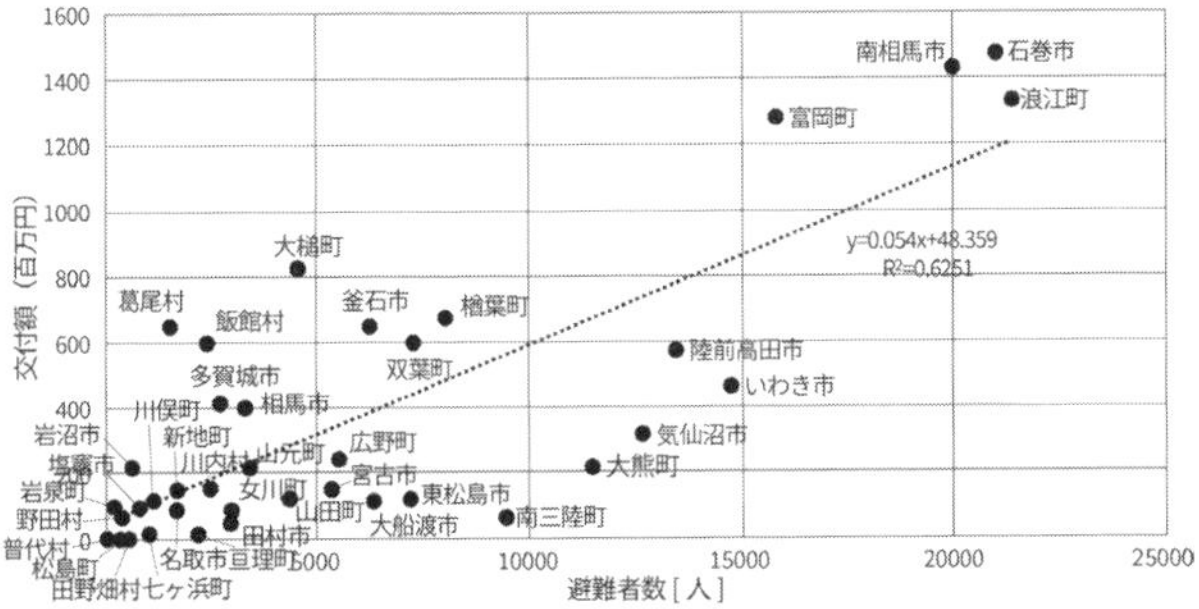

市町村の事業内容

―陸前高田市、石巻市、南相馬市の事例

そこで、被災者支援総合事業の事業内容を自治体の事例から見ることにする。表2は被災3県の中で総合交付金の交付可能額が相対的に大きかった陸前高田市（岩手県）、石巻市（宮城県）、南相馬市（福島県）における事業内容をまとめたものである。復興庁に提供いただいた資料の事業名称・事業概要をもとに筆者が事業内容別に分類し、16～20年度の交付可能額合計を求めた。

なお、表1の事業メニューに従えば、事業はすべて①被災者支援総合事業、南相馬市は②被災者見守り・相談支援事業も含まれるが、同じ事業が年度によって別の事業メニューに移っている場合もあるので一体的に表示した。

市ごとの差異はあるが、「生活再建支援」「移動支援」「心のケア」「被災者見守り・交流」「コミュニティ形成」「心の復興事業」に多く充当されている。

表2　被災者支援総合交付金事業内容（2016～20年度交付可能額計）　単位：千円

事業類型	陸前高田市	石巻市	南相馬市
生活再建支援	34,883	389,135	369,778
移動支援	45,397	28,635	606,843
心のケア	41,039	509,445	0
被災者見守り・交流	133,314	318,765	78,437
コミュニティ形成	155,706	82,219	112,940
心の復興事業	36,400	151,625	188,056
ボランティア窓口	58,439	0	0
防犯・安全対策	0	0	44,184
諸活動を通じた交流	23,530	530	5,188
健康・医療関係	36,209	0	0
広報	0	0	25,932
高齢者支援	14,612	0	0
合　計	579,529	1,480,354	1,431,358

各市で充当額の大きい事業類型について具体的な事業内容を見てみよう。

陸前高田市の「コミュニティ形成」は、仮設住宅でのコミュティ形成や地域活動支援などである。「被災者見守り・交流支援事業」では、災害公営住宅内に設置する交流プラザ運営の社会福祉協議会への委託や、一人暮らし高齢者への緊急通報機器の貸し出し等が行われた。

石巻市の「心のケア」では専門職等による被災者相談支援事業として、臨床心理士等による相談・手続き・生活支援が実施された。「生活再建支援」は、住宅再建・生活支援制度等の受付・説明・相談業務、伴走型の被災者課題解決支援等である。「被災者見守り・交流」としては、社会福祉士等による相談事業、被災者管理・情報提供システムの保守管理、支え合い活動助成事業等が実施された。

南相馬市では「移動支援」が大きいが、旧避難指示地域内で再開した学校への臨時スクールバス運行、公共交通機関再開の見通しがない地域でのジャンボタクシーの運行、高齢者向け巡回バス等である。「生活再建支援」では、仮設住宅入居者の安否確認や生活相談等が行われた。「コミュニティ形成」は、地域の絆づくり支援事業としてとして、行政区や復興公営住宅自治会等に経費補助しているものである。

総合交付金を財源として、実に多様なソフト事業が被災者や住民を対象に展開されてきたことがわかる。

各種団体・NPO・企業との連携による事業実施

これらの事業が、自治体と各種団体・NPO・企業等との連携によって実施されたのも、総合交付金事業の特徴である。

総合交付金は、自治体等の申請に基づいて国から交付されたが、自治体自身が直営で実施した事業はごくわずかである。例えば、公営住宅の交流プラザ運営（陸前高田市）や支え合い活動（石巻市）、仮設住宅見守り訪問（南相馬市）は社会福祉協議会に委託、専門職等による相談・支援制度の窓口（石巻市）の多くは、看護協会、こころのケアネットワーク等の団体に、コミュニティ形成・自治会づくり支援は連携復興センターに委託。移動支援や防犯・安全対策は企業に委託などである。

また、「心の復興」事業は、「被災者自身が参画し、活動する機会の創出を通じて、前向きに生活することを支援する」（復興庁交付要綱より）ことを内容としているが、自治体が事業を募集し、採択された支援団体に間接補助することで実施された事業である。

そこで、東日本大震災では、総合交付金を財源として自治体と支援団体が連携する、被災者・被災コミュニティ支援の取り組みが広がった。

自治体と支援団体の連携における課題

連携の効果が発揮されるためには、自治体と支援団体間で互いの役割を尊重し協働する関係を築くことが重要だろう。その点では、自治体による違いも見られた。

被災者支援総合事業の「心の復興事業」と「県外避難者支援事業」について、復興庁と被災3県の交付要綱・補助金募集要領等を比較して、表3に整理した。その結果、以下に述べる課題も垣間見える。

◎自ら総合交付金を使いにくくしている自治体も―特に福島県

総合交付金の窓口は一括して復興庁だが、交付は各省庁が所管し、各々の交付要綱で対象・要件が定められた。こうした立付けは復興交付金と同様だが、総合交付金の場合、各省庁の交付要綱等が比較的柔軟なつくりになっていたため、自治体や支援団体の自由度は大きく、多様な事業の展開を可能にした。

だが、自ら国より厳しい制限を課し、支援団体の活動を縛ってしまった自治体もあった。概して3県とも補助対象経費や対象者等復興庁要綱にない制限が多い。また、岩手、宮城両県では事業完了前に交付金の一定割合を前受けでき、つなぎ資金の調達負担が緩和されているのに対し、福島県の場合には、受託費の50％を上限に概算払いを受けることができるものの、実績確認額を超えることができないため、前受けではない。これらの過剰な制限は当然支援団体の不評を買い、特に福島県については多くの不満を聞いた。

表3　「心の復興事業」と「県外避難者支援事業」における事業要綱・募集要領の復興庁および各県比較

補助対象事業

○**復興庁**：被災者の参画機会創出を通じたつながりや生きがい、コミュニティ形成と一体となった心身のケアの事業例を提示。

○**岩手県、宮城県**：復興庁とほぼ同様。

○**福島県**：「県外避難者支援事業」では、（1）必須要件として、①参加者名簿作成と本人確認、②交流会の入退室は任意とせず全プログラムに参加、③参加者レポートやアンケートの提出、を義務づけ、（2）プログラム内容も次の内2つ以上を含むこととしている。①帰還者との意見交換、②自治体職員からの復興状況及び帰還・生活再建支援制度の説明、③避難元市町村の復興状況現地視察、④住まい・ＡＤＲ・高齢者施設等の相談ブース等設置、⑤農林水産物等の安全・安心に関する説明。

補助対象経費

○**復興庁**：報酬、賃金・給料・職員手当等、共済費、報償費、旅費、需用費、役務費、助成金、委託料、工事費、使用料及び賃借料、備品購入費。

○**岩手県**：復興庁の対象経費中、助成金、工事費が対象外。

○**宮城県**：復興庁の対象経費中、共済費、助成金、工事費、備品購入費が対象外。

○**福島県**：復興庁の対象経費中、報酬、共済費、助成金、工事費、土地・建物・駐車場の賃貸料、備品購入費が対象外。補助事業実施の有無に関わらず、団体役員・職員への報酬、給料、賞与、各種手当、社会保険料は対象外。

対象者：県外避難者支援事業

○**復興庁**：県外避難者。

○**福島県**：県外避難者のうち、避難先で何らかの課題を抱え第三者の支援が必要な方。支援対象者の家族でも、震災後に結婚した県外出身の配偶者や震災後に生まれた子ども等は対象外。

補助率

○**復興庁**：定額

○**岩手県、福島県**：10／10

○**宮城県**：9／10～7／10

概算払・前金払

○**岩手県**：９割以内。

○**宮城県**：中間基準日まで３割、終期の１月前まで計７割以内。

○**福島県**：原則、事業完了・実績確認後。50％を上限に概算払請求できるが実績確認額の範囲内のため前金払はない。

情報公開

○**復興庁**：採択結果は、HP 掲載等で広く公開。採択された事業計画書、実績報告書等も同様の取扱とする場合がある。

○**岩手県**：応募状況と審査結果は HP 公開。提出資料は、個人情報を除き原則情報公開の対象。

○**宮城県**：要綱等に記載はないが、HP に採択結果・交付決定額を掲載。

○**福島県**：要綱に記載はなく、交付決定額は非公開。

誓約書及び同意書の提出

○**福島県のみ**：「国、福島県及び当団体が所在（活動）する地方自治体の施策に反する一切の活動を行っておらず、かつ今後も行わないことを誓約及び同意します。」旨の文書提出義務。

◎「不用額」を生じた総合交付金

表4は、総合交付金の決算である。毎年度、使われなかった予算を示す「不用額」が生じている。これは、不要な額を計上したのではなく、用意された予算を自治体がうまく使いこなせなかったと言うべきだろう。福島県では避難者は依然解消されず、また被災者の高齢化も進展し新たな被災者支援の課題も生じている。総合交付金が拓いた可能性を生かしきるため、自治体には、ＮＰＯ等との協働に慣れ親しむことが求められる。

（井上博夫）

表4　被災者支援総合交付金の歳出と不用額

単位：百万円

年度	支出済歳出額	翌年度繰越額	不用額	（内）被災者支援総合事業
2016	15,613	0	6,421	6,341
2017	14,966	0	5,040	4,136
2018	14,435	0	3,067	2,839
2019	12,857	16	4,789	4,269
2020	10,875	0	4,621	4,156
2021	8,232	0	4,287	3,947

俯瞰的・総括的検証

被災者支援から地域福祉への転換

地域福祉の枠組みで進めた被災地12年後の姿

⑩

東日本大震災被災地では、大規模化・長期化・広域化といった、過去の災害と大きく異なる特徴をもった未曾有の災害に立ち向かってきた。これまで被災者支援を中心的に担ってきた市町村社会福祉協議会では、12年という時間の経過とともにその姿を変え、多くの場合、既存の事業の中で進められ、「被災者支援」という形をとらなくなってきている。未だに被災者支援業務を主として担う職員（生活相談支援員やＬＳＡ等）を配置している市町村社会福祉協議会（以下「社協」）は、仙台市社協7名、石巻市社協で15名、塩竈市社協4名、東松島市社協3名、七ヶ浜町社協5名、気仙沼市社協4名である（2022年度）。

このような中にあって、小規模自治体（2022年3月末人口1万2135人）の社協でありながら9名のＬＳＡ（ライフサポートアドバイザー）を配置し、住民とともに歩む宮城県南三陸町社会福祉協議会の取り組みには特筆すべきものがある。ここでは、同社協の取り組みにみる被災者支援から地域福祉への転換の仕掛けを読み解いてみる。

地域福祉の枠組みで設計した被災者支援

南三陸町は、東日本大震災死者620人、行方不明者211人、半壊以上の住家は3321戸（全戸数の61・9％）と、甚大な被害を受けた。応急仮設住宅は、2195戸で5841人（1941世帯）が長い避難生活を強いられた（2019年12月14日までに全員退去）。こうした状況下で被災者支援を担ったのが、南三陸町社協が運営する南三陸町被災者生活支援センターである（2011年7月19日開所）。南三陸町社協は、被災者生活支援センター設置の設計段階から、被災者支援を地域福祉の枠組みで行っている。

具体的には、被災者支援の担い手を被災住民中心とする（地元住民の活用）。「自治会、契約講といった伝統的自治組織」「婦人会」「食生活改善推進員」「民生委員児童委員」等々との積極的な協同連携（地元社会資源の活用）。「警察」「消防」といった組織との協同連携（地元機関の活用）。これら従来から地域にある社会資源を生かし、人材も含め一過性の借り物による被災者支援は行わなかった。理由は明快で、未曾有の災害に立ち向かう住民の経験は、地域に対する愛着形成や住民相互に支え合う社会の構築といった、人口減少傾向にある小規模自治体のコミュニティ維持において極めて貴重な体験であり、その為の人材育成にもなると考えたのである。

被災体験を流出させない

南三陸町社協は、南三陸町被災者生活支援センターを設置運営するにあたり、各仮設住宅を訪問しながら被災者の安否確認や生活相談に応じる「巡回型生活支援員」として被災者を含む100名を超える地元住民を採用している。また、自らが住んでいる仮設住宅の安否確認を主な任務とする「滞在型支援員」には、平均年齢74歳の高齢者100名を充てている。その他、南三陸町を離れて見なし仮設住宅に暮らす被災者を訪問する「訪問型支援員」も組織している。こうした被災者支援を経験した住民は、退職後も、介護職員（14名）、民生委員児童委員（4名）、障害者福祉施設職員（1名）、生活困窮者支援事業所（1名）、まもり～ぶ支援員（2名）、児童福祉事業所（3名）、社協職員（1名）、生活支援コーディネータ（2名）等、介護福祉人材が不足する中にあってこれだけの人数が、被災者支援の経験をもって地域福祉推進の担い手として貴重な戦力となっている。また、介護職員などに就かないまでも地域福祉推進の担い手として各種事業を応援、協力している「ほっとバンク」というボランティア組織もある。ほっとバンクで活動している200名を超える人数の内35名が被災者生活支援センターに所属していた。

被災者支援を地元人材で行うことは、経験・体験がそのまま地元に残り、今後の長い復興過程を支えていく。他地域からの応援ボランティアに依存すると、ほとんどの方は時間とともに被災地を離れ、当時の貴重な経験・知見が地元に残らないのである。

住民と介護福祉事業者の一体感醸成

南三陸町社協は、震災から1年後の2012（平成24）年8月に町内の介護福祉事業者に呼びかけ「南三陸町地域福祉連携会議」を組織した。その趣旨は、震災で先行きの見えない生活を強いられている町民を励まそうとするものであった。被災して憔悴しきった町民に、このような時こそお返しをすべきではないかというのが動機である。

始めに行ったことは、「震災時の記録を残す」及び「お祭りの開催」である。震災の記録は、介護福祉事業者の被災時の状況やいかにして住民を守ろうとしたか等について「聞き書き」の形で整理した。また、お祭りは「南三陸町福祉祭り」と名付け、各事業者及び地元のボランティア団体も加わり、がれきは撤去されているものの住宅の基礎が痛々しく残る中で開催された。この福祉祭りは、震災で南三陸町外に居を移した方々も一堂に会する再開の場にもなった。この福祉祭りは、その後行政も加わり「福祉健康まつり」と名称を変え、「南三陸町で住民が一番集まる場」（南三陸町佐藤町長）として現在も続いている。

住民が参画する地域福祉の推進

南三陸町社協は、被災住民を一方的に支援の対象者としないように、様々な事業を通じて「お互い様」意識の浸透を図り、被災住民にも地域福祉の担い手となるよう、意識啓発を積極的に行っている。これを進めるために整備したのが、被災者支援及び地域福祉の拠点である「結の里」である。ここで行われる全ての事業は、町民とともに考え町民とともに実施したいと考え、行政区長、民生委員児童委員、人権擁護委員等々が委員となる「結の里運営協議会」を組織（2018（平成30）年6月12日設立、委員10名、事務局南三陸町社協）して企画運営されている。

南三陸町社協の担当者は、「すべての事業は、他市町村社協及び南三陸町社協の誰もが経験したことのない事業であり、住民主体の事業を住民抜きで進めていくわけにはいかない。また、住民が参加することで住民一人一人の役割創出や社協への愛着が生まれる効果を期待した」と、語っている。この委員会では、南三陸町社協が進める様々な事業への提案や評価も行われている。主な事業は、「みんな食堂」「結の夏まつり」「走らない大運動会」「みんなの音楽祭」「我笑イベント」（正月行事）等々で、その他各種ワークショップがある。住民は、これらの事業と関わりながら、参加者から参画者となり、次第に「地域を意識するようになった」（50代女性）と語るようになっていった。

【写真1】結いの里運営協議会（2019/06/24）

震災からの学びを地域福祉推進の仕組みに反映

わずかな事例だけを取り上げてきたが、南三陸町社協は、東日本大震災の被災者支援を行うことで多くのことを学び、住民とともに歩む地域福祉の姿を見出しつつある。彼らは、東日本大震災の渦中で、住民のもつ「市民的専門性」に気づき、住民の役割（出番）づくりの大切さを学び、被災体験を日常生活に溶け込ませ新たな生活文化を築き、それを下にした地域福祉の推進を図ろうとしている。この姿勢は、コロナ禍にあってもひるむことなく、住民とともに知恵を出し合いひとときも休むことなく住民とともに歩み続けている。

被災者支援で中心的な役割を担った社協職員は、「東日本大震災は、震災後の街並みを大きく変えました。多くの住民が迷い、励まし合いながら歩んだ時間、その傍で社協の存在意義を今一度考え、我々に対しどこに向かうべきかの問いを与えたのも未曾有の大震災でした。（中略）震災を経験した小さな町は、その後のコロナ禍という経験を加え、何を学び、どのように変わっていくのか。小さな町の強みを生かし、町づくり地域づくりを他人事にしない住民参加の横断的プラン、社協職員個々の熱量アップにより、人口減少や少子高齢化等の課題と向き合い、制度に寄らないインフォーマルな事業展開を地域包括ケアシステムの名の下に住民目線で原点に返り検証していく必要があるように思う」と、語っている。

そして、これを単なる個人の想いにとどめないように、本年度作成する「地域福祉活動計画」に反映すべく準備を進めている。前回の地域福祉活動計画は、イラストと住民の思いを手書きした、住民が興味をもって読み進められる冊子で、全戸配布している。今年度は、東日本大震災から12年を経て学んだこと、体験したことを下にして、地域福祉からまちづくりへと展開していきたいと抱負を語っている。

【写真2】地域づくり学習会（2017/05/21）

後世に伝えるキーワード

南三陸町社協は、東日本大震災の被災者支援において他の市町村には見られない地元住民を大量に雇用して被災者支援の第一線に据えた。それは、短期的な復旧時の被災者支援に止まらず、復興・発展期のありたい姿を想定しながら取り組む始めの一歩であった。被災者支援を地域福祉の枠組みの中で設計し、その出口を地域福祉の推進と位置づけて進めてきたからこそ見える世界である。こうした「住民の『市民的専門性』に着目して被災者支援の主要な担い手に据え、被災者支援の出口を住民一人一人が我がこととして取り組む地域福祉として進める被災者支援システム」。これこそが、東日本大震災で行われた被災者生活支援の特徴を後世に伝えるキーワードになると考えている。

支援者を支援する専門的支援組織

宮城県は、被災市町が設置した被災者生活支援センターに対する研修や専門的助言を行う「宮城県サポートセンター支援事務所」を開設した（２０１１（平成23）年9月5日）。災害ボランティアセンターの運営に追われ疲弊していた市町村社協を支え、被災者生活支援センターの職員や中心的役割を担う社協職員への専門的助言やメンタルケアを担い、スキルアップを図る研修を行った。このことにより、宮城県内の被災者支援は、一定の水準を保った被災者支援スキルを身につけた被災者支援事業を展開することができた。このように、宮城県が設置した「宮城県サポートセンター支援事務所」は、早い段階から、市町村、市町村社協及び第一線に立つ生活相談支援員を支え、被災者支援を円滑に進めることに大きな役割を果たした。

しかし、後世にこの組織の重要性を伝えるに際し、一つの大きな課題も残した。それは、被災者支援で学んだ多くのことを平時の地域福祉推進に生かす段階で、宮城県サポートセンター支援事務所を閉鎖したことである。奇しくも、我が国では、「地域共生社会」の実現に向けて「ニッポン一億総活躍社会プラン」（平成28年6月2日閣議決定）を策定し、「地域課題解決力の強化」「地域を基盤とする包括的支援の強化」「地域丸ごとのつながりの強化」「専門人材の機能強化・最大活用」を掲げて改革を推し進めている。東日本大震災で甚大な被害を受けた宮城県民は、被災経験を通じて、「お互い様の支え合い」「地域社会に目を向ける」「郷土愛」等々の意識の高まり、少なくとも期待がもてる好機にあった。しかし、「被災者支援の役割は終わった」として、震災から丸10年経った２０２１（令和3）年3月末をもって事業終了となった。宮城県では、被災者支援は継続するとして、聞き心地のいい「心の復興」という言葉を使い、メンタルヘルス事業やコミュニティ再構築支援（災害公営住宅自治会で行う行事への補助）に特化した支援に止めた。これらは、従来の被災者支援の枠組みを超えるものではなく、被災体験で得られた知見を平時の生活に擦りつけ、「地域共生社会」の構築に生かそうとする視点はない。東日本大震災で、我々は全国から支援をいただいた。これを何らかの形でお返しする「被災地責任」がある。その時、被災経験を平時の安心・安全に生かす知恵を伝えることは、大変重要なテーマであったのではないだろうか。そこに至らないままで支援者を支える専門的支援組織が閉じたことは、非常に残念である。

（本間照雄）

俯瞰的・総括的検証

災害ケースマネジメント

個別事情に対応する伴走型対人支援システム

⑪

災害ケースマネジメント

災害ケースマネジメントとは「被災者一人ひとりに必要な支援を行うため、被災者に寄り添い、その被災状況・生活状況等を把握し、それに合わせて様々な支援策を組み合わせた計画を立て、官民連携して支援を実施するしくみ」をいう。

国の定義もほぼ同義であるが（注1）、国の『災害ケースマネジメント実施の手引き』（令和5年3月）は、この定義のポイントを4つ挙げている。

一つ目は「アウトリーチによる被災者の発見、状況把握」。二つ目は「官民連携による被災者支援」。三つ目は、「被災者の個々の課題に応じた支援の検討・つなぎ」。そして四つ目は、「支援の継続的な実施」。すなわち被災者の自立・生活再建のプロセスを支援するため、アウトリーチによる課題の把握→ケース会議による支援方針の決定→支援の実施を繰り返すことによって「寄り添う」ことであるとしている。

背景事情

東日本大震災をはじめ大災害の被災地には、支援から取り残された人々がいる。

例えば、宮城県石巻市では、柱が腐って傾いた家、床が抜けて雑草の生えた部屋、空いた穴をガムテープでふさいだ壁など、目を疑うような惨状の中で生活する人々がいた。隣の女川町には8年間も自宅の風呂に入れず我慢を続けている人もいた。いわゆる「在宅被災者」である。支援制度の隙間からこぼれ落ちて、厳しい困窮の中で息をひそめて暮らしていた。

東北や熊本等では、せっかく命が助かったのに、その後の苦しい避難生活の中で落命した「災害関連死」が目立った。

災害で一命はとりとめたが心身に重い障害を残すことになった「震災障害者」は、ほとんどの場合は何らの補償もなく、むしろ「命が助かって良かった」と声をかけられ、その一言で心の傷がさらにえぐられて長年にわたって殻に籠り続けることが繰り返されてきた。

原発事故のために避難を余儀なくされた「原発避難者」は、次々に打ち切られる支援の渦中で、孤立し、戸惑い、絶望の中で必死にもがいている。一度目は事故で苦しめられ、二度目は避難生活で苦しめられ、三度目は冷酷な仕打ちで苦しめられているのである。

これらケースに共通していることが二つある。一つは、すべて制度の枠からはみ出しているということだ。原因は「法制度」の側にあるのかもしれない。もう一つは、抱えている課題が一人ひとり違うということ。それぞれ異なる個々の困難を、法律という画一的・類型的な救済措置ではカバーし切れないのである。そうであるなら、救済する答えは簡単だ。一人ひとりの被災者に「人」が寄り添って「個別の支援」を行えばよいのである。その根本的発想が災害ケースマネジメントの背景にある。

導入に至る経緯

災害ケースマネジメントはアメリカが発祥と言われ、以前から被災者ごとのケースマネジメントが行われていた。注目を集めたのは2005年のハリケーン・カトリーナ災害だ。ニューオリンズを中心に大規模な被害をもたらし、被災者の住まい、雇用、健康、心のケア、教育など、多種多様な課題が爆発的に発生し、多数の避難者が全米各地に広域に避難する事態となった。そこで、FEMA（アメリカ合衆国連邦緊急事態管理庁）、地元行政機関、赤十字、企業、民間団体、NGO等が連携して支援に当たる「災害ケースマネジメント・プログラム」（DCMP／Disaster Case Management Program）を実施し、「支援統合ネットワーク」（CAN／Coordinated Assistance Network）という被災者支援情報管理システムを活用して、支援団体が被災者に関する被害の有様、避難先の状況、支援内容等の情報を共有し、具体的な支援内容を被災者の個々のニーズに応じて個別対応した。このシステムによって様々な支援セクターが総がかりで介入することが可能となった。すなわち、災害規模が大きく、被害が大きいほど、被災者支援は画一的な対応が難しく、個別対応した方が合理的であることを示す先例となったのである。

「一人ひとりの違い」に着目し「一人ひとりに合ったやり方」で支援していくという手法は、我が国でも珍しいことではない。例えば介護保険制度は個々の状況に応じてケアプランを立てて実行する仕組みだ。障害者、子どもや若者の自立支援、生活困窮者等のケアプランも既に定着している。日常の世界に視点に移すと、学習塾も個別学習が主流で、Webで届く情報もユーザーごとにパーソナライズドされている。災害現場でも、医療チームは発災当初から一人ひとりの診察から始めるのが当たり前である。災害対応はとかく集団的・画一的な対応がとられがちだが、それだと必要なところに届かず、不必要なところに支援が行われる不合理が起きやすい。一人ひとりに対応した方が、的確かつ経済的合理性も得られ、何よりも被災者にとって満足度も高い。当然のことだ。

東日本大震災では、仙台市が行った「被災者生活再建加速プログラム」が日本における災害ケースマネジメントの先行例と位置づけられている。気仙沼市只越地区や熊本県南阿蘇村の復興まちづくりでは個別ヒアリングがポイントになったし、福島県新地町の防災集団移転事業も個々のニーズをきめ細やかに組み合わせたことが成功の鍵だった。一方、阪神・淡路大震災の被災地で生じた「借上げ復興住宅問題」では、高齢の住宅困窮者に対し、神戸市などが一律の住み替え対応を強行して訴訟沙汰になったのに対して、兵庫県等は個々の事情を審査してほとんどの世帯に継続入居を認める対応をした。平成28年台風第10号で被災した岩手県岩泉町では、あえて災害課題に限定せず困りごとを丸ごとフォローする手法を打ち出した。そのことによって被災者の困窮原因の核心に迫ることができ、抜本的な対応がしやすくなった。北海道厚真町では個々の町民の声を聞き、町の独自支援策を構築し、復旧に留まらず町の人口増の流れにつながった。

こうした個別対応による成功例が積み重ねられる中で、平成28年10月の鳥取県中部地震の被災地である鳥取県は、平成30年4月に全国ではじめて災害ケースマネジメントを行う条例を制定して制度化に踏み切った。鳥取県では、災害ケースマネジメントは、①被災者を個別訪問し、困りごとなどを聞き取り、②市町村、県、社会福祉協議会等の関係機関がケース会議を開催して情報共有を図り、被災者の状況に応じた支援計画を作成し、③支援計画に基づき、訪問支援、専門家の派遣、窓口とのマッチング等を実施する、という基本的な流れを実践した。徳島県では南海トラフ巨大地震に向けた事前復興の施策の一部として災害ケースマネジメントを条例化している。

こうした被災現場からじわじわと広がった流れが、次第に国にも浸透し、令和4年3月には内閣府（防災担当）が、『災害ケースマネジメントに関する取組事例集』を策定し、令和5年3月には『災害ケースマネジメント実施の手引き』が公表された。他方で、令和4年度、令和5年度の「経済財政運営と改革の基本方針」（いわゆる『骨太方針』）の中に災害ケースマネジメントの促進を推進する旨が明記された。そして、令和5年5月に開催された中央防災会議において、国の防災基本計画に災害ケースマネジメントの整備が盛り込まれた。国の防災施策に位置づけられたことで、これからは全国に広く行き渡る段階に進んだことになる。

今後は、制度化に伴う手法の標準化によって、一人ひとりの個別事情にオーダーメイドで対応するという災害ケースマネジメントの核心部分である臨機応変な柔軟性が損なわれないように留意しつつ、浸透に努めることとなろう。東日本大震災の数々の功罪や教訓を伝えていく必要性が一気に高まった。

具体例に見るポイント

前掲の『災害ケースマネジメントに関する取組事例集』には8つの被災地の取り組みが収録されている。その中には特徴的な具体例も紹介されている。

まず、鳥取県の一例を示して、ポイントを確認しておこう。

【近隣から孤立していたケース　70代男性】

○災害前より自宅がゴミ屋敷となっていたことに加え、猫の多頭飼育が問題視され、近隣から孤立していた。地震の影響で雨漏りが続き、屋内の電線がショートしたまま放置されているなど、様々な課題が確認された。

○雨漏りの修理に関しては、十分な資金がなかったため、震災復興活動支援センターと県の建築士が相談し、「復興支援補助金」を活用して確保。瓦工事業組合に「簡易修繕」を行ってもらった。また、「簡易修繕」で対応しきれなかった箇所については専門ボランティアが修理を行った。

○生活資金に関しても十分ではない状況のため、町社協と連携して生活保護の申請を提案。猫の多頭飼育に関しては、動物保護対応に取り組むボランティア団体からの協力を得て、猫の不妊手術等を行った。

○引き続き、地元社協による見守りが行われている。

このケースのポイントは、問題の根が被災前から存在していたということである。地域コミュニティからの孤立、経済的貧困が、地震によってあぶり出された。ケースマネジメントとしては、実に7つの団体が支援をしていること、使える制度は使い倒していること、災害対応で終わらせずに地域社会で共生できる道筋につなげたことが、特徴である。特に、屋根修理の一つを取っても、資金確保、職能団体による基本修理、専門ボランティアによるフォロー修理が入っている。支援団体は、本来の得意分野の力を発揮しているに過ぎず、取り立てて新たなことをしているわけではない。「餅は餅屋」で「寄ってたかって支援」という点が出色である。

次に、岩手県のケースを通じて「寄り添う」意味を共有しておきたい。

【陸前高田市 50代男性】

○東日本大震災により父親が亡くなり、その1か月前には母親も亡くなっていた。

○Aさんは、沿岸部の陸前高田市から内陸の盛岡市に広域避難し、賃貸型応急住宅で暮らしていたが、震災前に発病したうつ病が悪化。

○個別訪問により、復興支援センターの生活支援相談員がAさんと接触を図ろうとするが、Aさんはそれを拒否。やがて部屋はごみ屋敷と化す。

○しかし、それ以降も、根気強く生活支援相談員が何度も手紙を書き置きしていたことが功を奏し、Aさんは、ごみの片付けを決意。その後、災害公営住宅に入居することができた。

○災害公営住宅では、月に一度、朝市やコーヒーカフェが開催されており、そこで、Aさんが趣味で入れていたコーヒーのおいしさが評判になり、現在は、コーヒーマスターとして活躍。将来は、誰かの役に立つ仕事につければと夢をふくらませている。

この事例では、生活支援相談員がAさんとの関係をつなぎ止め続けることで難しい課題を乗り越えた。特別な専門性を駆使した例ではなく、「寄り添う」ことが何よりも重要だという災害ケースマネジメントの「伴走支援」のあり方を示す好例である。

5つの必須ポイント

最後に災害ケースマネジメントを実行する上で忘れてはならない視座を5つ挙げておく。

①在宅被災者や災害関連死の遺族は、静かに苦しみに耐えている申請主義被害の典型だ。「アウトリーチ」によって申請主義を乗り越えること。

②支援の仕組みを「オーダーメイド」で計画化すること。活用する支援制度は、災害に限らず平時の福祉制度や、民間団体が行うものも含め、その人にあった方法を考えること。

③「連携」については、自らの支援に限界があることを自覚し、だからこそつながり合う必要がある。

④こういう場面でこそ「個人情報を共有する」ことである。数多くの支援者が一人の被災者に向き合う以上、情報を共同把握する必要がある。個人情報の壁を乗り越えるには知恵がいる。例えば、「重層的支援体制整備事業」（市町村の任意事業）のスキームを使って災害ケースマネジメントを実行する場合、支援会議の構成員は本人の同意なく情報共有ができる（社会福祉法106条の6）。あるいは、発想を転換し、情報を一元的に集約するのではなく、被災者自身を情報ステーションにしてしまうという方法もある（参考：日本弁護士連合会「被災者生活再建ノート・カルテ」）。

⑤「資金調達の知恵」を結集することである。公的資金だけではなく、民間資金も含め、お金を集める知恵を集めることである。被災者を救うためには、あらゆるリソースを総動員することだ。

（津久井　進）

〈注〉

1　内閣府（防災担当）の定義は、「被災者一人ひとりの被災状況や生活状況の課題等を個別の相談等により把握した上で、必要に応じ専門的な能力をもつ関係者と連携しながら、当該課題等の解消に向けて継続的に支援することにより、被災者の自立・生活再建が進むようマネジメントする取組」である。

俯瞰的・総括的検証

大震災の復興からの教訓

事前減災と多元防御

⑫

地震の活動期を迎え、首都直下地震、南海トラフ地震、日本海溝地震などの巨大地震が、いつ起きても不思議ではない状況にある。その状況にあって、二度と同じ過ちや悲しみを繰り返さないために、阪神・淡路大震災や東日本大震災の被災と復興の検証をはかり、そこで得られた教訓を生かした復興と社会構築を図ることが急がれている。ここではその未来社会の構築に向け、復興の目標と課題を再確認しつつ、減災というキーワードに代表される教訓の具体化をはかる「持続的復興」あるいは「段階的復興」のあるべき姿を論じることにしたい。

復興の特質と課題

災害は社会的損失を招くとともに、社会的矛盾を顕在化させる。それゆえ、そこからの災害復興では、安全の確保に加えて、損失の回復と社会の改革を図らなければならない。第1の安全の確保では、安全な社会システムや環境基盤を構築することが求められ、第2の損失の回復では、機能回復を図りつつ自立を取り戻すことが求められ、第3の社会の改革では、社会的矛盾を正しつつ未来につながる社会を構築することが求められる（図1）。

図1　復興の目的と課題

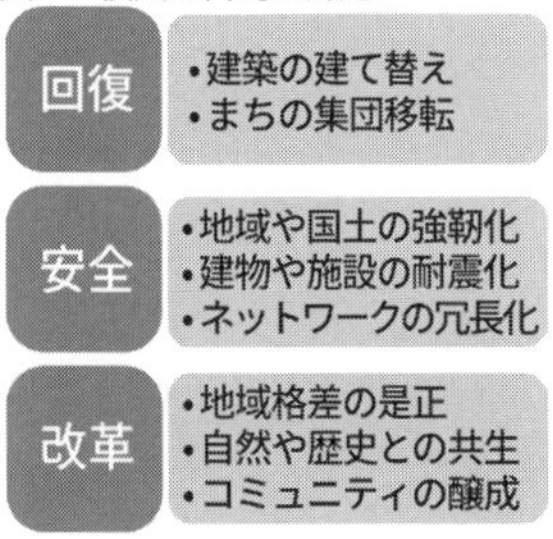

（出所）筆者作成

(1) 安全の確保

安全の確保では、災害を招く被災基盤をなくすこと、災害に弱い社会体質を改めることが欠かせない。冗長性や強靭性のある社会システムとすることが求められる。ハードとしての耐災性や頑強性、ソフトとしての管理性や連携性が求められる。ただ、安全は必要条件であっても十分条件ではない。安全だけを追い求めると無味乾燥な社会を創ってしまう。目指すべき社会には、豊かな自然や文化が必要であるし、快適で便利な生活も必要である。安全を隠し味として具現化するバランス感覚を忘れてはならない。

(2) 自立の回復

安全を確保する前に、生活や文化を回復し自立を取り戻すことが欠かせない。「自立を先に安全を後に」と言われる所以である。復興の主体としての被災者の自立がなければ、安全の確保も変革の推進も成しえないからである。被災者の自立や被災地の自治の回復が、復興の原動力になるからである。その原動力を醸成するために、生活支援やコミュニティ再生に力を入れなければならない。自立を促すという点では、与える支援ではなく引き出す支援に心がけなければならない。

(3) 社会の改革

災害は、深刻な被害と引き換えに社会の矛盾を顕在化させる。被害は、貧困や格差さらには差別によって助長される。それゆえに、その矛盾や誤謬を正すことなくして復興はあり得ない。「ビルドバックベター」と言われる所以である。リスボン地震がフランス革命につながった事例、ロンドン大火が貿易立国につながった事例などに学ばなければならない。市民社会の創造や環境破壊の抑制につながる復興が求められている。

東日本大震災の教訓

復興のあるべき姿を論じる前に、東日本大震災からの教訓に触れておきたい。いくつも教訓があるが、その中でも「多元防御」「地区防災」「社会包摂」の3つを、持続復興と社会構築に関わる大切な教訓として指摘しておきたい。

多元防御は、多様な対策を組み合わせて安全な社会を構築することである。一般に多重防御と言われることが多いが、冗長性のある安全な社会システムを構築するためには次元や質の異なる対策で補い合うことが必要で、私は多重といわず多元というようにしている。多元防御は、直列ではなく並列のシステム、重複ではなく補完のシステムである。後述する「手段の足し算」という、総合的な対策の体系をつくることに通じる。

地区防災は、地域密着型のコミュニティ防災を展開することである。行政主導のトップダウンの地域防災計画に対して、住民主導のボトムアップの地区防災計画の強化をはかることを目指している。地区防災が強調されるようになったのは、身近なコミュニティの果たす役割が東日本大震災でより明確になったからである。地域防災計画と地区防災計画を車の両輪とする、二眼レフの防災が進みつつある。そこでは、住民の自発性や創発性が大切にされる。

社会包摂は、被災地や被災者を社会全体で支えることである。被災地の自立を最優先課題と位置づけ、復興に必要な資材やマンパワーを被災地に集中させることが求められる。東日本大震災の復興では、オリンピックの関係もあって、社会全体の支援や包摂が不十分となり、復興が著しく遅れる結果を招いている。ロンドン大火の復興のように、被災地以外の建設活動を中止してまでも、資源を被災地に集中する措置が必要となる。物心両面で被災地を包み込むことが欠かせない。

減災の考え方と復興

多元防御や地区防災に密接に関わるものとして、減災の考え方がある。減災は、阪神・淡路大震災の教訓として提起されている。大きな自然に対する小さな人間という関係性の中で、自然を腕力で制圧して被害ゼロを目指す防災ではなく、自然と共生し被害の緩和をはかる減災を目指すことが、主流になりつつある。減災は、少しでも被害を少なくするという戦略的な対応、ある程度の被害を許容するという弾力的な対応を企図している。傲慢な防災から謙虚な減災への転換を企図している。

この減災を実用的に捉えると、対策の足し算で被害の引き算をはかることだと言い換えることができる。この対策の足し算には、「時間の足し算」「空間の足し算」「人間の足し算」「手段の足し算」がある。時間の足し算は、事前対策、応急対策、事後対策の組み合わせを求めている。空間の対策は、大きな公共と小さな公共、グローバルな対策とローカルな対策の組み合わせを求めている。人間の足し算は、多様な主体やセクターの連携と協働を求めている。手段の足し算は、多様な対策や手段の総合と補完を求めている。

　この足し算の論理は、先に触れた多元防御そのものである。効果的で戦略的な対策体系の構築を目指している。時間の足し算では、応急対応に傾斜した防災を改め、事前の予防対応や事後の復興対応により力を入れることを求めている。空間の足し算では、公共事業に傾斜した防災を改め、コミュニティづくりに焦点をあてることを求めている。人間の足し算では、行政主導の防災を改め、コミュニティや市民団体が主人公になる防災の展開を求めている。最後の手段の足し算では、ハードウェアに依存した防災を改め、ソフトウェアやヒューマンウェアにも注力することを求めている。

　この足し算のうち、時間の足し算は復興の位置づけと密接に関わっているので、もう少し詳しく触れておきたい。災害対策を時間軸の中で正しく位置づけることが肝要だからである。ここでは、サイクル論とステップ論がキーになる。サイクル論は、連関する対策をサイクルのように繰り返し、螺旋的な発展を目指すという考え方である。予防から応急さらに復旧から復興へという減災対応のサイクル（図2）と、計画から実行さらに検証から改善という実行管理のサイクルが必要となる。ここでは、復興を予防につなげる対応や検証を改善につなげる対応を重視しなければならない。

図２　減災対応のサイクル

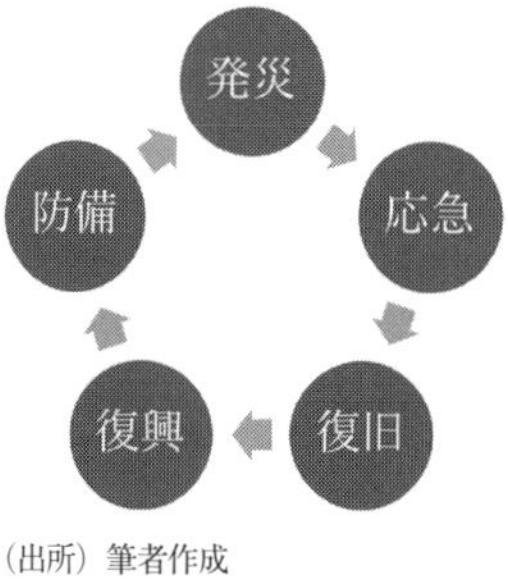

（出所）筆者作成

　ステップ論は、前の経験を後に生かす形で段階を踏んで前に進んでゆくという考え方である。ステップバイステップで減災や復興を進めていくことが推奨されている。このステップ論では、アメリカのハースやボーデンにより提唱された「段階復興論」が参考になる（図3）。復興の緊急対応から応急対応へ、さらに復旧対応から復興対応へ、高みを目指して順次進んでゆくのである。図に示されるように、「とりあえずの回復」「元の水準に戻す復旧」「現状より進化をはかる復興」という段階を踏むことが推奨されている。社会の矛盾を改革する、ビルドバックベターを進めるのは、最後の進化する復興の段階に相当する。

図３　段階復興モデル（ハース、ケイト、ボーデン）

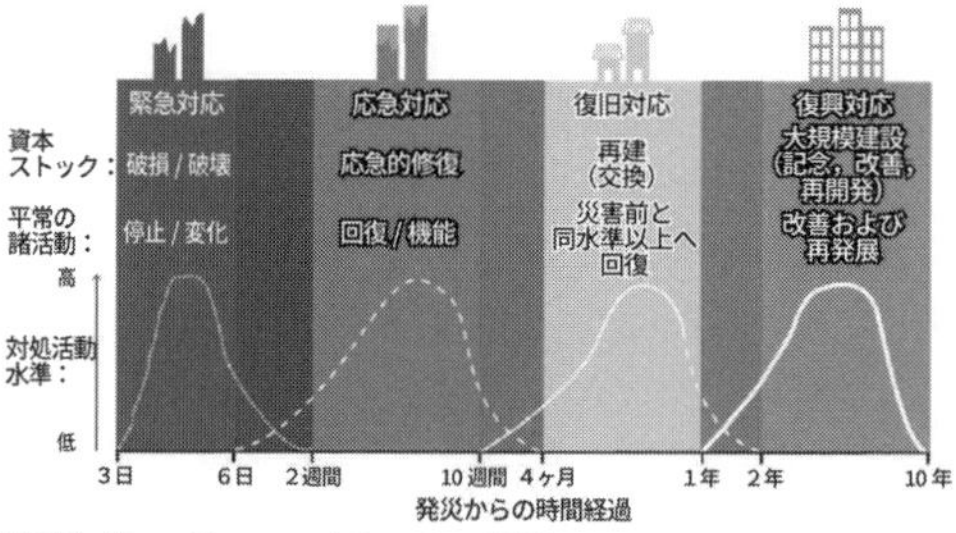

（出所）Haas, Kates and Bowden, 1977

　このステップ論では、前述の時系列的な段階論もあるが、戦略的な段階論もある。阪神・淡路大震災の復興で提起された、総論から各論へという段階復興論はその代表例である。「思いを先に形式を後で」「住宅を先にその他を後で」「周辺を先に中心を後で」「自立を先に安全を後に」といった復興の段階的な戦略への配慮も欠かせない。１９７６年の唐山地震後の唐山の復興や１９８９年のロマプリエタ地震後のサンタクルーズの復興では、この戦略がとても大切にされている。被災者が市役所に集い、個々の復興への思いを語り合う中で、物語のような復興ビジョンをつくりあげたサンタクルーズの経験に学ぶところは多い。

事前減災と事前復興

事前減災や事前復興が強調される状況にある。被害を未然に防止し軽減をはかるには、災害が起きてからでは遅く、起きる前から備えることが欠かせないからである。事前の被害軽減をはかる公衆衛生的な対策や予防医学的な対策に力を入れなければならない。予防医学的対策では、バケツリレーによる消火活動の前に、通電火災の発生防止をはかること、倒壊家屋からの救助救出活動の前に、耐震補強に努めることが求められる。公衆衛生的対策では、コミュニティのつながりを醸成すること、地球環境の保全に努めること、ライフスタイルの改善をはかることなどが求められる。

この公衆衛生的な対策に関わって、国連が提唱する持続可能な開発目標としてのSDGsの課題は、減災と表裏一体の関係にある課題として受け止め、事前減災の取り組みとしてその推進に努めなければならない。貧困の解消、質の高い教育、ジェンダー平等、不平等の解消、住み続けられるまちづくり、豊かな自然の確保など、いずれも事前の減災には欠かせない社会的課題である。減災と福祉、教育、環境、経済などを一体的に捉えての社会基盤づくりが求められている（図4）。

ところで、最初に述べた復興の目標と課題は、事後の復興で取り組むべきものというよりは事前の減災でこそ取り組むべきものといえる。事前に事後の復興を前倒しで実施することが、減災につながる。耐震補強や区画整理を事後に進めるのではなく、事前に進めておいて被害を防ぐことが大切である。事後に住宅再建支援金を出すのであれば、事前に住宅補強支援金を出して、被害の事前防止を図るようにした方がよい。財政面でも、事前投資の方が事後投資よりも安くつくという試算もある。

図4　SDGsの17課題

この事前に事後の復興事業を前倒しで実施することを、事前復興という。この事前復興には、事前に復興事業を進める事前復興とは別に、事前に復興準備をはかる事前復興もある。復興に必要は資源をあらかじめ確保しておくこと、復興の手順やルールをあらかじめ決めておくこと、復興の制度や態勢をあらかじめ整備しておくこと、復興の計画内容をあらかじめ決めておくことなどが、準備としての事前復興には求められる。どのような準備が必要かを、復興のシミュレーションで確かめておかなければならない。

南海トラフ地震が起きれば、30万人が犠牲になり200万棟の住宅が失われると言われている。となれば、葬送を如何にするか、再建を如何にするか、事前にニーズを想定し必要な準備をしておかねばならない。30万人あるいは200万棟という被害を軽減する取り組みとしての事前減災と、万一に備える復興準備としての事前復興とを有機的に結びつけた事前対応のデザインがいる。

（室崎益輝）

1 復興理念・ビジョン

二人の知事、それぞれの復興理念
「人間本位の復興」と「創造的復興」

1－①

はじめに

東日本大震災の発災から12年が経過した。被災３県と括られることの多い「岩手・宮城・福島」だが、今日に至るまでの道のりは必ずしも軌を一にするものではなかった。それは、東京電力福島第一原発事故による放射能被害によって異質の困難さを強いられた福島を除き、岩手・宮城を比較しても変わらない。その違いは被災直後から両県の知事が掲げた復興理念に起因すると指摘する向きも多かった。本稿では「住まい」の問題を中心にその違いについて触れる。

岩手・宮城、二人の知事が掲げた復興理念

達増拓也・岩手県知事は、憲法13条の幸福追求権を基本に「人間本位の復興」を掲げ、「創造的復興」を掲げた村井嘉弘・宮城県知事は「（創造的復興は）震災がなければできなかった事業で、自分が知事でなければできないこと」とした（表１）。

「災害公営住宅」整備に見る違い

両知事の復興理念の違いは災害公営住宅の整備方針にも示された。岩手県では県と市町村の役割分担について、「県においては、県下の被災者を広域的に受け入れる必要があることから～より早く、十分な戸数を建設することを重視して進め～市町村においては～地域内の被災者を対象とした災害公営住宅を建設する必要があることから、漁村集落等に対応した小規模団地の建設など、地域のニーズを重視していきます」（災害公営住宅の整備に関する方針：最終13年９月30日）とされ、県２８２７戸、市町村３００６戸の計５８３３戸が整備された。

一方、宮城県では「地域の実情に精通した市町が事業主体となって整備することを基本とし、当初に県営住宅として整備する予定だった１０００戸程度についても、必要戸数について市町による整備が可能なものと

表１　二人の知事　それぞれの「復興理念」

岩手県：人間本位の復興
※「東日本大震災津波からの復興に向けた基本方針」（2011年４月）を貫く二つの原則 ・被災者の人間らしい「暮らし」「学び」「仕事」を確保し、一人ひとりの幸福追求権を保障。 ・犠牲者の故郷への思いを継承。 ★特徴的な施策 全漁港の復旧、県産材を活用した仮設住宅供与、県独自の住宅再建支援金制度の創設、被災者医療費窓口負担免除の継続（2021年12月まで）等
宮城県：「創造的復興」
※「宮城県震災復興計画」（2011年10月）に示された基本理念５点 ・災害に強く安心して暮らせるまちづくり ・県民一人ひとりが復興の主体・総力を結集した復興 ・「復旧」にとどまらない抜本的な「再構築」 ・現代社会の課題を解決する先進的な地域づくり ・壊滅的な被害からの復興モデルの構築 ★特徴的な施策 仙台空港民営化、水産特区、医学部新設、水道事業民営化等

（出所）筆者作成

なったことから、県営住宅の整備は行わない」（災害公営住宅整備の記録：20年6月・宮城県土木部住宅課）とされ、全戸数1万5823戸が市町の整備とされた。

整備方針にみる両県の姿勢の違いは、その後の「被災者支援」方針や「公営住宅整備」方針にも色濃く反映された。

国の特別家賃低減制度は、住宅の管理開始後10年間に限られ、6年目からは漸次「本来家賃」までに引き上げられる仕組みになっており、被災者にとって、その負担は重い。入居3年を過ぎての「収入超過者」に対する割り増し家賃も、働き盛り世代の追い出し、親子間の世帯分離を強いる危険をはらむ。

岩手県は、家賃について18年4月から「上限額」を設定するとともに、22年4月には収入超過世帯の認定基準額を引き上げ（政令月収15万8千円超↓25万9千円超）ることで、収入増を理由とした退去を防ごうと動き、市町村も後に続いた。これに対し、宮城県では、すべての対応が市町村に丸投げされ、収入超過者の退去や世帯分離が進行、コミュニティの維持にも大きな影響が出ている。管理開始後11年目以降の対応も市町でバラバラ、県の財政支援もない。

行きついた先の「県営住宅廃止方針」（宮城）

宮城県は22年12月に「県営住宅の集約に伴う移転支援の方針（中間案）」を公表、翌年3月に最終方針を確定させたが、「方針策定の背景」について「今後、人口減少・少子高齢化・世帯数減少の進行に伴い住宅ストックの余剰が増えていく中で、本県では、東日本大震災により被災した住宅再建のため、災害公営住宅が約1万5800戸整備され、公営住宅全体の戸数は震災前の～（中略）～約1・4倍増加している。～新たな公営住宅の整備を積極的に進める状況ではなくなってきている」（傍線筆者）と説明。全9048戸の県営住宅について、耐用年限を迎える住宅から順次、用途廃止の検討を行い、入居者に対しては「他の公営住宅への斡旋などを盛り込んだ移転支援プログラムを策定」するとしている。中間案の提示後、県営住宅の半数以上が立地する仙台市から「県市間の事前調整が全くなされていない中、移転先について、市営住宅での受け入れを前提とした記述もしくは受け入れを想起させるような記述は見直していただきたい」「公営住宅法のとおり、県と市には、その区域内の住宅事情に留意した公営住宅供給の責任があるため、建て替えを前提としない用途廃止を行う前に、地域の状況を踏まえた協議を行う必要がある」等の意見が示されたが、知事は「公営住宅に空きがあると当然コストがどんどんかかってきますので、そういった意味では市町村を助けることにもなるだろう」と述べ、意に介していない。

あらためて問われる村井知事の政治理念

村井知事の県政運営上の判断基準として「少子高齢化社会の到来を見越して、県人口が減り続けることを前提にしたダウンサイジング、縮小再生産、持続可能な枠組み作り」があり、水道や県営住宅等、県民の暮らしに直接関わるインフラから撤退することに躍起になっている。病床削減を前提とする現下の病院の再編・統合議論も、国の支援制度があるうちに進めようとする。一方で、空港や水道事業の民営化あるいは広域防災拠点の整備事業などに関わっての民間事業者への便宜供与も指摘され、知事の政治理念そのものが問われる状況にある。

（金田　基）

1 復興理念・ビジョン

「人」より「まち」が優先
面的整備優先で住まい・くらしは後回し

1－②

阪神・淡路大震災以後、大規模災害からの復興において第一にたてられるべき復興理念は「人間の復興」であることが多くの共感をもって捉えられるようになってきていた。それは阪神・淡路大震災の復興計画にうたわれ、東日本大震災にも引き継がれた「創造的復興」の理念とは対極にある。復興理念を「人」に重きを置くのか、それとも「ハード」に置くのかの違いとも言い換えることもできよう。これを宮城県における復興計画立案をめぐるエピソードから考えてみたい。

1か月でつくられた〝復興計画〟

大震災の発災後、宮城県では早くも翌月の4月11日には「宮城県震災復興基本方針（素案）」をまとめた。宮入興一氏（愛知大学名誉教授）は同年4月下旬に日本学術会議のシンポジウムに参加した際、報告者の宮城県総務企画部（当時）部長の発言に耳を疑ったという。「うちの職員たちは一生懸命やっている。1か月で基本方針をつくりました。現場には行っていません。現場には誰一人として行っていません」（注1）。宮入氏は「いけしゃあしゃあと、全然悪気がない」と感じたそうだ。

宮城県の担当者が現場にも行かず、わずか1か月で基本方針を完成しえたのは野村総研の存在があったからと宮入氏は指摘する。復興基本方針（素案）で「復興の方向性と施策」として最初に掲げられたのは「災害に強い復興まちづくり」で、その第一番目の方針は「高台移転・職住分離」であった。そのあと産業振興、保健・医療・福祉、環境、原発についての考え方が続くが、「被災者支援」という言葉はない。復興理念もない。それが欠落したのは、現場実態に基づかない机上の計画だったからだ。基本計画（素案）は「創造的復興」の前触れだった。

これは岩手県が同じく4月11日に発表した基本方針と好対照をなす。岩手県は「基本方針を貫く原則」として「被災者の人間らしい『暮らし』、『学び』、『仕事』を確保し、一人ひとりの幸福追求権を保障する。犠牲者の故郷への思いを継承する」を掲げた。岩手県ではその後、高速道路中心の大規模公共事業に傾いた憾みがあるが、「創造的復興の宮城県」「幸福追求権保証の岩手県」という理念の違い（有無）がその後の両県の復旧・復興に影を落とすことになった。宮城県は最初の第一歩から「人間の復興」の道を軽視したのである。

一晩で書かれたまちづくり〝基本方針〟

宮城県土木部が発行した

『復興まちづくり初動期物語』（2016年3月・非売品）という冊子がある。

それによれば、宮城県は、発災3日目の3月14日、県が被災市町に代わって復興まちづくりの「たたき台」の検討を行うという判断をした。4月1日に「街づくり支援業務」として1億円の予算が専決処分され、その日の夜、遠藤信哉土木部次長（当時。その後副知事）が宿直の際、沿岸市町における復興まちづくり計画策定の方針をまとめ上げた（遠藤メモ）。これが後の「復興まちづくり計画案」の基本となった。遠藤メモは復旧・復興方針を7タイプに分けてまちづくりの方向をまとめている。例えば半島部であれば「現況での集落復活を断念し、中心市街地・集落へ集約。復活断念集落住民は移転による損失を与えないよう支援制度をつくり移転を促す」と当該市町の意向、被災者の思いとは関係なく土木の論理で記述されている。言葉をかえれば「上からの復興策」である。そして被害の大きい12市町の計画案がその後2週間で仕上がり、前項で触れた「復興基本方針（素案）」に収載されることになる。しかし、当初59団地と見込んだ防集事業は最終的に三倍超の186地区にもなった。

半島部におけるまちづくりの問題については別稿（注2）に記したように、結果は遠藤メモの通りにはならなかった。遠藤信哉氏は2020年9月に「反発は想定していなかった。浜の意識が強い漁民の考えとのギャップが大き過ぎた」（『河北新報』2020年9月13日）と語っている。

計画が現実性を欠いたため計画変更を繰り返さざるを得ず、完成まで時間がかかり、半島沿岸部の防集事業の完成は震災から6年経った2017年度だった。移転促進区域内1870世帯のうち約700世帯はあまりに時間がかかることに耐えられず故郷を去っていった。「まち＝ハード」は見るが「人」を見ない（あるいは軽視する）計画、あるいは「人をモノとして見る計画」は結局成功しなかった。

止めたくとも止まらない復旧の結末

元復興庁次官の岡本全勝氏は2022年10月に尚絅学院大が主催したフォーラムで東日本大震災からの復興を振り返った。「国交省は〝元に戻す〟のが仕事。復興まちづくりの議論の前に防潮堤の工事（準備）はすでに進行していて」、まちづくり議論ができなかったことを悔やんでいた。また「『壊れたら、ただちに元に戻す』という長年の経験でインフラ復旧に乗り出した。ただ人口減少下で元に戻すことを急いだら、結果的に過大なものができてしまう。そこは哲学を変える必要があった」（『日経新聞』2021年3月9日）とも述べている。復興行政は一度動き出したら止めたくても止まらないと次官経験者も語っているわけである。

津波で壊れた漁港や水浸しの農地の復旧は確かに進んだ。街は瓦礫が片づけられたあと嵩上げ工事で、生まれ変わり、高い防潮堤が築かれた。様々な公共投資は果たして「人」を幸せにしたのだろうか。「ハード」への投資は被災地再生を全体として後押ししたことは事実だ。しかし、地域の人々の声が反映された「生きたハード」の復旧・復興ではなく、全国一律規格で進められたばらまき行政の色の濃いものだったのではないか。

（小川静治）

〈注〉
1 『復興の大義』農文協ブックレット、P26。
2 小川静治「巨費を投じた半島部小規模高台移転防集事業とその帰結」、本書P78。

1 復興理念・ビジョン

宮城県の創造的復興の根源は過大な建築制限から

1－③

阪神・淡路大震災時の6倍もの建築制限

岩手県は、震災後の建築制限を地域の判断に委ねたが、宮城県の対応は素早く、県主導で自治体に押しつけた（注1）。

阪神・淡路大震災時には、市街地開発事業予定地区に限定した建築制限（建築基準法（以下、基準法）第84条、表1）が行われた。その後、新法による被災市街地復興推進地域の指定は行わず、市街地再開発事業等の都市計画決定を強行し、市民の強い批判を受けた。

このような過去があるにもかかわらず、宮城県は早期の建築制限に向け、「関西広域連合」の助言を踏まえて『宮城県が考える「建築制限区域の抽出方法」』をまとめ、被災市町に検討を〝依頼〟した（宮城県『復興まちづくり初動期物語』）。

そして、宮城県知事及び石巻市長は、基準法第84条の建築制限区域指定を4月8日の期限（発災後1か月）切れ寸前に行った。4市2町合わせて1818・2㌶と、阪神・淡路大震災時の面積337㌶（兵庫県内5市1町）の6倍に迫る規模であった（表1）。

建築制限を梃子に市街地開発事業中心の復興へ

さらに宮城県は、自ら「おせっかいプラン」と称する各被災市街地の復興方針・プランを検討し、それを具体化するための期間が必要と判断し、国に対して建築制限延長のための特例法制定を働きかけ、実現した（表1）。

この特例法制定により、発災から8か月間の建築制限が可能となった。気仙沼市は制限規模を縮小したものの、石巻市は同区域を半島部の鮎川地区や雄勝地区まで広げ、全体の建築制限区域は増加した。しかし、その後（延長時）は区域の絞り込みが行われた。

過剰な被災市街地復興推進地域指定

その後、土地区画整理事業の実施に向けて、被災市街地復興特別措置法による建築制限（被災市街地復興推進地域）に移行

表1　建築制限の種類と内容

	建築基準法第84条	東日本大震災建築制限特例法	被災市街地復興推進地域
指定方法	特定行政庁		都市計画決定
指定条件	被災後に都市計画又は土地区画整理事業が必要な場合		被災後に土地区画整理事業等の事業を実施する必要がある場合
制限内容	建築物の建築を制限、禁止ができる		事業等の都市計画決定まで建築行為等を制限することができる。建築行為等の許可規定あり：自己用居住・業務建築等
制限期間	発災後2か月可	発災後8か月可	発災後2年以内

（出所）関連する法令より筆者作成

した。

　例えば石巻市長指定の同地域指定規模は石巻西部、中部、東部合わせて約450㌶であったが、事業化に至ったのは9地区、同地域指定の約4割の186・5㌶であった（図1、表2）。また、気仙沼市も事業化は4地区（90・6㌶）で同地域指定266・7㌶の34％のみであった。

　同様に東松島市野蒜、南三陸町志津川地区もそれぞれ事業化は5割程度であった。

　建築制限は市街地開発事業実施が前提で許されるものだから、一連の建築制限区域規模に対し、実際に事業化に至った土地区画整理事業地区面積の落差がこれほど著しいのは、違法の疑念さえある。事業化の判断の是非も含めての検証が求められている。

（阿部重憲）

図1　石巻市被災市街地復興推進地域指定エリア

（出所）2014年「区画整理と街づくりフォーラム」第2分科会　栗田和夫報告

〈注〉

1　岩手県の場合は、県主導の建築制限はせず、地域の判断に委ねて建築基準法第84条や特例法による制限は実施しなかった。後の被災市街地復興推進地域による建築制限実施もごく一部に限られている。

表2　宮城県内被災市町の建築制限と土地区画整理事業　**太ゴシックは建築制限期間**　単位：ha

指定		建築基準法第84条に基づく建築制限 **20110408～20110511**	特例法に基づく建築制限（当初）**20110512～20110911**	特例法に基づく建築制限（延長）**20110912～20111110**	被災市街地復興推進地域 **20111111～20230310**（石巻 **200912～**，蒲生北部 **201101～**）	関連の被災市街地復興土地区画整理事業地区及び施行面積
宮城県知事	気仙沼市	669.8ha	465.1ha	266.7ha	鹿折・魚町・南町 84.9	鹿折 42.0, 魚町・南町 11.3（計 53.3）
					南気仙沼 137.3	南気仙沼 32.5
					松岩・面瀬 44.5	松崎片浜 4.8
	南三陸町	175.7ha	175.7ha	175.7ha	志津川 123.4	志津川 60.0
	女川町	273.6ha	206.9ha	144.3ha	226.4	中心部 218.7
	東松島市	162.3ha	162.3ha	162.3ha	東松島大曲 54.4	大曲浜 51.2
					東松島野蒜 202.4	野蒜北部丘陵 91.5
	名取市	102.7ha	102.7ha	102.7ha	121.8	閖上 56.8, 閖上東 57.5（計 114.3）
	山元町	—	198.1ha（**～20110911**）	198.1ha	—	—
石巻市長		434.1ha	543.4ha	94.0ha	石巻西部 207.9	上釜南部 37.6, 下釜南部 25.4, 下釜第一 12.1　計 75.1
					中部 226.2	中央二丁目 1.4, 中央一丁目 1.5, 新門脇 23.7, 湊北 14.8, 湊西 40.4 湊東 29.6　計 111.4
					東部 15.3	
仙台市長		—	—		蒲生北部 108.0	蒲生北部 92.1
合計		1,818.2ha	1,854.2ha	1,143.8ha	1,552.5	

（出所）建基法第84条、特例法関係：宮城県『復興まちづくりの伝承～取組から得られた教訓』2022年3月 P21～より作成。
被災市街地復興推進地域、土地区画整理事業関係：宮城県『復興まちづくりのあゆみ』2021年3月 P34、P27～28より作成。

1　復興理念・ビジョン

津波リスク評価と浸水シミュレーション「信仰」

1－④

「防災」から「減災」へ

東北地方太平洋沖地震が引き起こした巨大津波は、ほとんどの津波防護施設を破壊した。防護対象海岸における既往最大津波水位（痕跡高）をもとに、それを超える高さで津波外力に耐えうる防護施設を建設し、内陸部への浸水を阻止するという従来の津波防災概念は、根本的見直しを迫られた。原因事象の規模を事前に確実に想定することは不可能であり、一方、従来の想定を上回る規模の災害に耐えうる防護施設を整備し維持するのは、経済的、時間的に非現実的だからである。防護施設で災害の発生を未然に防止する「防災」から、命を守る避難を最優先する「減災」への転換を迫られたのである。

津波リスク評価の導入

他方、破壊された津波防護施設の復旧は切迫した課題だった。未復旧の状態で津波や高潮が発生すれば甚大な被害は必至である。被災自治体も従来の防災コンセプトに従って復興計画を策定するわけにはいかない。復旧・復興に減災概念を具体化することを担保する復興計画指針の確立を迫られたのである。

そこで導入されたのが、2段階の津波外力設定である（表1）。一見妥当なものに見える。しかし、周期的に繰り返す規模の津波とは、東日本大震災級は除くが、既往最大の津波（三陸沿岸なら、明治三陸津波または昭和三陸津波）であり、従来の構造物による津波防御は継承されている。加えて後述の通り、最大級の津波に備え、浸水深が一定レベル（例えば2ｍ）を超える場所は居住が制限され、内陸・高台に住宅地区と重要公共施設の整備が必要となった。結局、巨大土木工事の必要とその費用負担が拡大したのである。

津波リスク評価導入経過

防災レベル、減災レベルという2段階津波外力設定を最初に提案したのは、２０１１年4月29日に公表された港湾空港技術研究所（国交省所管国立研究開発法人傘下）による被害調査速報であり（注1）、続いて、5月10日開催の土木学会津波特定テーマ委員会第1回報告会でも踏襲された（注2）。さらに、国交大臣の諮問により交通政策

表1　津波リスク評価とその対応

	対象となる津波	対応方法
防災レベル（L1）	100～150年間隔で周期的に繰り返す規模の津波	津波防護施設で堤内地への浸水を防ぐ
減災レベル（L2）	発生頻度は極めて低い（数百年から千年に1度）最大級の津波	住民避難を柱とした総合的防災対策を構築（住民の避難を軸に、土地利用、避難施設、防災施設などを組み合わせて、ソフト・ハードのとりうる手段を尽くす）

（出所）関連する資料をもとに筆者作成

審議会港湾分科会に設置された防災部会の第1回会合（5月16日）では、検討課題として早くも2段階津波外力設定が事務局より提示されている。以後、この防災部会と海岸省庁が共同で設置した「海岸における津波対策検討委員会」を舞台に、2段階津波外力設定を前提とする設計対象津波水位の決定手法（シミュレーション手段の共有化）、海岸堤防の復旧指針がまとめられ、海岸管理者へ周知徹底された。この検討結果が、中央防災会議の専門調査会と復興構想会議に反映され、それらの提言としてオーソライズされたのである（図1）。終始主導権を握っていたのは国交省と同省とともに津波防災に深く関与してきた土木工学研究者だった。

図1　津波リスク評価導入に関わる検討組織連関図

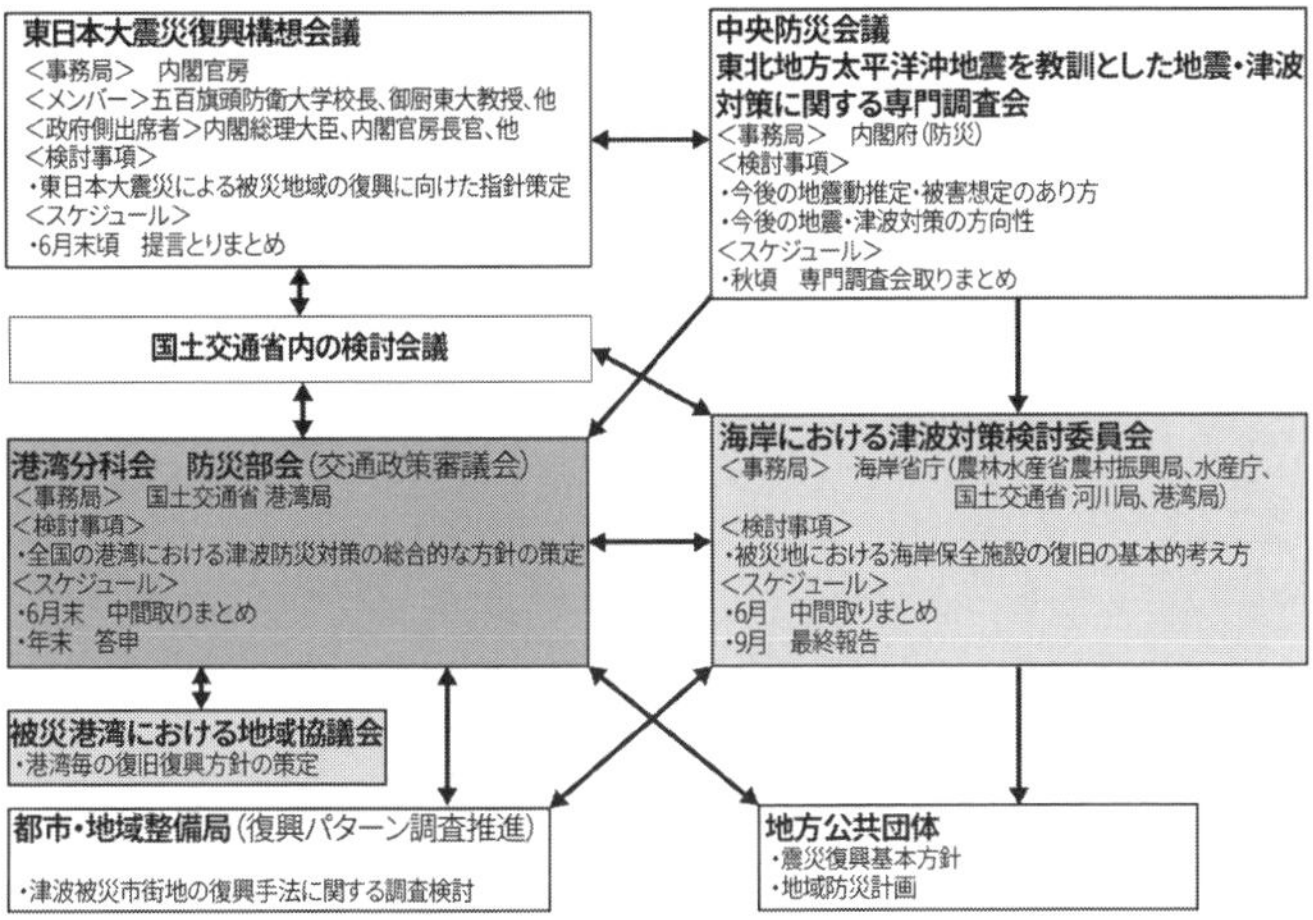
東日本大震災復興構想会議
<事務局>　内閣官房
<メンバー>五百旗頭防衛大学校長、御厨東大教授、他
<政府側出席者>内閣総理大臣、内閣官房長官、他
<検討事項>
・東日本大震災による被災地域の復興に向けた指針策定
<スケジュール>
・6月末頃　提言とりまとめ
中央防災会議
東北地方太平洋沖地震を教訓とした地震・津波対策に関する専門調査会
<事務局>　内閣府(防災)
<検討事項>
・今後の地震動推定・被害想定のあり方
・今後の地震・津波対策の方向性
<スケジュール>
・秋頃　専門調査会取りまとめ
国土交通省内の検討会議
港湾分科会　防災部会(交通政策審議会)
<事務局>　国土交通省 港湾局
<検討事項>
・全国の港湾における津波防災対策の総合的な方針の策定
<スケジュール>
・6月末　中間取りまとめ
・年末　答申
海岸における津波対策検討委員会
<事務局>　海岸省庁(農林水産省農村振興局、水産庁、国土交通省 河川局、港湾局)
<検討事項>
・被災地における海岸保全施設の復旧の基本的考え方
<スケジュール>
・6月　中間取りまとめ
・9月　最終報告
被災港湾における地域協議会
・港湾毎の復旧復興方針の策定
都市・地域整備局(復興パターン調査推進)
・津波被災市街地の復興手法に関する調査検討
地方公共団体
・震災復興基本方針
・地域防災計画

（出所）国土交通省港湾局「資料2　港湾分科会防災部会の主な検討項目及びスケジュール」、P4、2－4 各種検討会議との関係（交通政策審議会・港湾分科会・第1回防災部会、2011年5月16日、配布資料）をトレース、加筆して筆者作成。

（注）2011年5月2日付で、国土交通大臣より交通政策審議会に対し、「港湾における津波対策のあり方」について検討すべき旨諮問があり、同日付けで同審議会長より港湾分科会に付託されたことから、同分科会は防災部会を設置して検討することになったものである。

被災自治体を翻弄した浸水シミュレーション信仰

国は前記防災部会等での検討を受けて7月8日には、海岸管理部局宛通知「設計津波の水位の設定方法等について」を発した。宮城県では9月9日、福島県では10月8日、岩手県では10月26日までに全ての海岸堤防高が設定された。3県では海岸管理者が県であったために、復興計画の策定を進める被災自治体が関与する余地はなかった。

さらに被災自治体を制約したのは、津波シミュレーション「信仰」である。7月22日に通知された「津波被災地における民間復興活動の円滑な誘導・促進のための土地利用調整ガイドライン」を根拠に、国交省直轄による津波被災市街地復興手法検討調査を通じて、居住可否の判断基準（浸水深2ｍ）と最大級の津波を想定した津波浸水シミュレーションの活用が徹底された（注3）。それが、人の住まない土地を守る防潮堤、かつてない規模の（嵩上げを含む）土地区画整理と高台住宅地整備につながったのである。（遠州尋美）

〈注〉

1　港湾空港技術研究所資料「2011年東日本大震災による港湾・海岸・空港の地震・津波被害に関する調査速報」(2)、2011年4月29日。

2　https://committees.jsce.or.jp/2011quake/node/79.

3　津波防災地域づくり法（2011年12月27日施行）と津波防災地域づくり基本指針（同日制定）により法的要件となった。

1 復興理念・ビジョン

国交省「市街地パターン調査」による復興の類型化の問題

1－⑤

「市街地復興パターン調査」の基本問題

国は、被災市街地の復興を支援するために東日本大震災直後2011年6月から「被災市街地復興手法調査」（俗称：市街地復興パターン調査。以下、復興パターン、または同調査）に着手した。

この調査（注1）は、被災地全体を対象にするものではなく、農用地や直接被災を免れた市街地は対象外で、最初から被災市街地の復興像のパターン検討が意図された。

調査スキームは、①被災状況等の調査・分析と②被災状況や都市の特性に応じた復興パターン、③復興手法等の検討である。

まず、①被災状況等の調査・分析については、津波浸水深と建物被害及び死亡率との関係に集中し、地形と避難（ヒアリング）で補完しつつ居住可否のしきい値である浸水深2mを導出している（注2）。

②の復興パターンの検討では「都市の特性等に応じた」としているが、この都市特性とは「市街地（準市街地も含む）」と「集落」の二つの分類に過ぎず、市街地や集落の持続可能性に係る成り立ちやコミュニティ、社会関係等は考慮されていない。

検討の結果は、5つの復興パターンに集約（図1）された。その区分の条件の一つが津波防護施設（海岸堤防、二線堤）であり、二つが非可住地（移転元地）設定の有無である。後者がなければ「現地復興」、非可住地設定の場合は「集約」か「移転」。「集約」については嵩上げの有無で区分している。

地域が内包する社会関係を考慮しない無機的パターン化は、集権的官僚主義的都市計画の悪しき伝統を引きずっている。

「事業ありき」の復興パターン

注目すべきは、後の復興まちづくり主要3事業（注3）、すなわち土地区画整理事業（区画整理）、防災集団移転促進事業（防集）、津波復興拠点整備事業（津波復興拠点）等と復興パターンの親和性の高さである。つまり、「集約」は区画整理、「移転」（元地の買取りと移転用地の整備）は防集等、「嵩上げ」は区画整理の特例と津波復興拠点等で国費投入が図られた。

復興パターン調査と被災自治体の「復興計画」策定との連携も図られ、この結果が市街地復興の目標となった場合も多い。

市街地格差を助長した復興パターン

復興パターンと主要3事業によって、生業と暮らし、歴史文化が複合する伝統市街地・集落

図1　市街地復興パターン

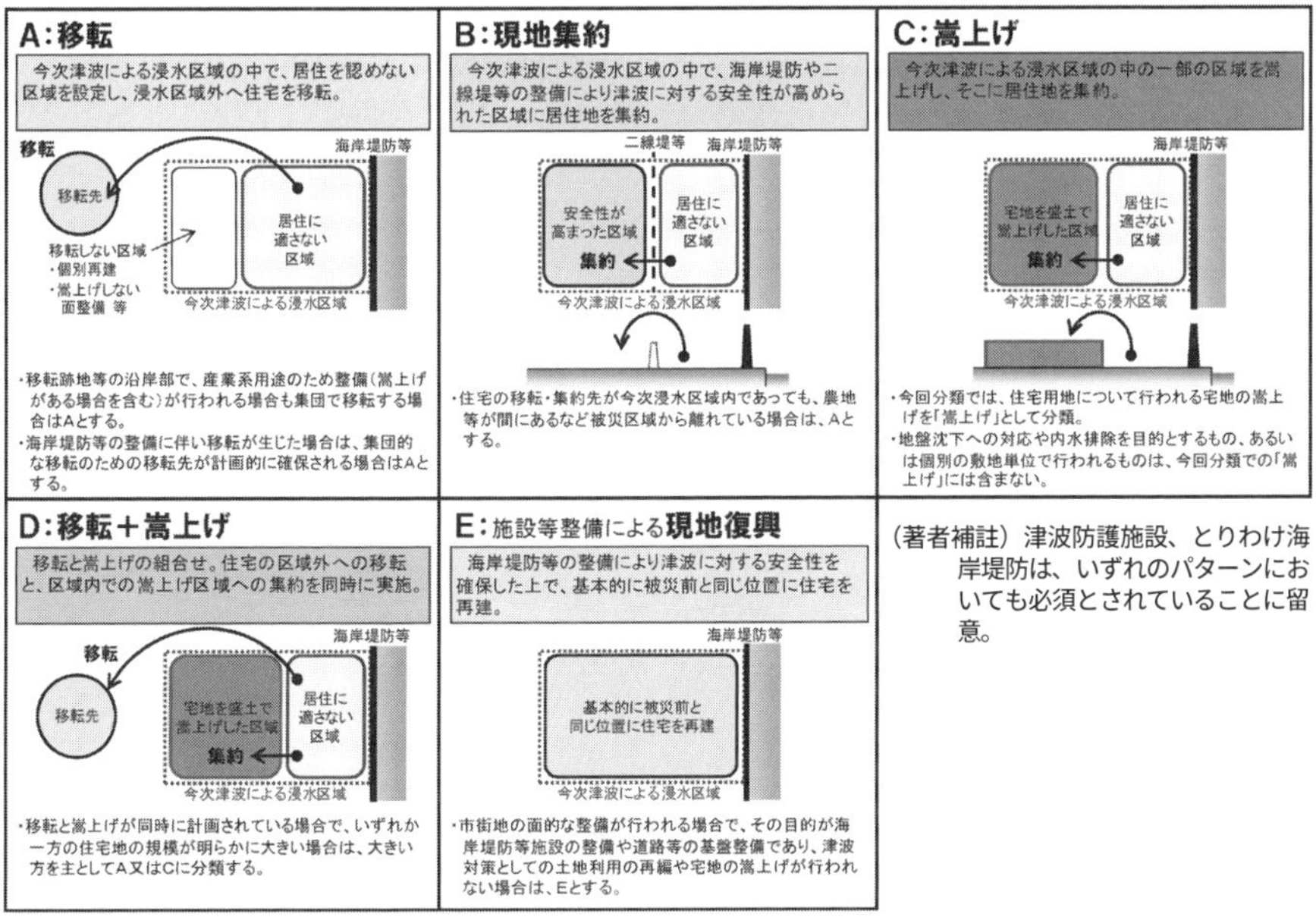
A：移転
今次津波による浸水区域の中で、居住を認めない区域を設定し、浸水区域外へ住宅を移転。
移転
移転先
海岸堤防等
居住に適さない区域
移転しない区域
・個別再建
・嵩上げしない面整備 等
今次津波による浸水区域
・移転跡地等の沿岸部で、産業系用途のため整備（嵩上げがある場合を含む）が行われる場合も集団で移転する場合はAとする。
・海岸堤防等の整備に伴い移転が生じた場合は、集団的な移転のための移転先が計画的に確保される場合はAとする。
B：現地集約
今次津波による浸水区域の中で、海岸堤防や二線堤等の整備により津波に対する安全性が高められた区域に居住地を集約。
二線堤等
海岸堤防等
安全性が高まった区域
居住に適さない区域
集約
今次津波による浸水区域
・住宅の移転・集約先が今次浸水区域内であっても、農地等が間にあるなど被災区域から離れている場合は、Aとする。
C：嵩上げ
今次津波による浸水区域の中の一部の区域を嵩上げし、そこに居住地を集約。
海岸堤防等
宅地を盛土で嵩上げした区域
居住に適さない区域
集約
今次津波による浸水区域
・今回分類では、住宅用地について行われる宅地の嵩上げを「嵩上げ」として分類。
・地盤沈下への対応や内水排除を目的とするもの、あるいは個別の敷地単位で行われるものは、今回分類での「嵩上げ」には含まない。
D：移転＋嵩上げ
移転と嵩上げの組合せ。住宅の区域外への移転と、区域内での嵩上げ区域への集約を同時に実施。
海岸堤防等
移転
移転先
宅地を盛土で嵩上げした区域
居住に適さない区域
集約
今次津波による浸水区域
・移転と嵩上げが同時に計画されている場合で、いずれか一方の住宅地の規模が明らかに大きい場合は、大きい方を主としてA又はCに分類する。
E：施設等整備による現地復興
海岸堤防等の整備により津波に対する安全性を確保した上で、基本的に被災前と同じ位置に住宅を再建。
海岸堤防等
基本的に被災前と同じ位置に住宅を再建
今次津波による浸水区域
・市街地の面的な整備が行われる場合で、その目的が海岸堤防等施設の整備や道路等の基盤整備であり、津波対策としての土地利用の再編や宅地の嵩上げが行われない場合は、Eとする。

（著者補註）津波防護施設、とりわけ海岸堤防は、いずれのパターンにおいても必須とされていることに留意。

（出所）国交省津波被災市街地復興手法検討調査（とりまとめ）」2012年4月、P4-3

が、生産・業務地、住宅地、公共用地等に二分、三分され、高台移転直後から地域の持続可能性の脆弱化を露呈させた。

　大震災被災市街地は、地方都市ならではの暮らしと生業が混然一体となった環境・空間であり、日常的に住民同士の支え合いが機能する場であった。それが地域の歴史文化を育み被災地の個性と魅力の源泉だったが、それを破壊したのである。

　例えば山元町は、拠点形成のために集落移転を強行したが、限られた被災者による拠点形成がなされた反面、町外流出も含む移転の分散化が進展した。その結果、田園集落の保全・活用を柱にしていたまちづくりの取り組みも困難になっている。

　また、石巻市も大規模集団移転（超大型復興パターンとも言える）による新拠点地区の形成により、従来からの都市構造と、都心部の市街地復興に重大な影響を与えることになった。

「復興パターン」と「事業ありき」市街地復興によって、事業実施地区とそれ以外の地区との格差が明確になり、拡がっている。

（阿部重憲／遠州尋美）

〈注〉

1　国土交通省「津波被災市街地復興手法検討調査（とりまとめ）」2012年4月

2　最大級の津波を想定したシミュレーションで浸水深2m以上である地域が、概ね非可住地とされた。

3　主要3事業中、区画整理と防集の実施は、復興構想会議提言に明示され、津波復興拠点の創設は復興パターン調査と並行して検討が進められた。東日本大震災復興対策本部事務局、国土交通省他「津波被災地における民間復興活動の円滑な誘導・促進のための土地利用調整のガイドライン」2011年7月。中央防災会議を中心とした「津波防災地域づくりに関する法律」制定（2011年12月）までの経過を参照。

1 復興理念・ビジョン

自治体レベルの復興計画

計画終了と事後評価

1－⑥

復興計画の終了と継承

国の「復興の基本方針（２０１１年7月）」を踏まえて策定が進んだ自治体の震災復興計画は、原発被災地への帰還や新たな復興拠点の整備、イノベーション・コースト構想の具体化等の途上にある福島県内自治体を除くと、計画期間が経過し復興事業の完了とともに役割を終えつつある。

復興財源確保特別措置法及び第三次補正予算で復興交付金による財源措置や予算規模が明らかになった後、つまり発災の年末から年度末にかけて大半の計画が公表され、一部には自治体独自の大胆な提案の記載もあった。しかし特区制度の事業メニューと国費負担原則が示されたことで、後半期は復興推進計画（規制緩和・手続特例、税制特例）、復興整備計画（土地利用再編の特例許可、再開発や農地転用等の特例措置）、復興交付金計画（基幹40事業と効果促進事業）への翻案と申請・交渉・予算獲得に実務の中心が移行し、自治体計画の進捗管理やローリング（見直し改定）は後景に退いた。さらに計画期間後は、復興実現に向けた支援継続・事業完了を謳いつつ、全県・全市的な総合計画に統合・吸収されていった。

自治体総合計画との関連

関東大震災や阪神・淡路大震災を含め、大規模災害後の復旧・復興計画は、総合計画や各種の（法定）基本計画（都市マスや住生活基本計画、環境基本計画、地域防災計画、中活基本計画、地方創生総合戦略…）と異なり、自治体行政の中で計画策定のノウハウは蓄積されていなかった。そこで各自治体は、総合計画（基本構想—基本計画—実施計画）の体系を基礎に、被災後数か月で復興の基本方針・ビジョンをまとめた上で各論策定に進むという二段階を踏むことが多かった。

復興計画では一般に、①被災地としての「復興の理念や目標」、②復興の主体：官民連携や住民・コミュニティ参加、将来世代への責任や期待、③復興プロセス：政策選択や合意形成の手順・手続きを示し、④復旧・復興施策の提案と実施方針を体系化するという構成が多い。

２０１１年の地方自治法改正で基本構想の策定・議決の義務が外された後も、ほとんどの自治体は、総合計画（長期振興計画等、名称は様々）を最上位の行政計画として総合的な施策展開・事業実施を行ってきた。

今回の復興計画と総合計画との関係を整理した荒木（２０２０）は、被災程度や復興事業の規模と財源、担当するマンパワーの実情等を背景に、基本構想段階（都市像やまちづくりの理念）にまで遡る見直が必要か否か、復興政策の専従部局を新設するか否か等に応じて、①両者並立、②復興計画による一時的な総合計画の代替、③総合計画の下位計画としての復興計画の三型に市町村計画を分類した（注1）。

復興計画への期待と現実：国の支援体制の標準化

日本の中央地方関係は、「権限の所在」は中央に集権的で、「事務の帰属」では地方に一定の執行時の裁量を残しつつ、両者が融合して事務にあたる「集権・融合型システム」として理解されてきた。今回の復興事業でも、中央政府が法解釈や財源を保持する一方で、地方自治体は定められたメニューの中から、できるだけ現場のニーズを満たすもの（あるいはズレが大きくないもの）を選択して、復興庁・担当省庁それぞれと調整の上、実施計画を定め執行にあたってきた。そのため、脱原発・新産業育成・新たなライフスタイルの提案など（ある意味で「創造的復興」は、内発的でユニークな地元発事業と、外来的で惨事便乗型事業の混成であり、実現性に乏しい夢のプランも混在）を記載した震災復興計画は、短期間で策定した熟度の低さを否定できない。ただそこでも、国のチェックを受けながら独自の裁量性を活かし、地元特性や住民意向に沿った事業展開につなげてきた「現場知・実践知」の継承が大切である。特に復興庁への出向者、他自治体からの応援職員、NPO・民間企業の復興支援者には、単なるマンパワー不足の穴埋めという役割以上に、ノウハウを蓄えた人材として、地域や組織の枠を越えた政策イノベーションとその普及を担うことが期待されよう（災害ケースマネジメントの導入、事前復興計画の着手などにその萌芽が見られる）。

また、復興予算の使い方やその効率性・有効性に対して、現時点で大きな批判が生まれてはいないが、被災地での更なる人口減少や新設施設の遊休化、国・自治体の財政赤字の拡大が進めば、防潮堤整備や高台移転等を巡って「過剰復興」論の再浮上や「お任せ復興」の悪しき前例としての東北批判が始まる可能性もゼロとは言い切れない。

復興計画の事後評価

その意味でも、地元から復興検証・政策評価を着実に行う必要があり、阪神・淡路大震災後の兵庫県の試み等は大いに参考になる。岩手・宮城・福島３県と被災42市町村を対象に河北新報社が２０２１年５月に実施した調査では、復興計画を「検証した」との回答は宮城・福島両県を含む12自治体（26・7％）に留まる(注2)。ただし「検証」の定義や手順自体が明確ではなく、例えば岩手県（２０２０年３月）『東日本大震災津波からの復興—岩手からの提言』は、検証より継承を意識した災害対応の時系列整理と将来活用を意識した提言である。また『宮城県震災復興計画』の検証（２０２２）』は、検証とあるものの各種目標値と実績を比較し、基本理念・施策体系・復興のポイントごとの達成度ランクと課題整理となっている。他の自治体や関連団体も、震災記録誌・教訓集等の名の下に、記録保存と将来伝承を強く意識した内容で、資金・人材投入後のアウトプット以上に、社会変化の（芽となる）アウトカムまでを視野に入れた検証が求められる。

（増田　聡）

〈注〉

1　荒木一男（２０２０）「被災自治体における復興計画と総合計画の関係づけと調整：文献展望と東日本大震災の事例研究」社會科學研究（東京大学）71（2）、155—192頁

2　『河北新報』２０２１年６月12日。

1　復興理念・ビジョン

日本国憲法と震災復興

1－⑦

震災復興に係る各種制度と日本国憲法適合性

本稿では、被災地で実施された各施策や現行の震災関連法制が、日本国憲法（以下、憲法）の保障する基本的人権に適ったものだったのかどうかを、４つの事例を題材にして考察し、検証することとする。

在宅被災者

(1) 憲法13条（個人の尊重、幸福追求権）

東日本大震災では、復興期に至ってもなお、寒風吹き荒ぶ被災居宅に生活している被災者、トイレが復旧しないままオマルの使用を余儀なくされている被災者、津波の浸水後次第に柱が腐食している居宅に居住している被災者、壁や天井に段ボール紙を張り付けて当面の生活を余儀なくされている被災者等、いわゆる在宅被災者を中心にして、過酷な状況に置かれた被災者が多数おられた。憲法13条の趣旨が全うされていない状態と言わざるを得ない。

(2) 憲法25条（生存権）

憲法25条は国民に対し「健康で文化的な最低限度の生活を営む権利」を保障している（生存権規定）が、(1)で指摘の通り、在宅被災者（特に、高齢者、低所得者、障害者、女性といった災害弱者）を対象とした復興に向けた施策が不十分だったことを改めて指摘しなければならない。

(3) 憲法14条（平等原則）

東日本大震災の被災地では、避難所・仮設住宅を中心に諸施策が不十分ながらも実施されていたが、在宅被災者のほとんどは自治体の施策の上で後回しにされた。憲法14条の趣旨が全うされなかったものと言わざるを得ない。

災害危険区域
―集団移転促進事業

(1) 憲法29条1項（財産権）

・東日本大震災の津波被災地では、建築基準法39条に基づく災害危険区域指定がなされ、集団移転促進事業の移転元地の所有者（被災者）は居宅の新築を禁止される等、所有権を制限されることとなった。そこで、災害危険区域の指定が憲法29条1項に抵触するのではないか、との指摘がなされた。

しかし、同29条2項は、「財産権の内容は、公共の福祉に適合するやうに、法律でこれを定める。」としていて、財産権の保障が無制約ではないことを明らかにしていて、また、建築基準法39条1項は「津波、高潮、出水等による危険の著しい区域」に限定していることからして、「公共の福祉に適合する」財産権の制限として、憲法29条

1項に抵触しないものとされている。

もっとも、東日本大震災では、集団移転促進事業に参加しない被災者の所有地が災害危険区域の指定を受けている事例があり、その問題性が指摘されている。災害危険区域指定の政策目的と集団移転促進事業の政策目的を相対化した上で、災害危険区域指定の合理的理由があり「公共の福祉に適合する」との解釈と想定される。

(2) 憲法22条（居住・移転の自由）

(1)の関連で、災害危険区域に住居を所有していた被災者から、現地再建がままならず、また事実上転居を強制するものとして、憲法22条が居住・移転の自由を保障していることに抵触するとの指摘が被災者からなされている。

しかし、憲法・法令の解釈としてみた場合、居住・移転の自由もまた「公共の福祉に反しない限り」との制約に服することからして、(1)に述べたと同様、東日本大震災の被災地の復興という「公共の福祉」の下での制約は、憲法に反するものとはならないとの理屈が成り立つのである。

(3) 憲法14条（平等原則）

災害危険区域の指定の有無により、同じ被災地域でも、集団移転促進事業による住居の再建ができる被災者とそうでない被災者といった、格差が生じた。

問題とされる事例があったことは否定できないが、判例上、憲法14条は、差別が合理的理由によるものであれば許容されていることに注意する必要がある。

被災者生活再建支援制度

(1) 憲法29条1項（財産権）

被災者生活再建支援金制度については、政府筋や学者の一部から、憲法29条の財産権保障上問題がある旨指摘がある。その論理構成は必ずしも明らかでないが、財産権の保障→財産権者の自律的管理→財産権者の費用負担→自助との論理が想定される。

しかし、通説的学説からすると、憲法29条1項は、「個人の現に有する具体的な財産上の権利の保障と、個人が財産権を共有しうる法制度、つまり私的財産制の保障という2つの面を有する。」とされていて（芦部信喜「憲法」）、生活再建支援金の制度はこれら2つの面を否定するものではないから、憲法29条1項に抵触するとの解釈は困難である。

(2) 憲法13条（個人の尊重・幸福追求権）、憲法25条（生存権）

他方、生活再建支援金は、過酷な被災状況に置かれた被災者を震災前の生活状況に引き上げるために必要な制度であり、また、個人の尊厳を取り戻す役割を担っていることからして、憲法13条の趣旨にかなっているといえる。加えて、被災者が「健康で文化的な最低限度の生活を営む」に当たって重要な役割を担っていることからして、憲法25条の趣旨にかなっているといえる（いわゆる公助として位置づけられる）。

生活再建支援制度以外の復興政策―各種補助金制度

各種補助金施策についても、前項（被災者生活再建支援制度）(1)と同様、憲法上問題があるのではとの議論がなされているが、同じく前項(1)に指摘した通り、容れられない解釈である。

そればかりか、これらの解釈は各種補助金施策において被災者の一部負担を求める政策の根拠とされていて、費用負担ができない被災者を生じ、震災復興の政策目的の実現にとって支障となっていることを、指摘する。

（山谷澄雄）

2 復興まちづくり・基盤整備

ハード優先の復興交付金事業

2－①

復興交付金事業の創設

「東日本大震災からの復興の基本方針」は、復興の主体は「市町村が基本」だとし、国は、市町村の能力発揮のために、「必要な制度設計や支援を責任を持って実施」するとした。財政措置としては①「復興特区制度」における税・財政・金融上の支援、②復興プランのもと必要な各種施策が展開できる、使い勝手のよい交付金の創設、③基金設置等により制度の隙間を埋めて必要な事業の柔軟な実施を可能とする資金の確保、④地方負担分について地方交付税の加算等による地方の復興財源の手当ての4点を謳ったのである。東日本大震災復興交付金（復興交付金）事業および同交付金の創設は②に基づくものである。

ハード系事業パッケージ

復興交付金事業は、基幹事業として複数の省庁にまたがる多数の国庫補助事業を束ね、関連事業である効果促進事業と一体的に実施する整備計画の事業に対して一括交付する包括補助金である。

(1) 使い勝手のよさが売り物

① 自治体はメニュー内から必要事業のみ選択。

② 同一所管省事業内で事業間流用を許し、基金化により年度制約を弾力化。

③ 基幹事業と効果促進事業（注1）を一体実施可能。

(2) ハード事業に限定

基幹40事業のうち、ハード整備以外の事業は、「A-4埋蔵文化財発掘調査事業」「D-5災害公営住宅家賃低廉化事業」および「D-6東日本大震災家賃特別低減事業」の3事業に止まる。メニューにない以上ハード事業になるのは必然である。

復興交付金事業の実際

表1に、被災3県それぞれから陸前高田市、石巻市、南相馬市を対象にして、それらが施行した復興交付金事業の基幹事業（基幹）と効果促進事業（促進）の実績を示した。

基幹事業では、陸前高田市は土地区画整理事業（区画整理）、石巻市は下水と災害公営住宅、南相馬市は防災集団移転促進事業（防集）と災害公営住宅の事業額が相対的に大きい。ただ、区画整理、防集、津波復興拠点整備、道路（2事業）、災害公営住宅を合わせた都市インフラ整備関連6事業は、陸前高田市1861億円（89％）、石巻市2997億円（62％）、南相馬市305億円（71％）に上る。

市町村は特定の事業分野に偏った選択をしている。基幹事業の3市合計は、国交省所管事業が9割超、農水省所管事業も

表1 復興交付金事業の執行状況（陸前高田市、石巻市、南相馬市） 単位：百万円

所管省	番号	交付対象事業	陸前高田市 基幹	陸前高田市 促進	石巻市 基幹	石巻市 促進	南相馬市 基幹	南相馬市 促進
文科	1	公立学校施設整備費国庫負担事業（新増築・統合）	322	451	0	0	0	0
	2	学校施設環境改善事業（公立学校の耐震化等）	338	141	759	392	67	0
	3	幼稚園等の複合化・多機能化推進事業	40	37	11	0	0	0
	4	埋蔵文化財発掘調査事業	424	8	166	73	316	117
厚労	3	保育所等の複合化・多機能化推進事業	38	94	73	471	0	0
農水	1	農山漁村地域復興基盤総合整備事業（集落排水、農地等）	3,697	0	10,603	346	6,344	245
	2	農山漁村活性化プロジェクト支援（復興対策）事業	552	0	14	0	0	0
	3	震災対策・戦略作物生産基盤整備事業（水利施設等）	0	0	483	0	0	0
	4	被災地域農業復興総合支援事業（農業用施設整備等）	1,134	2	3,194	4	1,743	564
	5	漁業集落防災機能強化事業（嵩上げ、生活基盤整備等）	292	0	8,367	0	0	0
	6	漁港施設機能強化事業（嵩上げ、排水対策等）	494	0	2,158	0	0	0
	7	水産業共同利用施設復興整備事業	4,331	0	15,404	723	802	5
	8	農林水産関係試験研究機関緊急整備事業	243	0	305	0	0	0
	9	木質バイオマス施設等緊急整備事業	0	0	0	0	106	46
国交	1	道路事業（市街地相互の接続道路等）	18,207	3	72,904	0	4,184	42
	2	道路事業（高台移転等に伴う道路整備（区画整理））	6,399	0	6,930	0	0	0
	4	災害公営住宅整備事業等	20,224	188	108,834	353	8,063	349
	5	災害公営住宅家賃低廉化事業	3,398	0	18,834	0	1,478	0
	6	東日本大震災特別家賃低減事業	293	0	1,845	0	150	0
	11	優良建築物等整備事業	0	0	2,890	0	0	0
	13	住宅・建築物安全ストック形成事業（危険住宅移転）	521	0	2,417	0	1,076	0
	15	津波復興拠点整備事業	5,651	23	3,909	3	0	0
	16	市街地再開発事業	0	0	2,381	0	0	0
	17	都市再生区画整理事業（被災市街地復興）	105,830	15,213	20,609	662	0	0
	20	都市防災推進事業	188	1	983	924	45	9
	21	下水道事業	6,618	171	109,671	1,799	0	0
	22	都市公園事業	0	70	3,720	2,168	0	0
	23	防災集団移転促進事業	29,836	13	86,540	15,761	18,232	256
環境	1	低炭素社会対応型浄化槽等集中導入事業	304	0	328	0	217	0
農水	1	漁業集落復興効果促進事業	0	6	0	1,659	0	0
国交	2	市街地復興効果促進事業	0	20,758	0	41,057	0	4,464
合計			209,372	37,179	484,331	66,394	42,823	6,098

注）3市とも2020年3月末時点の事業別契約額と執行残の合計額。実績のない事業は除く。
（出所）各市の「令和元年度復興交付金事業計画進捗状況報告」より作成。

表2 市街地復興効果促進事業（一括分）の事業費 単位：百万円

	陸前高田市	石巻市	南相馬市
1市街地整備事業の効率的促進	23,687	9,496	636
2まちの立ち上げ促進	4,523	2,693	1,366
3産業・観光等の復興の促進	337	163	12
4復興地域づくり加速化事業	4,279	7,384	1,455
合計	32,826	19,735	3,469

（出所）各市のHPでに掲載された「市街地復興効果促進事業」の申請書に基づき作成。陸前高田市2020年度、石巻市2015年4月、南相馬市2020年4月申請分までを集計。

加えれば99%を超えた。

効果促進事業の限界

効果促進事業は、ハード系基幹事業の効果を高めるソフト事業の展開を許容するのか。表2は3市とも効果促進事業の過半を占める「市街地復興効果促進事業」の内訳である。

最大は「1 市街地整備事業の効率的促進」である。申請内容を見ると、区画整理等の事業計画の策定、測量、設計、住民・地権者への対応や上下水道の整備等は基幹事業の一部ではないか。事業地区内の瓦礫撤去は災害救助費で措置すべきものだ。

2番目が、「2 まちの立ち上げ促進」だが内容を見ると、3市とも関連施設や道路の買取りや整備で、ソフト事業はほとんどない。「3 産業・観光等の復興の促進」は、3市とも1%前後にすぎず、「4 復興地域づくり加速化事業」は、ガレキや地下支障物の除去、道路・水路整備、広場・駐車場の整備等からなる。

効果促進事業が基幹事業の制約を緩和したという面では評価できるが、基幹事業の枠に留まり事業効果を増大させる機能を発揮したとは評価できない。

今後に向けて

被災自治体にとって使い勝手のよいという鳴物入りで導入されたが、ハード中心で、基幹事業メニューになければ選択できず、また、効果促進事業も含めて事業ごとの要綱に縛られ、期待された柔軟性に乏しい。被災自治体の要望を受けてメニュー構成も柔軟に変化させ、要綱も弾力的に運用できる仕組みが欲しい。

（井上博夫）

〈注〉

1 「基幹事業と一体となってその効果を増大させるために必要な事業又は事務」をいう。

2 復興まちづくり・基盤整備

復興特区法と三つの計画

2－②

　被災自治体の復興は、東日本大震災復興特別区域法による復興特別区域を指定し、その迅速化に向けた特別・特例措置によって行われた。具体的には、被災自治体（県、市町村）が中心となって、特例措置の適用を含む復興推進計画（民間事業者の提案も可能）と復興整備計画、復興交付金事業計画を作成し、国の認定や公表を行い、支援を得るという仕組みである。

推進計画は被災地のためになったのか

　復興推進計画の主なねらいは産業集積であり、その計画認定は多分野に及んでいる。当然、復興が進展すれば認定件数、投資額等も増加するが、いずれも伸び悩んでいる。税制上の特例指定事業者の被災雇用者数は、2011年度以降2万人を超える（青森、茨城を含む5県計）が、年度別では減少傾向にある（表1、注1）。

　金融上の特例対象事業所は、図1に示したように内陸部にも数多く分布している。また県と県内市町村が共同で作成する推進計画の場合、雇用等被害区域以外の市町村の特例による立地誘発という問題もあった。

　さらに広域的な産業集積区域においては、被災地から区域内の内陸地域への通勤流出を促し、被災地再建のマイナス要因となった。

表1　復興特区法による3計画の実施状況

	概要	制度活用、事業実施状況
復興推進計画	住宅、産業、まちづくり、医療・福祉等の各分野の規制、手続の特例、税制上の特例等	• 規制・手続き等の特例42件、税制上の特例37件、金融上の特例225件（岩手36件、宮城92件、福島131件） • 税制上の特例による指定事業者約6,600者（全体計）。投資額45,126億円（内沿岸等65%）、被災雇用者等数21,878人（内沿岸等48%）。
復興整備計画	土地利用再編のための特例 （①集団移転促進事業等の各事業に関する特例、②共通の特例※） 特例を含む整備計画は復興整備協議会で協議・承認	• 農地法の転用許可みなし（4 ha超、以下）、都市計画法の開発許可、建築許可、事業認可みなし、自然公園法の建築許可等みなし（39市町村、1033地区で活用） • 市街地開発事業、集団移転促進事業、都市施設の整備事業、小規模団地住宅施設整備事業、土地改良事業、造成宅地滑動崩落対策事業、津波防護施設整備事業、災害公営住宅整備事業（39市町村、1,033地区で活用）
復興交付金事業計画	基幹事業（5省40事業）と効果促進事業、地方負担の軽減、執行の弾力化・手続の簡素化	【基幹事業】必要事業を一括化して実施。被災市街地復興及び住まいの確保に関する事業を中心に、道路事業、水産・漁港関連事業、下水道事業、農地整備事業等 【効果促進事業】基幹事業に関連し、被災自治体が主体的に実施。復興地域づくりから防集跡地の利活用まで。例えば、復興まちづくりの構想、事業の加速、地域のまちづくり推進他

※ 共通の特例：1.許可基準の緩和、手続のワンストップ化　2.事業円滑化のための土地に関する特例　3.環境影響評価手続の特例　4.建築行為等の届出・勧告　5.都市再生機構（UR）の受託業務の特例（以上、東日本大震災復興対策本部事務局「復興特区資料」2011年12月より）
（出所）復興庁「復興の取組と関連諸制度」2022年6月より筆者作成。

開発自由のための様々な特例措置

　復興整備計画と復興交付金事

図1　復興推進計画（金融上の特例）対象事業所・宮城県北部

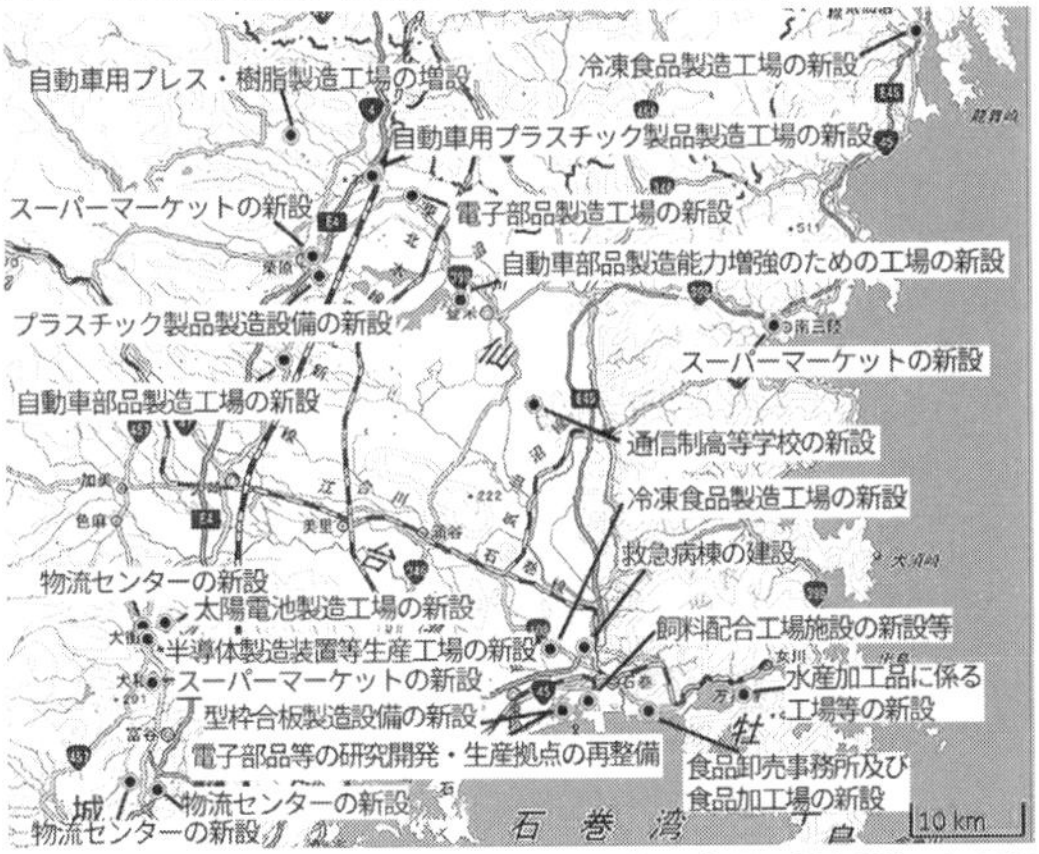

（出所）復興庁「東日本大震災からの復興政策10年間の振り返り 本文案」2023年3月、図表2-3-20-4を加工・編集して作成。

図2　復興CM方式による連携体系図

（出所）UR都市機構「復興CM方式の効果分析報告書」2018年10月、P21掲載図の文字を編集。

業計画は一体で機能した。特に復興整備計画の特例措置（「個々の事業の特例」と「共通の特例」）によって、必要な手続の解消と開発自由という状況がつくられた（表１）。

この内、「手続きのワンストップ化」は、被災市町村作成の整備計画を復興整備協議会で協議し承認するという仕組みであるが、住民意見も反映されにくく、同時に協議会メンバーは国、県、被災市町村等で構成されるためトップダウンの場になるという懸念もあった。

また、「環境影響評価手続き」の特例は、被災市町村が「主に既存文献等を活用」し、自ら「予測・評価・環境保全措置の検討」するもので、規制制度の根幹を揺るがす措置となっている。

都市再生機構（UR）は、受託業務の特例により大都市以外の事業も可能になり、工期短縮を主目的とする復興CM方式（民間依存の設計施工の一体的管理、図２）が構築された。これは〝ゼネコン（CMR）への丸投げ〟とも指摘され、３県12市町19地区で採用された。契約総額は５６７２億円（２０１７年３月時点。注２の各地区契約済額を筆者加算）にも上った。UR自ら、整備計画や設計変更も多く、「コスト縮減、コスト管理」が難しいと指摘している（注２）。

特区法路線の〝日常化〟

東日本大震災からの復興は、これまで続けられてきたハコモノ優先の国土・都市政策をコミュニティ重視の「まちづくり」に転換する機会であったが、ハコモノ主義の復活に利用された。

そして、大震災による防災・減災意識の高まりに乗じて、国土強靭化を国策の主軸に据え、「大規模災害復興法」の制定（２０１３年６月）が行われた。事前防災や市街地集約化のための立地適正化計画も、この流れにある。さらに国は、CM方式についても地方自治体の発注体制の脆弱化を「理由」に、その公的な位置づけの検討を進めている（注３）。

このような情勢の下、住民・地域主体の防災・減災・復興をめぐる市民運動の全国レベルでの広がりが、益々重要になっている。

（阿部重憲）

〈注〉

1　復興庁「復興の取組と関連諸制度」２０２２年６月。

2　UR都市機構「復興CM方式の効果分析報告書」２０１８年10月。

3　国交省「地方公共団体におけるピュア型CM方式活用ガイドライン」２０２０年９月。

主要3事業偏重の復興まちづくりガイダンス

2－③

被災市街地復興の目標は、国の「事業ありき」の下、「被災市街地復興手法調査」によって市街地・集落ごとに無機的・機械的にパターン化（移転、集約、嵩上げ他）された。それとともに、国交省は「東日本大震災の被災地における市街地整備事業の運用について（ガイダンス）」（以下、「ガイダンス」。2012年6月。2013年9月見直し）をまとめ、復興パターン実現に向けて、主要事業手法を防災集団移転促進事業（以下、防集事業）と土地区画整理事業（以下、区画整理）、津波防災拠点整備事業（以下、津波拠点整備）の3事業へと誘導した。

防集事業により、甚大な被害により居住に適さない区域の住宅の集団移転をはかり、移転元地は、区画整理により道路等と宅地を一体的に整備（集約、嵩上げも含む）する。加えて事業用地買収が可能な津波拠点整備によって公共施設整備とともに復興の先導的拠点づくりを推進するというのが、国交省が描いたシナリオであった。それにそって、防集事業、区画整理の制度改革（表1）と津波拠点整備の創設が行われた（ガイダンス、策定の目的）（注1）。

表1　防集事業と区画整理事業の主な大震災向け制度改正

防災集団移転促進事業	①住宅団地への移転戸数要件の緩和（10戸から5戸）
	②移転先団地における公益的施設用地取得造成費補助
	③公益的施設整備費の限度額撤廃
	④（移転促進区域内の）農地等買取要件の緩和
	⑤分譲敷地用地の取得造成費補助
	⑥移転者の住宅建設等補助の引き上げ
市街地復興土地区画整理事業	①市街化調整区域における自治体施行が可能（区域内の農地利用の配慮・配置も含む）
	②嵩上げ支援
	③緊急防災空地整備事業が可能（事前に公共用地のための用地買収が可能）

（出所）関連法令等より筆者作成

防集事業によるコミュニティ・生活の分断

防集事業は、移転元（移転促進区域）、移転先いずれも一つの区域または複数の区域でもよく、事業計画が策定された所から実施される。特に、移転戸数要件の緩和（5戸）によって事業化が加速され、既存コミュニティの解体とともに移転先の小規模化、拡散化（孤立化も含む）に結びついた。また、復興計画全体の調和を図る間もなく短期集中、大量移転による巨大住宅団地も出現した。

ガイダンスは住民合意の必要性についても触れているが、「迅速な事業実施」中心の運用が優先され、住民合意よりも被災者個人の事業同意が先行する事業展開となった。

被災者の生活再建よりも国・県の政策を優先した行政主導の開発型移転を推進・強行し、被災コミュニティの崩壊に至るケースの発生は深刻に受け止める必要がある（注2）。

一方において被災地の首長等のリーダーシップと住民合意の下に、主体的に複数の事業制度等を使いこなし、復興への道を切り開いた被災地・コミュニティも少なくない。

巨大事業化した区画整理

ガイダンスは、市街地整備における区画整理の中心的役割、過去の戦災、震災復興における役割に言及し、制度改正と運用上の留意点を記している。

長期化しがちな区画整理のスケジュール検討の重要性を強調し、復興整備協議会のワンストップ対応は都市計画決定までで、後の事業認可手続きは土地区画整理法によるとしている（当局としては手続き上、問題ないとの認識）。

しかし結果的に、事業の困難性と先行着手、機能・職住分離、嵩上げ、土地利用の分散化と拡大が進み、面積、事業費とも莫大なものとなった（図1）。

特に、浸水市街地の防災集団移転促進事業の移転元地と移転先の宅地整備を一体的に行う複合型の土地区画整理事業の場合、浸水エリアよりも事業区域が上回り、巨大な事業となっている（例：陸前高田市高田及び今泉地区、女川町中心部。図2）。

開発プロジェクト化した復興拠点整備

ガイダンスでも津波拠点整備地区（「津波防災地域づくりに関する法律」による）は、被災市街地の復興を「先導する拠点」として位置づけられ、区画整理地区の一部買取りと嵩上げなど、同事業との連携についても明確にされている。

住宅や公益施設、業務施設等の集約も意図した防災拠点というイメージが一人歩きし、各種の施設整備のために用地取得造成や施設整備に対する国の支援もあり、「開発プロジェクト化」したケースも多い。

特に「先導する拠点」が、被災市街地復興の「先行区域」として、浸水エリアから離れた安全な高台に計画（都市計画決定も含む）され、それによって事業全体が肥大化した被災自治体もある。

（阿部重憲）

図1　土地区画整理事業地区の面積および事業費

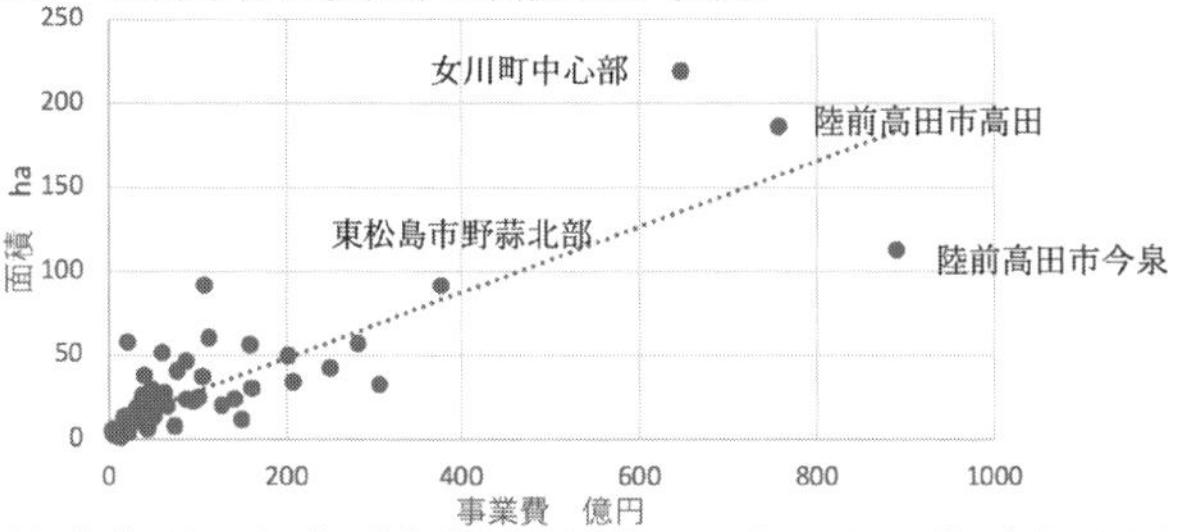

（出所）街づくり区画整理協会『東日本大震災からの復興土地区画整理事業の記録』（2020年7月）より筆者作成

図2　浸水被害地区面積と市街地復興事業地区面積

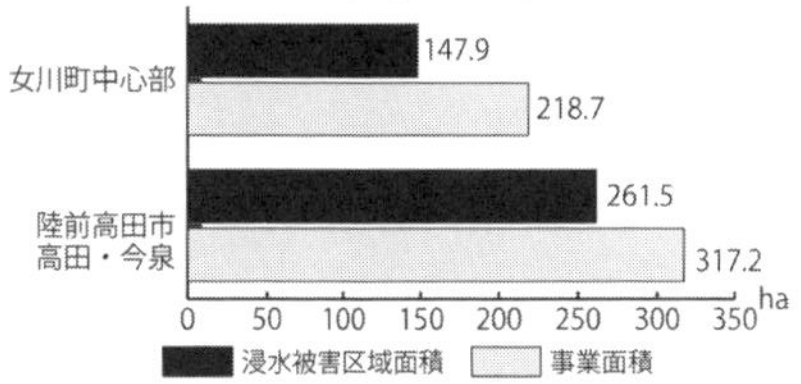

（出所）浸水被害地区面積（用途地域別全壊、半壊、一部損壊区域の合計）は、国交省市街地復興パターン概略検討業務公開データ、事業面積（土地区画整理事業および津波復興拠点整備事業の面積。重複は調整）は、当該自治体復興計画をもとに筆者作成。

〈注〉

1　建築制限を伴うことなく被災住宅の再建・移転が可能な小規模住宅地区改良事業が、復興交付金事業でありながら活用されないなどの問題も生じた。

2　仙台市の東部沿岸地区から中心市街地への移転、山元町の「コンパクトシティ」実現のための内陸部への移転等。

2　復興まちづくり・基盤整備

巨費を投じた半島部小規模高台移転 防災集団移転促進事業とその帰結

2－④

東日本大震災における防災集団移転促進事業

東日本大震災で宮城県の防災集団移転促進事業（防集）には、５５８３億円が投じられ、28市町村３２１地区で８３７４区画が造成された（注１）。そのうち宮城県では１８６地区５５９９区画であった（災害公営住宅含まず）。

最大の被災地石巻市における防集は、54地区で民間宅地１４２７戸と災害公営住宅１２６３戸が整備されたが、石巻市街地を除く牡鹿半島部と北部沿岸部（以下「半島沿岸部」）の46地区では小規模団地が多数を占め、コミュニティとしての持続可能性が懸念される状況になっている。

表１は半島沿岸部の防集の一団地当たり戸数（民間宅地＋災害公営住宅）をまとめたものである。

20戸未満の団地が33団地で全体の61％を占め、10戸未満の小規模団地が17団地で同31％を占めている。これら団地はいずれも「職住分離」で「高台移転」したものだ。本稿ではこうした防集を「小規模高台移転防集」と呼称する。

表１　半島沿岸部団地一団地当たり戸数

	団地数	全団地構成比
10戸未満	17団地	31％
10～20戸未満	16団地	30％
20～30戸未満	8団地	15％
30戸以上	6団地	11％

表２　一戸当たり事業費１億円超防集

防集団地	一戸当事業費（万円）
谷浜・祝浜	14,420
佐須	13,923
唐桑	13,676
荻浜	12,780
間垣	10,768
桃浦	10,530
折浜・蛤浜	10,493

（出所）表１、表２とも防災集団移転促進事業計画書から筆者作成

小規模高台移転防集団地の現状

図１は牡鹿半島の浜、桃浦団地の図面である。これを例に小規模団地の現状をみてみよう。

海抜40ｍの高台に造成されたこの団地、元は山地で、浜に降りる急な道路が折り返しながら右側に延伸している。団地周辺に住家はなく、完全に孤立した状態だ。住宅戸数は民間宅地が３戸、災害公営住宅が２戸の計５戸。集会施設が１棟あり、小規模だが広場も整備された。住宅地割合は全敷地の８・５％、集会施設を含めても10％に過ぎな

図１　桃浦団地土地利用計画図

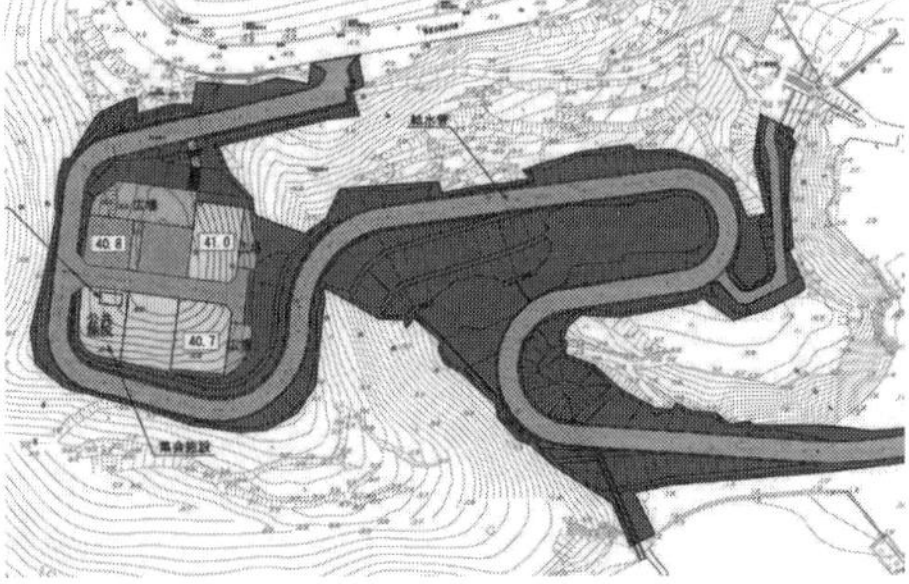

い。道路で30％、のり面で56％も占める。結果、事業費が増加し、桃浦団地一戸当たりの事業費は1億530万円にまでなった。半島沿岸部で一戸当たり事業費が5千万円を超えたのは16団地で、そのうち1億円を超えた防集団地は、表2で示した7団地だった。これほどまでの事業費を投入しても急激な人口減でコミュニティを維持することができないでいる。

　防集は事業要件として、移転元地が「災害危険区域」と「移転促進地域」に指定される必要がある。桃浦の場合、移転促進区域内世帯数は24世帯だったが、19世帯は現地での再建をあきらめ、桃浦を去った。結果として人口が震災前（2011年2月末）165人だったものが震災後（2022年6月末）は29人（82％減）へと激減した。こうした人口減少は桃浦を含む荻浜支所管内で防集が行われた各浜でも同様である。防集は進んでいた人口減を押しとどめるものにはならず、否、むしろ人口減を促進し、各団地コミュニティの衰えは、静かにそして年を追って加速化している。

なぜこうした防集になったのか？

　第一に復興構想会議の「復興への提言」（2011年6月）のなかで「職住分離」「高台移転」を前提とした復興施策の原則を決めたことだ。それは「東日本大震災からの復興の基本方針」（同7月）で補強され、津波被災住宅の高台移転が強く方向づけられた。宮城県でも復興計画でトレースされ、「まず高台移転ありき」の復興方針とならざるを得なかった。

　第二に機械的な災害危険区域と移転促進区域の指定により、被災者は高台移転か、転出かの二択の選択しか与えられなかった。石巻市は半島部の災害危険区域指定は「今次津波浸水域」とした。これは津波浸水深が数センチの土地も住宅の新規建設ができない地域としたことを意味する。是非はともかくL1想定高防潮堤により、一定規模津波からガードされる地域にも居住することを禁じた。しかし、別の方法もあった。北海道南西沖地震での奥尻町の高台移転は、青苗岬地区では一部のみ高台に移転し、残りの被災者は慣れた地域での生活ができるように防潮堤の背後に盛土をして宅地180区画を整理した。すべての浜が可能かどうかはあるが、そのような方法も十分とり得た。災害危険区域の指定方法を機械的に行ったことの影響は大きい。

　第三に市町村の負担がゼロになったことによる費用便益感覚の喪失である。市町村は平時の数倍の復興事業をオペレーションしなければならなかった。大きな業務負荷がかかった上で、スピードが優先され、事業費負担がないのであるから、平時であれば自前事業で働く費用便益感覚が希薄となることが避けられなかった。このことが高台移転地の山探しに走らせた。防集団地の持続可能性まで検討する時間的猶予もなかったのである。

　宮城県の村井嘉浩知事は、高台移転について「新しくつくるところはコンパクトシティ、スマートシティの発想で、環境負荷が小さくて将来モデルになる地域づくりをしていこうと考えています」（注2）と述べた。今、桃浦団地の被災者はこの言葉をどう聞くだろうか？

（小川静治）

〈注〉

1　国土交通省「東日本大震災被災地における防災集団移転促進事業の市町村別実施状況一覧（令和4年3月末時点）」。

2　『日経コンストラクション』2011年8月。

2 復興まちづくり・基盤整備

大船渡市差し込み式防災集団移転が開いた可能性

2－⑤

大船渡市の地域構造と被害概況

(1) 地域構造

大船渡市の地域構造は図１に示すようになる。大船渡市は10の行政区があるが、これらの内、津波による浸水区域は、大船渡町、赤崎町、末崎町と三陸町の綾里、越喜来、吉浜の６地域の集落がほとんどであった。

図１　大船渡市の地域構造

(2) 被害概況

一方、震災による市全域の被害状況を見ると、死者が３５４人、行方不明者が79人、合計４３３人であった。また、建物被害は、全壊が２７９１、大規模半壊が430、半壊が７１７、一部損壊が１６５４、合計５５９２であったが、これを浸水区域をもつ行政区に限って見ると、死者が３２４人（92％）、行方不明者が74人（94％）、合計３９８人（92％）であった。また、建物被害は、全壊が２７０２（97％）、大規模半壊が３１５（73％）、半壊が４６８（65％）、一部損壊が１０４７（63％）、合計４５３２（81％）であり、被害のほとんどが、これらの区域にあったことがわかる。

復興のプロセスと差し込み式防集

(1) 復興のプロセス

復興の原則は、①被災者主体の自治復興、②避難所、仮設住宅、恒久住宅の建設設を無駄なく進める連続復興、③地場資本・地域資源を活用した地産・地消復興、④内外の多くの支援者の知恵を借りる交流復興、⑤単に元に戻す復旧ではなく、新しいまちづくりを目指す持続発展可能復興、である。

また、①既存コミュニティ維持の尊重、②被災者主体復興の尊重を基本とし、被災跡地の土地利用に関しても、「復興まちづくり協議会」を設け、「復興まちづくり計画」を考え、地域資源や地域文化を活かした計画案を示し、行政とともに検討し、行政はそのサポートに努めてきた。

さらに、①被災者主体による防集参加希望者の募集と確認、②被災者主体による高台移転先地の選定、③被災者主体による高台移転先地の地権者への用地買収交渉（用地売却の意思確認まで）を行った。上記に掲げた集落のほとんどの地域で防災集団移転促進事業（以下、「防集」）が展開された。

(2) 差し込み式防集

差し込み式防集の提案の背景には、以下の３つの理由があった。

第1は、「高台移転用地がない」という点に対する反論であった。確かに、大規模に移転を進めるのであれば、そのような土地は少なかった。しかし、既存集落近傍への小規模移転ならば、土地は多いにあった。

第2は、この小規模移転であれば、既存集落の空き地に、埋め込むあるいは、はめ込む形の移転も可能であり、こうすることによって、道路や配管系・配線系などのいわゆるライフライン整備が不必要となり得る可能性が高い。

第3は、高台移転用地の地価の高騰現象であった。被災者が、地元の土地所有者と交渉するのであれば、土地の高騰は防げるのではないか、というものであった。筆者は、国交省に対しても、この観点から防集の移転戸数の引き下げを要望したが、国交省は、この要請に対しても、従前10戸以上であったものを、5戸以上でも可という回答を示してくれた。

図2　大船渡式の防集事業の進め方

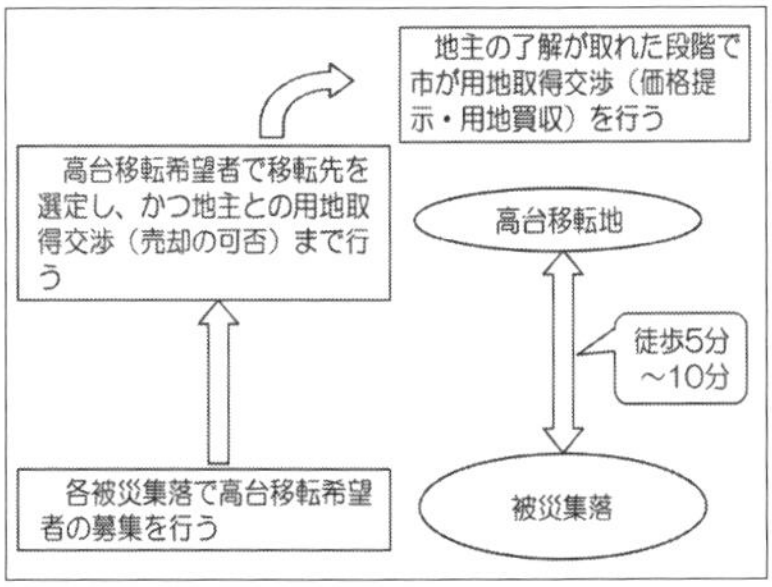
地主の了解が取れた段階で市が用地取得交渉（価格提示・用地買収）を行う
高台移転希望者で移転先を選定し、かつ地主との用地取得交渉（売却の可否）まで行う
高台移転地
徒歩5分～10分
各被災集落で高台移転希望者の募集を行う
被災集落

差し込み式防集の評価

(1) 費用

この差し込み式防集について、東日本大震災復旧・復興支援みやぎ県民センターが分析を試みている。まず、費用についてであるが、大船渡市の防集全体の対象戸数は３６６戸で、戸当たりの整備費が３８９２万円であったのに対して、差し込み式のものは、３２３７万円であり、約６５０万円低かった。これに比べ、宮城県女川町では、戸当たり７２６９万円であり、中には1億円を超えたものもあったという。

表1　防集事業の費用比較

市町	地区		整備戸数	1戸当整備費（万円）
大船渡市			366	3,892
	非差込型		180	4,568
		中赤崎	59	8,275
	差込型		186	3,237
		浦浜南	11	3,196
		梅神	13	2,697
女川町（非差込型）			220	7,269
		飯子浜	15	1億317
		御前浜	13	1億413
		尾浦	42	1億733

注）差込型は造成地を一部組み合わせたエリアを含む。女川町は、防集を実施した漁村13集落をまとめた。
（出所）文献2

(2) 工事期間

一方、工事の期間について見ると、差し込み式では、２８９日であったのに対して、非差し込み式のものは、４２４日であり、４か月以上早かったという（文献２）。

他地域への影響とそこでの受け止め方

この大船渡市の差し込み式の防集事業が、他地域に与える影響も大きい。和歌山県海南市では、２０２２年２月に公表した計画で、参考事例として取り上げている。また、高知県でも、２０２１年に策定された「事前復興まちづくり計画策定指針」に紹介している（朝日新聞、文献３）。

（佐藤隆雄）

【参考・引用文献】

1　大船渡市『東日本大震災からの復興10年の軌跡、未来への継承』２０２１年３月。
2　東日本大震災復旧・復興支援みやぎ県民センター『みやぎ県民センターニューズレター』68号、２０２１年1月23日。
3　『朝日新聞』２０２３年３月27日。

2 復興まちづくり・基盤整備

南三陸町にみる津波浸水エリア 復興の困難性
さんさん商店街は有名になったけど

2－⑥

2023年3月12日、日本経済新聞デジタル版に一つの投稿がアップされた。

被災地の人口は減少の一途です。南三陸町の復興計画策定委員会の委員長を務めましたが、大きな課題は防潮堤や高台移転などの土木事業でした。関係者は、当時から、空白となった旧市街地の利用に課題があると感じていましたし、グループ補助金も返済に苦労するだろうと皆思っていました。背に腹は代えられなかったのです。そんな中、産業振興が大事と考え、オランダ型の園芸施設やノルウエー型の海外養殖漁業の導入等々も検討しましたが、思うように進みませんでした。高齢化が行く手を阻んでいます。ただ、南三陸町には、さんさん商店街や、ワインや羊で産業復興しようとする人ができているのは救いです。

投稿者は大泉一貫宮城大名誉教授。震災から12年後の、南三陸町の実像を端的に表しているというのが筆者の実感である。南三陸町、特にその中心部である志津川地区のまちづくりが抱えている問題を考える。

図1　志津川地区被災市街地復興土地区画整理事業

（出所）「南三陸町まちなか再生計画」2015年9月掲載の図8をもとに筆者が加筆作成。

志津川地区のまちづくりの今

志津川地区の土地区画整理事業は10メートル嵩上げした地区面積約60ヘクタール（甲子園球場15個分）、事業費約76・9億円、地権者約300人の巨大なものである（UR都市機構の復興市街地整備事業支援地区概要より）。

しかし、災害危険区域（非居住地）とした、この地区のまちづくりは当初のねらい通りにいかなかった。図中央左のさんさん商店街エリアには22年10月に伝承施設も開設され、エリア全体が道の駅となった。しかし、それなりに人の賑わいがあるのはここだけで、国道45号線の東の流通工業エリア、水産エリア、南側の中心商業エリアにはまばらに建物があるが空地が広がっている。非居住地と高台移転居住地は完全に切り離され、日常の買い物は高台移転地近くの商業施設が受け皿となり、さんさん商店街は観光客向け施設として、業種構成からも南三陸町民の日常生活を支えるものにはなっていない。商店主にとっては住居と店舗の分離に伴う二重コストがかかり、町民は、従来の近隣購買行動を車による購買へ切り替えざるを得なかった。

また、さんさん商店街の南の「中心商業」エリアには物販店が1～2店あるだけで殺伐とした空地が広がる。グランドデザイン（注1）ではさんさん商店街と「連続するしおさい通りを中心に漁村らしい路地空間を配した懐かしい街並み」づくりをイメージしたが、そのような街並みにはならなかった。既に高台移転地近くに商業施設が配置されていて、さらに中心商業エリアに商業施設を開設する事業者が現れる可能性は低い。人口が減少し購買力が低下する中での出店はリスクが大きすぎる。

さらに今後のまちづくりを考える上でネックになっているのが、土地区画整理事業地の町有地と民有地がモザイク模様のように混在し、使いやすい整った広さの土地がすくないことである。この問題の解決方向も定まっていない。

このような状況をつくったのは、この地区全体に災害危険区域を適用したことにある。10メートルも嵩上げしたということは、その計算が正しければ、L1津波が襲来してもこの地区の津波被害は限られたものに留まることを意味する。ならば非居住地にするという前提とせずに、段階的災害危険区域を設定して、一定条件のもとで居住が可能とする方法があったのではないか。「人を住まわせない」のではなく、「人を住まわせる」ための危険区域の設定という選択が検討されるべきだった。

現状を踏まえ、新「復興議論」を

佐藤仁町長は2017年2月の朝日新聞のインタビューに次のように答えている。

（記者）志津川地区の区画整理地は災害危険区域で住宅が建てられず、3割しか用途が決まらない。

（町長）『よくも3割も決まったな』と思っている。慌てることはないんじゃないのって思う。さんさん商店街という核に賑わいがあり、全国発信できれば、自ずと周辺に店を出す人が寄ってきます。2、3年で結果を求めなくてもいいんじゃないか。

3年後の20年3月に同紙は同様の質問を町長にしている。

（記者）今はどう考えていますか。

（町長）時間がかかります。来年秋には伝承施設までがそろい、町の最終形になります。その時が転機だと思っています。

さんさん商店街が本設移転したのは17年3月。佐藤町長はさんさん商店街が核施設として中心部商店街形成の起爆剤として役割を果たすことを期待していたことはわかるが、その通りにはならなかった。つまり復興施策は失敗したということだ。町長が言うように伝承施設も完成した今、まさに「転機」を迎えている。10年前に時間をもどして空地の広がる現状をやり直すことができない以上、今ある現実を前提にして、これからどうまちづくりをしていくのか、町民自身が作り上げるしかない。今までの復興からの「転機」とするため、復興計画を検証し、新たな復興計画の議論が必要なことは自明のことだ。しかし、そうした動きになっていないことが「浸水エリア復興の困難性」なのかもしれない。

（小川静治）

〈注〉

1 「南三陸町数津川地区グランドデザイン」隈研吾建築都市設計事務所。

2　復興まちづくり・基盤整備

住民意向に立脚した集団移転
気仙沼市只越地区

2－⑦

住民意向で進めた只越地区の集団移転

気仙沼市唐桑町只越地区では、集団移転における住民の意見集約の受け皿として只越地区復興協議会（以下、「協議会」）が設立されたものの、その進め方に困り、協議会の会長が阪神・淡路大震災の「経験者」に支援要請を行った。かかる支援要請を受けたのが、野崎隆一建築士が代表を務める特定非営利活動法人神戸まちづくり研究所（以下、「野崎チーム」）である。筆者は、仙台弁護士会所属の宇都彰浩弁護士とともに、野崎チームによる被災者支援の現場をともにする機会を得た。

只越地区の住民協議

野崎チームでは、協議会での議論を活性化させるために様々な工夫をした。具体的な議題を事前に明示し、参加者が各々考えた状況で議論に参加できる状態を整え、協議会当日には各参加者に発言を促す議事進行をサポートし（進行の主体は協議会の会長であり、野崎チームは黒子に徹していた）、参加者の発言内容を黒板に掲載して、これを議事録としてまとめ、協議会に参加できなかった住民にも配布して、住民全体で情報を共有できるようにした（写真①②）。

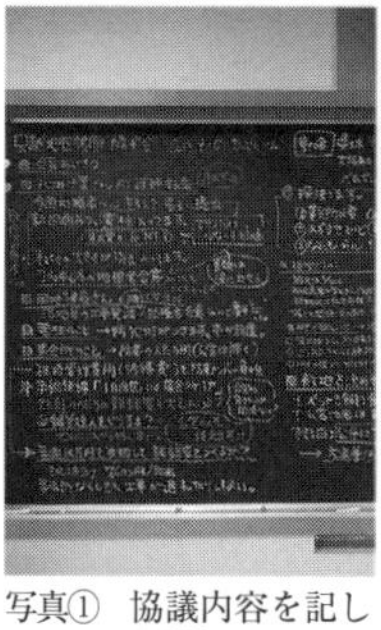
写真①　協議内容を記した黒板

写真②　車座で進行する住民協議

筆者が特にターニングポイントになったと感じたのは、2012年5月に3日間にわたって実施した世帯ごとの個別ヒアリングである。個別ヒアリングでは、建築士、弁護士のペアが、世帯ごとに、住まいの再建方針についてヒアリングを行った。（写真③）。

防災集団移転促進事業（以下、「防集」という）による新居建設をするか、災害公営住宅に入居をするか判断するためには、被災者の世帯構成や経済状況に応じた「オーダーメイドの情報」が必要となる。個別ヒアリング

写真③　専門家による個別面談

ではその被災者にマッチする支援制度を横断的に情報提供し、使える支援制度を最大限活用した。筆者が把握する限り、只越地区住民に、支援制度の申請漏れは生じなかった。

　また、家庭内の意向も多様であることから、野崎チームでは、可能な限り家族全員での参加を促した。こうして行われた専門家による個別ヒアリングは、闊達な家族会議の様相を呈した。

　個別ヒアリングでは、夫婦間で希望が分かれていた事例や、息子世帯とのすり合わせも必要となった事例（特に、親子ローンの利用を検討する際には必須である）が相当数あった。

　しかし、専門家による客観的な情報提供によって課題が整理される中で、それぞれの家族の決断が導き出されていった。そして、このようにして決まった再建方針は、その後、揺らぐことはなかった。こうして、各世帯の住まいの再建方針がほぼ同時期に確固たるものになったことで、只越地区における事業の全体像が確定した。すなわち、防集や災害公営住宅の世帯数が確定し、これに基づいて復興計画が策定され、各事業が展開されることになった。

住民協議がもつ意義

　復興計画が策定され、地域で検討すべき課題が具体化する中で、協議会は、更に活況を呈した。公共事業の性質上、個別の住民からの要望に対して、行政は一律の対応にならざるを得ない。しかし、協議会での議論を経たニーズは、「地域としての要請」となることから、行政としても柔軟なニーズ対応が可能になった。

　一例として、災害公営住宅の屋外に魚を捌くスペースを設けて欲しいという要望が住民から出され（漁師町ゆえ、魚を捌くことは毎日の営みである）、協議会で賛同が得られると、行政がかかるニーズを受け止め、実現に至った事例があった。

　また、復興事業では様々な事業が並行して進むため、これらの事業を横断的にキャッチアップすることは難しくなる。そこで、野崎チームは、宮城県の土木職員や土木コンサルタントの担当者にも協議会への参加を要請し、各事業の説明がなされた。かかる説明会で住民から寄せられた希望は、各事業の軌道修正をする契機ともなった。また、別事業であるところの防集と災害公営住宅の整備状況も、協議会で随時すり合わせながら「まちの形」が決まっていった。まさに住民意向に立脚した事業展開がなされていった。

　こういった活発な意見交換の一つの到達点が、宅地区画のマッチングである。

　防集の宅地区画の割り当てについて、当初はくじ引きで決めることも検討されたが、住民の意向により、オープンな住民間の話合いによって区画を決めることができた。これは、震災前からの人間関係のベースがあったことはもとより、「同じタイミングで、同じ情報を共有し、同じ議題を話せる環境」が整っていたことや、自分たちの要望が事業に反映されていく手応えを実感していたことが大きい。

　突然の災害で、住民の意向を取りまとめることには、多くの困難が伴う。しかし、只越地区では、正しい情報が、継続的に、そして、タイムリーに（同時に）共有されることで、「住民合意」の素地が整い、そのようにしてなされた住民合意をベースに、行政と被災者のキャッチボールが促進され、住民意向に立脚した集団移転が実現された。

　住民合意の主体は当然のことながら住民である。専門家が「触媒」となり、合意形成が促進された事例があったことをここに記したい。

（小野寺宏一）

2 復興まちづくり・基盤整備

石巻市のまちなか再生の現状と課題

2－⑧

石巻市中心市街地

石巻は、江戸時代に北上川水運の拠点的川湊として発展してきた。その後、昭和に至るまでは漁業を主要産業とする港町として栄えてきた。しかし、その漁業の停滞や郊外店の進出に伴う小売業の減退に伴い、平成に入ると他の中心市街地同様、衰退傾向が見られるようになっていた。いや、衰退していた。

そのような状況下で２０１１年３月を迎えていた。あの日、中心市街地も流れ込んだ津波により、大きな被害を受けた。

では、その後の復興により、石巻中心市街地はどのように変わり、また変わらなかったのか。以下では、都市計画的論点に絞って述べていくこととする。

人口・住宅整備

中心市街地の人口は被災前から減少傾向を示しており、被災前の２００６年に３３４８人だったのが被災時の２０１１年には２８８８人と、５年間で10％以上も減少していた。

震災を受けて、市も地元も、歩いて暮らせるコンパクトなまちづくりを目指して、中心市街地の居住人口を増加させることを意図して、災害公営住宅の建設や再開発事業等に伴う住宅供給が行われた。その効果もあり、実は２０１６年には３０６８人と、震災前より人口が増加した。ただしその後は、世帯数は堅調に推移しているものの、人口は再び微減傾向にあり、２０２２年には２７８１人となっている。また質的に、居住者コミュニティの形成、中心市街地全体としての暮らしやすいまちづくりの継続的実施も、今後の課題である。

かわまちエリアの整備

旧北上川沿いには、津波・高潮から市街地を守るための堤防、商業施設「いしのまき元気いちば」、交流センター「かわべい」、広場などが一体的に整備された。その計画は、河川、道路、都市等の部局を横断して、さらには民間事業者の意見も踏まえて、策定された。すなわち、土木・建築・都市計画の枠組みを超えたという意味、またハードとソフトが連携しながらという意味の、二重の意味において一体的計画に基づく整備であった。それにより、通常であれば川と街を分断する堤防であるが、それを逆に活用して、旧北上川という地域資源をこれまでになかった方法で活かした魅力的な空間の創出につながったといえよう（写真）。今後は、この空間をどのように使いこなし、さらには周辺への波及効果を生み出すことで街の活性化にどのようにつなげるのかが課題である。

駅前拠点整備

駅前には震災前からデパートの空き店舗を改修した市役所が立地していた。震災を機に、それに加えて「石巻市立病院」や地域包括ケアの拠点施設である「ささえあいセンター」などが新たに立地した。教科書的には公共施設の公共交通結節点である中心部への集約化が進み、コンパクトなまちづくりが進められていると言えるだろう。ただ、具体的な効果検証とそれに基づく新たな一手までは打たれていない。例えば、公共交通での来院者の割合、周辺商業施設・商店街への波及効果などについては、今後の検証と改善が必要であろう。

（写真）石巻かわまちエリア：防潮堤と一体整備されたペデストリアンウェイの佇まい。

土地利用

中心市街地において目立つのが、空き地や平面駐車場である。地方都市において平面駐車場を「低未利用地」と言えるのかは微妙なところではあるが、それが中心市街地のかなりの部分を占めているとなると、やはり有効活用とは言い難いだろう。特に、石巻市中心市街地は、すべての建物が流出したわけではなく、流出・解体撤去された建物と残された建物が入り混じった状況にある。そのため、商業施設の集約化が難しく、低未利用地が散在する結果となっている。もちろん、この中には被災前から空き地・空き家となっていた（潜在的）低未利用地も含まれているだろう。

空き地となっている理由としては、土地の権利関係の複雑さ、地権者のまちづくりに対する興味関心や情報収集力の低さ、敷地面積や接道条件等の土地の条件の悪さなどが指摘されている（文献2）。それらに加えて、需要の低さも原因だろう。暫定的利用を含めた土地の活用を進めていく主体や産業をいかに育てていくか――ここにおいては土地の利活用はあくまで「結果」であるが――、これが課題として残されている。

エリアマネジメント

石巻市にはまちづくり会社「街づくりまんぼう」が震災前から設立されており、特に震災後は復興のプロセスを通じて積極的に中心市街地のまちづくりに関与するようになった。中心市街地の復興ビジョンの策定、各種イベントの実施、空き地の暫定的利活用プロジェクトの実施、かわまちエリアの利活用プロジェクトの実施など、各種計画からその実現まで、震災前よりも幅広い活動を行っている。個店の魅力向上が重要であることは言うまでもないが、それに加えて戦略的に街の長所を活かすようなソフトを有する施設整備を行うことで、商業施設のみに留まらない「街」としての魅力を創出し、外部に対して発信していくことも重要である。

（姥浦道生）

〈参考文献〉

1　苅谷智大他（2022）「東日本大震災後の中心市街地の低未利用地の集客企画の実施状況に着目した暫定活用に関する一考察」都市計画論文集、57（3）、pp・1409―1416。
2　桝山和哉他（2016）「被災中心市街地における被災後の土地の利活用実態と地権者意向に関する研究」都市計画論文集、51（3）、pp・431―437。

2　復興まちづくり・基盤整備

過大な被害額推計がもたらしたもの

2－⑨

宮城県の震災被害額推計は妥当だったか？

宮城県は震災による被害額を9兆968億円と発表している（表1）。一方、内閣府は11年3月と6月に被害額を推計したが、11年6月の内閣府（防災担当）推計時には県別の被害額も算出し、宮城県は6・6兆円と推計されていた。

内閣府の推計値も、「著しく過大」という指摘があるが、宮城県のそれは内閣府推計をも大きく上回る。それは比重の高い「建物等、ライフライン施設、社会基盤施設」分野の被害額の影響による。建物等を例にとると、内閣府は4兆5千億円だが、宮城県は6兆1千億円と1・6兆円も多い。

東日本大震災の復興予算は予算策定のかなり早い段階から、政策担当者の間では、ストック被害額の推計が復興予算規模を決定する上での重要な目安と考えられていた（注1）。この復興予算編成の相場感は宮城県も十二分に承知していたであろう。被害額がほぼ復興予算というロジックから、被害額の多寡が復興予算配分の重要要素ならば、被害額を大きく表すというインセンティブが働く。宮城県の推計は被害の実相を反映した妥当なものだったのだろうか？

建物被害からみた宮城県の推計

宮城県の住宅被害推計を詳しく見てみよう。

宮城県は仙台市を含む県全体の住宅被害棟数（全半壊）を23万8千棟、被害額を5兆1千億円と推計している。仙台市はその内数として被害棟数14万棟、被害額6086億円としている。

しかし、仙台市の住宅被害棟数の全県構成比は59％であるにもかかわらず被害額の構成比は

表1　資本ストック別被害推計

		全国被害推計（内閣府）			宮城県被害推計	
		2011年3月		2011年6月	内閣府	宮城県
		経済財政分析担当		防災担当推計	2011年6月	2020年9月
		ケース1	ケース2			
建築物等	住宅・宅地、店舗・事務所、工場、機械等	約11兆円	約20兆円	約10兆4千億円	約4兆5376億円	約6兆906億円
ライフライン	水道、ガス、電気、通信、放送施設	約1兆円	約1兆円	約1兆3千億円	約641億円	約2394億円
社会基盤施設	河川、道路、港湾、下水道、空港等	約2兆円	約2兆円	約2兆2千億円	約4807億円	約1兆1284億円
その他	農林水産	約2兆円	約2兆円	約1兆9千億円	約1兆1468億円	約1兆2952億円
その他	その他			約1兆1千億円	約3562億円	約3432億円
総計		約16兆円	約25兆円	約16兆9千億円	約6兆5856億円	約9兆968億円

（出所）内閣府数値は内閣府HP、宮城県数値は宮城県土木部「復興まちづくりの検証」（2022年3月）

14%に過ぎない。構成比からみたとき、仙台市の被害額が過小なのか、宮城県が過大なのか。被害1棟当たり（全半壊）の被害額をみると仙台市は435万円、宮城県は4560万円と10倍以上もの差がある。あり得ないのではないか。

仙台市の被害額推計が妥当なものと仮定して、仙台市の全半壊棟数全県構成比率で仙台市被害額を割れば、仙台市推計ベースの宮城県被害額をシミュレーションができる。その結果は宮城県全体の被害額は約1兆315億円となる。

一方、齊藤は「復興支援調査アーカイブ」のGISデータを用い、経年変化による建物価値が20年で半減するとみなして、建物被害規模を推計した。GISデータが被害棟数の79・6%を網羅しているので、それを調整した結果の被害額推計は表3の通りである。すなわち宮城県の建物被害総額を2兆5540億円、そのうち住宅は1兆4810億円と推計している。先に見た仙台市推計ベースのシミュレーション結果も齊藤による推計も宮城県推計の20%から30%で、県推計が過大との指摘を裏付けている。

表2　宮城県の住宅被害状況

自治体	被害額（億円）	構成比	全壊	構成比	半壊	構成比	全半壊計	構成比	一部損壊	総計	構成比
仙台市	6,086	14%	30,034	36%	109,609	71%	139,643	59%	116,046	255,689	55%
宮城県（除仙台市）	44,914	88%	52,971	64%	45,521	29%	98,492	41%	108,156	206,648	45%
宮城県計	51,000	—	83,005		155,130		238,135	—	224,202	462,337	—

（出所）宮城県及び仙台市の発表をもとに筆者作成

表3　経年劣化よる建物価値半減期を20年とした損害規模想定（宮城県）

津波被災地建物被害額	復興調査カバレッジ	調整済津波建物被災額（10億円）			
（10億円）	（網羅度合）		住宅	非住宅	不明
2,033	79.6%	2,554	1,481	985	88

（出典）齊藤誠『震災復興の政治経済学』（日本評論社、2015年）。「住宅」「非住宅」「不明」の数値は、齋藤の調査割合により、筆者が按分した。

過大な被害額推計の帰結

こうした過大な被害想定は、身の丈に合わない過剰な復興投資とそれに伴う後年度負担の増加をもたらした。

震災から12年後の沿岸部被災地を歩けば、地元が持て余すほどのインフラが嫌でも目に付く。刑務所の塀のような巨大防潮堤（全国：投資額1兆3401億円）、未活用率52%の大規模嵩上げ土地区画整理事業（気仙沼市：同708億円）、人口減少にさらされる防災集団移転団地（石巻市：同956億円）…。

「『壊れたら、直ちに元に戻す』という長年の経験でインフラ復旧に乗り出した。ただ、人口減少下で元に戻すことを急いだら、結果的に過大なものができてしまう。その哲学を変える必要があった」（21／3／9日経）と元復興庁事務次官の岡本全勝氏が語っている。「まちづくりの議論をする前に防潮堤の工事（準備）は既に進んでいた」という。過大な被害推計に基づいて、被害額がほぼ復興予算というロジックがいち早く基盤化され、巨額の資金を投入した身の丈に合わないインフラが次々と作られていった。そこには復興の中で住民が思い描くまちづくりなど入り込む余地は最初からなかった。

整備された公共施設やインフラの今後40年間の改修に、仙台市は2767億円、石巻市は1068億円かかると推計されている（注2）。既存施設維持費用を加算すれば東松島市はほぼ倍に、山元町・気仙沼市は1・5倍前後、石巻市は1・3倍に増える計算だ。人口減少が進み財政規模縮小に直面する被災自治体はこうした負担増に耐えられるのであろうか。

（小川静治）

〈注〉

1　齊藤誠『震災復興の政治経済学』（日本評論社、2015年）。

2　NHKニュース2021年3月9日。

2　復興まちづくり・基盤整備

大船渡駅周辺地区における復興まちづくり事業とソフト戦略の連携

2－⑩

東日本大震災後の被災市街地復興でも土地区画整理事業が主役だった。しかし結果は、被災地復興という目的からは逸脱した開発型の事業が多くを占めている。さらに事業が大規模化し、未活用地が広がっている。

ところがここで紹介する大船渡駅周辺地区の土地区画整理事業で注目されるのは、同事業の特徴である事業前の宅地を事業後の場所に移し替える手法である換地を被災者の生活再建ニーズと中心市街地の再生に結びつけながら、津波防災拠点整備事業（上物の整備支援もある）と一体となって行ったということである。

ソフト事業との連携を図る復興まちづくり事業

当地区は被災前から商業と住宅が集積する大船渡市の中心市街地だった。津波被災により壊滅的な被害を受けたが、ＪＲ大船渡線の山（西）側を住宅地としてＬ１津波に対応する嵩上げを行い、海（東）側を商業業務地区として再編整備を行った。全体の整備を土地区画整理事業で行い、商業業務エリア形成のために津波復興拠点整備事業を導入した。

商業業務エリアの市の期限付き貸地には、借地人の自己用店舗と（株）キャッセン大船渡（都市再生推進法人）による施設（賃貸店舗）があり、また「おおふなぽーと」（大船渡市防災観光交流センター。津波避難ビルにもなっている）が情報発信・交流の場になっている。

特に、ハードの復興まちづくり（土地区画整理事業、津波復興拠点整備事業）の連携と被災者（権利者等）の再建意向とのマッチングのプロセスが優れている。図１の二回目の土地利用に関するアンケート調査（Ｂ）では被災者の土地利用や住宅再建方法など把握し、都市計画決定に反映させ、換地申出（Ｃ）によって津波復興拠点区域を拡大した。

図１　大船渡駅周辺地区の意向調査の時期

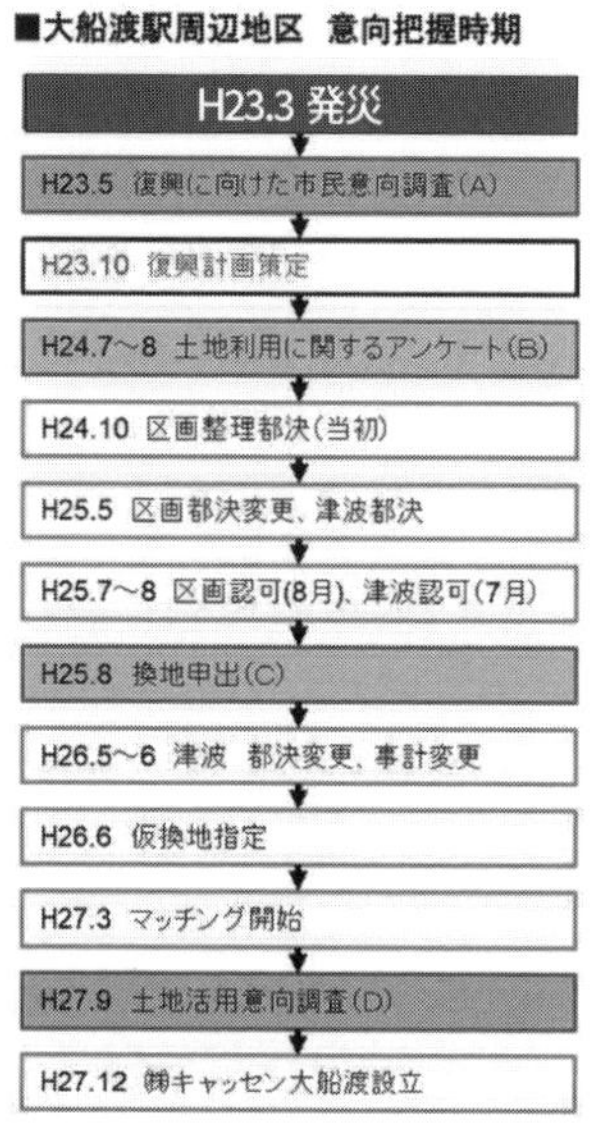

（出所）「東日本大震災による津波被害からの市街地復興事業検証委員会とりまとめ」国交省 2021 年 3 月 31 日 P39

換地申出（C）の区分は「住宅再建用地」（海側から山側への移転）、「津波復興拠点区域」（土地の買取希望。土地区画整理事業の保留地）、「大規模商業用地」（大規模店舗の立地誘導）、「個別店舗用地」（集約による賑わい）とした。二つの事業の連携のプロセスを示したのが図２である。

主体的なエリアマネージメントの推進

エリアマネージメントの主体である（株）キャッセン大船渡は、従来の第三セクターや公設民営施設のような公共依存型の施設整備・運営ではなく、市の出資率も24・9％に抑え、市への地代も自らの事業資金確保と借地人の地代軽減を図るため固定資産税相当額としている（注1、図3）。

このような背景には、地区懇談会の積み上げによる復興計画策定と身の丈の復興まちづくり事業をという目標・コンセンサスがあった。さらに市は流失を免れたホテルの営業再開にも配慮し、建築基準法第84条、同特例法、被災市街地復興推進地域に至る一連の建築制限を一切行わなかった。合わせて、被災事業者の産業用仮設から本設への移転と工事（海側から）の調整もスムーズに行われた（注2）。

これらの結果は、復興まちづくり事業評価のポイントとなる地区内のビルトアップ率にも示され、「未利用地15％」（２０２０年12月実施視察調査における戸田公明大船渡市長（当時）コメント）は驚異的な結果である。

＊

なお、申出換地については、当地区の他、陸前高田市高田地区や南三陸町志津川地区、女川町中心部などでも行われている。しかし、いずれの地区も、対象地区被災者全体の意向の反映やソフト戦略との連携が十分とは言えず、女川町中心部の場合も事業者の集約という限定された取り組みに止まっている。

（阿部重憲）

〈注〉

1　臂徹「小都市で求められるエリアマネージメントとは」（『造景２０２１特集　東日本大震災「復興10年」を検証する』建築資料研究社）

2　益邑明伸・窪田亜矢「東日本大震災津波被災市街地の再整備と被災事業者の動向に関する研究」（『都市計画論文集』Vol・53、№３、２０１８年10月）

図２　同地区の復興まちづくり事業計画の経緯

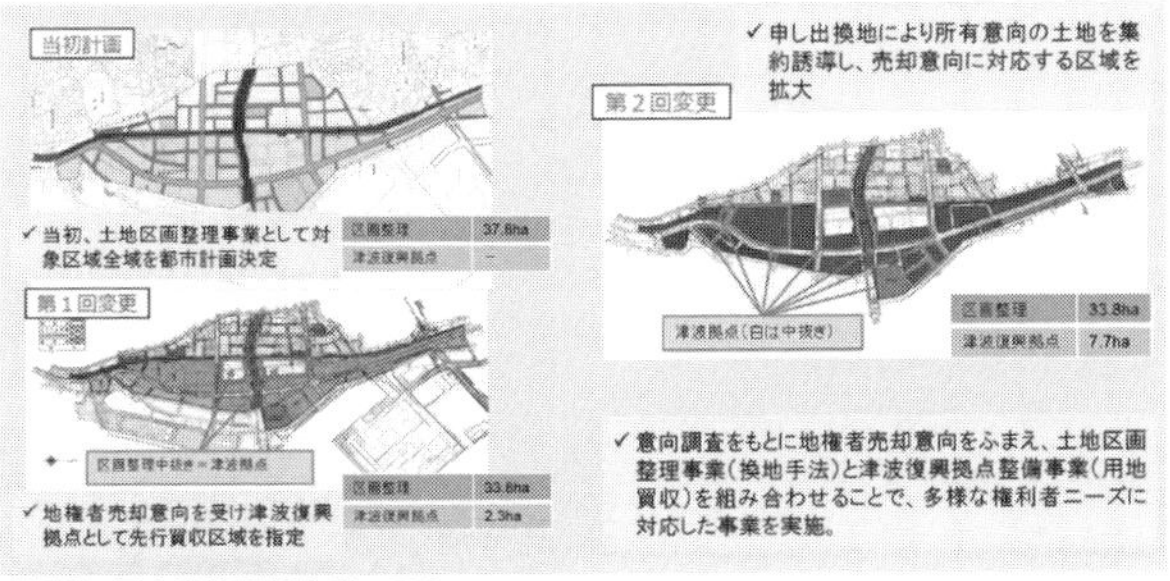

（出所）国交省前掲報告書、P38

図３　エリマネ（エリアマネージメント）分担金の仕組み

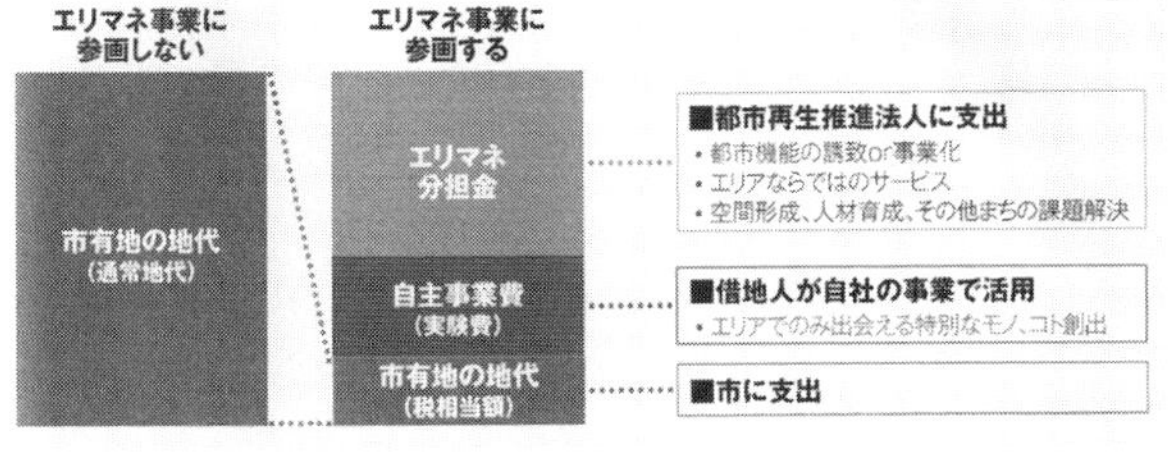

（出所）『造景 2021 特集　東日本大震災「復興 10 年」を検証する』建築資料研究社、P86

2　復興まちづくり・基盤整備

中心市街地の早期再建を果たした釜石市の復興まちづくり

2－⑪

釜石市では、被災した中心市街地の再建に当たって、地盤の嵩上げや区画整理を行わずに、拠点となるコミュニティ施設の整備、大型商業施設の誘致と共同店舗の整備、災害公営住宅の建設などを、短期間で計画的に実現してきた。また、ハードの復興事業だけでなく、まちづくり会社を通じた中心市街地のエリアマネジメントを活発に展開しており、復興まちづくりの好事例となっている。

釜石市の中心市街地の復興まちづくりの特徴は、以下のようにまとめられる。

(1) 嵩上げ・区画整理なしに中心市街地を再建

釜石市では、中心市街地の早期再建を図るため、既成市街地の区画割を残したまま、各種の整備を進めた。その結果、他の被災市町村に比べていち早い再建を果たしている。ただし、それが可能であったのは、市街地の被災の程度が相対的に小さかったためでもある。同様の手法は、岩手県沿岸北部の久慈市、宮古市（中心部）、沿岸南部の大船渡市盛地区、宮城県石巻市、福島県新地町などでも見られる。これに対して、大槌町や陸前高田市のように、市街地が津波によって壊滅し、再び大津波が予想される自治体では、地盤の嵩上げ・区画整理が採用されている。

(2) 中心市街地の早期再建を最優先の復興施策の一つと位置づけ、計画的に推進

釜石市は、市の中心部である釜石東部地区において、フロントプロジェクトと称する一連の拠点整備事業を実施してきた。フロントプロジェクト1が「商業とにぎわいの拠点」、2が「行政機能の再配置」、3が「魚河岸地区のにぎわい再生」である。表1は、フロントプロジェクト1に関わる主要な出来事をまとめたものである。

２０１１年12月に策定された釜石市復興まちづくり計画において、「中心市街地東部地区における、例えば新日本製鐵釜石製鐵所の「中番庫」（注１）の活用も含めた新たな商業拠点空間づくりの検討」が明記されたのを皮切りに、大型商業施設の誘致（後述）、地域の合意形成（釜石市中心市街地釜石東部地区商業推進協議会設置や釜石東部地区フロントプロジェクト１に関するワークショップ等）、そして国の制度の活用（「復興推進計画」等による土地利用の規制緩和や財源の確保）が計画的に推進されてきた。これらはすべて発災から3年目の２０１３年度末までに完了しており、そのスピード感は他の被災市町村にはないものである（注２）。

(3) 大型商業施設の誘致

中心市街地再建の目玉の一つ

表１　釜石東部地区の市街地再建に関わる主要な出来事

2011年（平成23）	12月	復興基本計画に「中番庫を含む新たな商業拠点空間づくり」明記
2012年（平成24）	3月	大型商業施設の立地に向けた協議開始を発表
	5月	釜石市中心市街地釜石東部地区商業推進協議会 設置
	7月	釜石東部地区再生拠点整備事業が国土交通省「震災復興官民連携事業」に採択
	8月	用途制限緩和に係る復興推進計画認定
2013年（平成25）	3月	イオンタウン㈱と「大規模商業施設の立地及び地域貢献に関する協定書」締結
	3月	釜石市釜石東部地区商業特区に係る復興推進計画認定（※１）
	3月	釜石東部地区新商業拠点整備基本構想策定（※２）
	7月	釜石東部地区フロントプロジェクト１に関するワークショップ（全３回）
	10月	「釜石市民ホール（仮称）及び釜石情報交流センター（仮称）基本構想・基本計画」策定
	11月	釜石まちづくり株式会社 設立
	11月	オランダ大使館・釜石市「釜石スマートミッフィーカフェ」の開設について発表
2014年（平成26）	2月	イオンタウン㈱、イオンスーパーセンター㈱、釜石市とで「大規模災害時における支援に関する協定」締結
	3月	（仮称）大町広場共同店舗が「中小企業等復旧・復興支援事業」に採択
	3月	釜石大町駐車場供用開始
	3月	イオンタウン釜石オープン
	3月	フロントプロジェクト１基本計画 策定

（出所）釜石東部地区津波復興拠点整備事業フロントプロジェクト１基本計画（平成26年3月）を筆者が一部改変。

※１東日本大震災復興特別区域法（復興特区法）に基づき、釜石東部地区の指定区域内で復興に寄与する事業を行う場合、国税や地方税の優遇等、税制上の特別措置を受けられるもので、約300事業所が対象となる。

※２平成24年度国土交通省「官民連携支援事業」の採択を受け、公共公益施設の再配置やにぎわい創出に向けた回遊性の確保等、新たな商業拠点空間形成に向けた検討を行ったもの。

は大型商業施設イオンの誘致であった。釜石市には震災前からイオンの提携会社であるサンデー（ホームセンター）が営業しており、サンデーを通じて釜石市側からイオンに進出を打診したとされる（注３）。その実現を可能としたのが、旧新日鉄釜石の広大な工場跡地（中番庫）が取得できたことであった。この場所は釜石市の中心商店街である大町商店街のほぼ中央にあり、このような位置に広大な商業用地を確保できたのは釜石ならではのことである。

(4) エリアマネジメントを担当するまちづくり会社を設立し、良好に運営

フロントプロジェクト１では、大型商業施設の他に、市民ホール、情報交流センター、市民広場、および共同店舗が計画され、２０１５年から２０１７年にかけて供用が開始されている。これらの施設を管理運営するのが釜石まちづくり会社（フェリアス釜石／２０１３年11月1日設立）であり、①新商業拠点区域（釜石市東部地区大町周辺）のエリアマネジメント、②同区域内施設の維持管理・運営（指定管理）、③同区域内におけるイベント開催等、活発な事業を展開している。ちなみに、情報交流センター内には、オランダ王国大使館及び（株）ディック・ブルーナ・ジャパンの協力の下に実現した「ミッフィーカフェかまいし」が入居している。なお、まちづくり会社の安定的な財源になっているのが、同区域内に建設された大型立体駐車場（釜石大町駐車場）の指定管理である。

（広田純一）

〈注〉

1　中番庫とは、釜石港公共ふ頭に隣接、東部地区の中心部に位置し、三角形の形状をした面積約15ヘクタールの民有地で、かつては製鉄事業の貯炭場、貯鉱場として利用されていた。

2　吉野英岐（２０１９）「岩手県釜石市の復興政策の特徴と過程」（科研費基盤(A)19H00613『２０１９年度報告書 現地調査グループ』、1—16）。

3　岩動志乃夫（２０１５）「イオンタウン釜石の開業に伴う釜石市中心商業地の動向と地元資本店の対応—東日本大震災後の中央大手資本店主導による商業地の再構築—」（『日本地理学会発表要旨集』２０１５、１３０—１３１）。

2 復興まちづくり・基盤整備

陸前高田市

強いられたゼロからの再出発

2－⑫

東日本大震災の巨大津波で市街地の大半が流失した陸前高田市では、ゼロから市街地の再建に取り組むことを余儀なくされた（表1）。震災5か月後の11年8月に開催された第1回陸前高田市震災復興計画検討委員会に早くも提示された復興計画素案では、「災害に強い安全なまち」の再建を計画目標の先頭に掲げ、基盤整備の重点目標には、被災前の主要な市街地であった高田、今泉両地区において、高台の造成と低地部の嵩上げを含む大規模な土地区画整理事業により、新市街地を再建することが謳われていた。部内検討の段階で、安全を最優先に嵩上げによる中心市街地の再建が構想されていたことになり、被害の深刻さが復興計画に与えた影響を垣間見ることができる。素案に盛られた骨格は、同年12月に決定された復興計画に踏襲された（表2）。

表1　陸前高田市の被災概要

最大震度		震度6弱
津波の高さ	最大高さ	T.P.+17.6m
浸水面積		13㎢
人的被害※1	死者	1,606人
	行方不明者	202人
	（震災時※2人口	24,246人）
住家被害※3	被災世帯数	4,041世帯
	（震災時※2世帯数	8,069世帯）

※1 2020年2月29日
※2 2011年2月28日
※3 2014年6月30日、全半壊

（出所）陸前高田市調べ。

未曾有の嵩上げ区画整理

高田、今泉両地区で施行された被災市街地復興土地区画整理事業（復興交付金事業：D—17）の概要を図1に示す。

2地区合計約300ヘクタール、高台造成105ヘクタール、嵩上げ造成125ヘクタール、区画整理本体のみで1600億円超、実質8年余（清算期間を除く）を要した。公共用地が皆無と言ってよい山林を広範囲に含む事業区域が設定されたため、高田地区で36・7％、今泉地区ではなんと57・4％という異例の平均減歩率となった。

事業を担ったのはUR都市機構で、嵩上げに必要な盛り土は1200万㎥に及ぶ。今泉地区の山地から切り出した900万㎥のうち500万㎥を気仙川を跨いだベルトコンベアで搬送する壮大な工事となり、事業費が膨らんだのも当然である。

事業遂行と震災特例

これだけの規模の嵩上げ工事は、D—17の補助対象に嵩上げ工事費用（津波防災整地費）が

表2　復興まちづくりの目標 2 快適で魅力あるまち（抄）

（基本方向）	（重点目標）
防潮堤等の海岸保全施設や幹線道路、避難道路の整備を促進し、防災性や利便性を考慮した土地利用の創出（以下略）	○高田地区を中心とする新しい市街地は、東日本大震災の津波による浸水を免れるよう高さを確保し、低地部の嵩上げ等を行ったうえで、公共・公益施設、商業ゾーン、住宅街を配置、再開発します。 ○今泉地区は、東日本大震災の津波による浸水を免れるよう高さを確保し、低地部の嵩上げ、また西側丘陵部の開発により、歴史的な建物等の復元に配慮しながら歴史を受け継ぐ新しいまちを再生します。 （以下略）

（出所）陸前高田市震災復興計画

認められたことで可能になった。市は、事業化後に任意買収することを前提に、高田地区で2か所（高田地区・高台2及び3）計14ヘクタール、今泉地区で1か所（今泉地区・高台5、6、7を含む一帯）42ヘクタールを先行して事業を実施し、切土による造成で高台住宅地を整備しつつ膨大な嵩上げ用盛り土の確保を図った（注1）。

見えない全貌

今述べた巨大区画整理事業は、平時に施行される通常の土地区画整理事業とは異なり、道路、公園などの公共施設の整備に留まらず、市街地復興のための居住基盤と産業基盤の整備を同時に達成することが必要とされた。そのため、津波復興拠点整備事業、防災集団移転促進事業、災害公営住宅整備事業等と一体的に施行されることになった。それらの事業のために、移転元地や換地後の宅地の買取りが行われているはずであるが、その費用は区画整理の事業費収支には計上されない。上記3事業は復興交付金事業なので、進捗状況報告書から個別に拾い出して積み上げればある程度は全体像に迫ることもできようが、市費で任意買収し復興交付金で補填できなかった部分まで完全に捕捉するのは困難である。

一方、市の努力にもかかわらず、嵩上げ市街地には依然として空地が目立つ。時間の経過とともに不等沈下などの問題が発生することも完全には防ぐことができないだろう。区画整理だけで、被災前の市の財政規模（100〜120億円）の十数倍の大事業であるが、その正確な評価に至るにはまだまだ追跡検証が必要だ。事業を直接担ったものでなければ知りえない情報や資料もすべて表に出して、地道に検証が重ねられることを期待したい。

（遠州尋美）

図1　陸前高田市の巨大嵩上げ土地区画整理事業

【事業概要】	高田地区被災市街地復興土地区画整理事業			今泉地区被災市街地復興土地区画整理事業		
施行面積	約186.1ha			約112.4ha		
	高台部 45.0ha	嵩上げ部 87.1ha	平地部 54.0ha	高台部 60.1ha	嵩上げ部 38.2ha	平地部 14.1ha
計画人口	約1,560戸/4,300人			約560戸/1,600人		
平均減歩率	36.7%			57.3%		
事業費	756.8億円			877.7億円		
施行期間	2012年度〜2025年度（清算期間として5年を見込む）					

【換地設計の考え方】

1）防災集団移転促進事業による市買収地を平地部に集約
2）津波復興拠点整備事業による市買収地を嵩上げ部の津波復興拠点に集約（高田地区の場合）
3）希望者を高台住宅地に換地
4）高台は1権利者あたり叢大330㎡（100坪）までの換地とし、残りは嵩上げ部に換地
5）小規模宅地（換地地積の合計が330㎡未満）所有者のうち希望者に緩和

（出所）『陸前高田市高田地区・今泉地区復興まちづくり事業のあゆみ』（2022年3月）他により、筆者作成

〈注〉

1　緊急防災空地整備事業により復興交付金による買取りも可能であったと思われるが、筆者が確認したところ、陸前高田市では、市費による任意買収で対応したという。

3 住まい、暮らし、コミュニティ再建支援

被災者生活再建支援制度の抜本的拡充を

3－①

阪神・淡路大震災の被災地を中心とした被災者生活再建制度（以下「支援制度」）の制定を求める国民的大運動を背景に、被災者生活再建支援法（以下「支援法」）が1998年制定された。その後、2004年、2007年の制度拡充を経て、東日本大震災において同法は被災地の復旧復興の役割をになった。

東日本大震災における支援制度の運用

東日本大震災における支援金は、11都県20万5363世帯に3804億1900万円が支給された。宮城県だけでみると、基礎支援金、加算支援金合わせて2189億円が支給決定された。支給内訳ごとの世帯数は図1の通りである。

宮城県内の支援金を活用した住宅再建では、「補修」が最も多い33％（基礎支援金交付世帯数比）となっている。また民間賃貸住宅への入居が14％と災害公営住宅入居の12％を上回る。仙台市を中心とする仙台圏の内陸部に賃貸物件が多く、それらが『みなし仮設住宅』に認められ、継続して住んだ世帯が多い」（『河北新報』2020／4／14）ことが要因として考えられる。宮城県の全半壊棟数は23万8千棟だったから、その40％以上の約10万世帯の住宅再建を支援制度がバックアップした意味は小さくない。しかし、問題点も改めて露呈した。

①半壊世帯への支援不十分なまま

第一に支援対象範囲の問題。石巻市での震災による住宅被害は、震災時総住宅棟数7万4031棟の77％にあたる5万6708世帯（棟）が一部損壊から全壊まで何らかの被害を受けた。しかし、国の支援制度と市独自支援制度を活用できた世帯は2万3408世帯（棟）と被害を受けた世帯（棟）の40％程度しか支援対象とならなかった。その結果、特に半壊以下の被災者への支援がない、あるいは不十分なまま取り残され、「在宅被災者」を生む要因の一つとなった。

2020年12月に支援法が改正され、「半壊」のうち「中規模半壊」まで支給対象範囲が拡大した。しかし、改正後適用第一号となった2020年7月豪雨では半壊した世帯約4千世帯中、中規模半壊で最大100万円の支給対象となったのは約3割に留まった。また朝日新聞の県知事アンケート調査（2021／2／1）によれば、支援法の支給対象について、5県知事が床上浸水まで、6県知事が準半壊まで、25県知事が半壊すべてを対象とすべきと回答している。このように改正されてもなお、現在の支援法では不

十分であり抜本的な改革が必要である。

②支援金額の不足

第二に支援金額の問題。東日本大震災からの住宅再建費用（建設・購入）は約2千3百万円～2千4百万円であった（注1）。支援金は最大300万円だが、手持ち資金が1千万円程度ないと、その後の重い借入金返済負担に苦しむことになる。また「補修」（支援金50～100万円）でも約5～6百万円かかる（注2）。圧倒的に金額が不足しているのだ。2014年6月から東北6県の生協連が呼びかけて支援金を最大500万円までの引き上げを求める「全国100万筆請願署名」に取り組み、59万5419筆を集約したが、引き上げ改正には至っていない。

図1　宮城県の被災者生活再建支援金の支給内訳
（数値は、2022年3月時点）

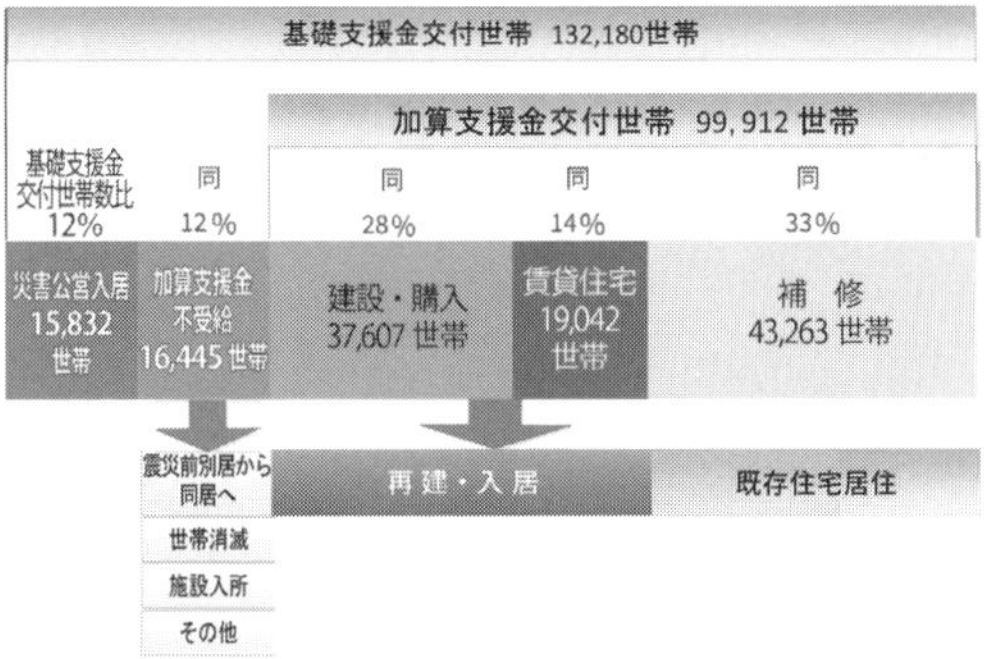

（出所）宮城県復興・危機管理総務課資料より筆者作成

「見舞金的性格」論、「公共性」論の壁

支援制度の「範囲と額」の拡充は最低限の要求であるが、その実現を阻んでいることの一つに、支援制度は「見舞金的性格」という考え方が未だ国の認識として根強くあることだ。支援金の性格について「支援金は生活の再建を『支援するもの』であり見舞金的な性格を有し、災害に対する『補償』ではなく、生活再建に要する経費の全額を賄うのもではない」とされている（注3）。

しかし、支援法制定後の改正の歴史は見舞金的性格から徐々に「補助金的」性格に変化してきた歴史でもある。現行の加算支援金に契約書が必要とされるように、単なる「お見舞い」ではなく、それを超えた（完全ではないが）補助金的性格を膨らませた。また中規模半壊への支援拡大はさらにそれを強めた。

東日本大震災では、「グループ補助金」という制度が導入された。通常の災害では企業は復旧費の直接補助等は受けられないが、「グループ化した地元企業は『地域経済の中核』で公益性があり、補助しても問題ないという理屈をつけ」（『毎日新聞』2016／3／12）て5336億円規模の施策（2020年12月）として展開され産業復旧を下支えした。それと住宅再建は同じ理屈がなりつはずだ。東日本大震災は住宅の再建が公共性を大いに有することを示した。「住宅再建への支援は、地域への定住を促し、人口流出を防ぎ、地域の活力やコミュニティを保つため不可欠な公共性のある施策である」（注4）ことを示したことが東日本大震災の大きな教訓である。支援制度の拡充は優先順位の高い不可欠な課題である。

（小川静治）

〈注〉

1　住宅金融支援機構『災害復興住宅融資状況』

2　全国知事会危機管理・防災対策特別委員会「被災者生活再建支援制度の見直し検討結果報告」2018年11月。

3　「被災者生活再建支援制度の在り方に関する実務者会議検討結果報告」2020年4月。

4　「被災者生活再建支援制度の抜本的拡充を求める請願」岩手県議会2019年3月。

3 住まい、暮らし、コミュニティ再建支援

支援格差を生む罹災判定

3－②

災害が発生すると、市町村は、被災者からの申請により、災害によって被災した住家等の被害状況を調査し、その被害の程度について証明する書面（罹災証明書）を交付しなければならない（災害対策基本法第９０条の２第１項）。

そして、その罹災判定の結果は、多くの被災者支援策の判断に利用される。例えば、被災者生活再建支援金の給付、義援金の給付、住宅金融支援機構による融資、災害援護支援貸付、税金・保険料・公共料金の減免・猶予、応急仮設住宅、住宅の応急修理などである。

罹災判定の基準・方法

災害に係る住家の被害状況は、内閣府の定める「災害に係る住家の被害認定基準運用指針」「同参考資料」等に基づいて調査、判定され、原則として、部位（基礎、柱等）別の損害割合を算出し、それらを合計して住家全体の損害割合を算出して判定される。判定の結果は、表1の通り、損害の割合に応じて、全壊、大規模半壊、中規模半壊、半壊、準半壊、一部損壊（準半壊に至らない）とされる。

表1　罹災判定と支援制度

	全壊	半壊			準半壊	一部損壊（準半壊に至らない）
		大規模半壊	中規模半壊	半壊		
住家の主要な構成要素の経済的被害の住家全体に占める損害の割合	50%以上	40%以上50%未満	30%以上40%未満	20%以上30%未満	10%以上20%未満	10%未満
仮設住宅	○	△※1	△※1	△※1	×※2	×※2
応急修理	△	○	○	○	○	×
被災者生活再建支援金	○	○※3	△※3	×※3	×	×
災害援護支援貸付	◎	○	△	△	△	△

※1 やむを得ず解体する場合には利用可能。
※2 住家被害とは別の理由で帰宅が困難な場合等には利用可能性有。
※3 やむを得ず解体する場合には全壊と同様。
（出所）関係する法令等をもとに、筆者作成

実際の被害認定工程としては、一次調査（目視により外観や浸水深により一定の基準で被害の認定をする方法）が行われ、この結果に不服がある場合には、二次調査（目視に加えて、住宅の部位ごとの損傷率を確認し、一定の基準のもとで損害割合を算定する方法）が行われる。東日本大震災などの大規模災害においては、一定の地域について、同範囲の住宅は全て全壊と認定する等、更に簡易な方法もとられた（大規模災害においては、適切な方法である）。

ただし、内水氾濫の場合、外力による建物の損傷がないとして、二次調査から行われる。そのため、浸水深が外水氾濫と同等であるのに判定結果が異なることや、床材、壁材、柱などの交換の必要が生じていても、損害割合を低く認定されることがある。

被害の実態に即さない形式的な罹災判定や認定事務の運用

は、その後の被災者の生活再建を阻害するため、大きな問題である。

応急仮設住宅の利用

被災した住宅での生活が難しい場合には、応急仮設住宅が提供されるが、基本的に全壊のみが対象となり、大規模半壊以下は対象にならない。もっとも、大規模半壊から半壊でやむを得ず解体する場合などには入居できる可能性がある。また、大規模半壊から半壊で、自宅を修理する場合、修理の工事中等に限って入居できる可能性がある。準半壊以下の場合は利用の対象外だが、住家被害とは別の理由で帰宅が困難である場合などには、入居の可能性がある。

水害の際、居住範囲の損害が酷くても、罹災判定が一部損壊となり、制度上応急仮設住宅の利用ができない例が散見される（そのため、各自治体による独自支援などが必要となる）。

応急修理

一方で、応急修理は、全壊では利用できない（ただし、全壊でも、修理すれば居住が可能である状態であれば、応急修理も利用可能となる）。

大規模半壊から半壊であれば利用可能であるが、前記のやむを得ず解体する場合には利用できない。

従前、半壊未満の場合は応急修理の対象とならなかったが、準半壊については応急修理の対象とされることとなった。一部損壊は従前通り対象とならない。

被災者生活再建支援金

被災者生活再建支援法に基づく支援金は、基礎支援金と加算支援金それぞれで取扱が異なる。

基礎支援金は、全壊の場合と半壊だが解体する場合は１００万円、大規模半壊の場合は５０万円である（単独世帯の場合は３／４。以下同じ）。

全壊、大規模半壊の場合、加算支援金として、新たな住居の新築、購入で２００万、修理で１００万、賃借で５０万が支給される。中規模半壊の場合、それぞれ半額の加算支援金が支給される。

半壊以下は、被災者生活再建支援金を受け取ることができない。

災害援護資金貸付

災害援護資金貸付は、一般的な借入と比較して、利率や返済期間などの面で被災者には利用しやすい借入であるが、罹災判定の結果により、借入可能額が異なる。

全壊と半壊だがやむを得ず解体する場合は、最大で３５０万円の借入が可能となる。半壊（大規模、中規模含む）で住宅を修理する場合は２７０万円である。

半壊以下でも、世帯主に１か月以上の負傷があれば１５０万円の借入が可能となる。

＊＊＊

以上、見てきた通り、罹災判定の結果により、得られる支援が全く異なってしまう。極端に言えば、浸水が１㎝異なるだけで、数百万円の差が生じることもある。どのような災害でも、住宅全体における損害部分の割合が計算されるため、損害の程度に比して、認定が低くなる傾向は否定できない。また、水害に関して、浸水により建物が受ける被害が、正しく判定に反映されるのかという点も疑問である。支援の必要性は、損害割合ではなく、同住居において安全で健康的な生活を送ることができるのかという視点で判断されるものであるから、罹災判定を支援の基準とする以上、判定基準も、同様の視点で行われる必要がある。

（吉江暢洋）

3　住まい、暮らし、コミュニティ再建支援

茂庭台マンション被害判定変更裁判

3－③

仙台市の職権による再判定変更

東日本大震災で太白区茂庭台にある高層マンション（14階建て118戸）の一棟において、大規模半壊であった罹災判定が、仙台市の職権による再判定で一部損壊に変更された。一回目の調査で一部損壊と判定されたが、住民はこれを不服とし区役所に再調査を申請した。その結果、大規模半壊の罹災証明書が発行された。住民は同封された生活再建支援金等のお知らせ文書をもとに支援金を受け取り、破損した住宅の修繕を行った。

ところが、その後住民が再調査を申請していないにもかかわらず市は4か月後の12月に職権と称して勝手に調査し、翌年の2月に一部損壊の罹災証明書を発行した。市の説明は、「マンションの共用部分の階段と梁の接合部分の被害をマンション本体の構造耐力上主要な部分の被害と誤認し、大規模半壊に該当する被害と誤認した」というものだ。被害判定変更に伴い、区役所が住民説明会を開き、既に減免した市税、国税、国保料、後期高齢者保険料、介護保険料、保育料の返還及び生活再建支援金の返還も求められると説明した。住民からは、「市に勧められて支援金を使い修繕したのにいまさら返せなんてひどい。納得がいかない」「梁に亀裂が入ったのに、一部損壊とはおかしい」など、疑問や怒りが噴出した。

市に判定の無効を求める要望書を提出

２０１２年5月、当事者からの申請のない調査は無効であり、調査の内容にも問題があるとして住民は当時の奥山恵美子市長に判定の無効を求める要望書を提出した。3度目の調査は無効であること、本来「柱」と同等の構造体とすべき梁の損傷を0点と査定している等を専門家の意見も添えて指摘した。住民は自分たちの責任ではないのに、税金の滞納者扱いされ、職場にまで督促の電話が入るなどの理不尽な対応について口々に訴えた。その後、市へ公開質問状を提出し、宮城県に支援金の返還を求めないよう要請したが、前向きな回答は得られなかった。

生活再建支援金の返還について、筆者が大門実紀史参院議員を通じて内閣府に確認を依頼したところ、「内閣府は行政の処分による不利益変更は慣例としてやらない。したがって、支援金も返還を求めるつもりはない。国から言いだすことはない」という回答だった。内閣府はその後、都道府県会館に対し、「支援金につき、職権により取り消して住民に返還請求することは

困難である」という内容の書面を通知した。しかし、都道府県会館の姿勢は変わらなかった。

整合性のない被害判定の取扱い

市の被害判定の取扱いも異例だった。熊本地震後、熊本市から仙台市の罹災証明書の発行に関し、「一回目の判定より二回目の判定が低くなった場合はどう取り扱うのか」と質問を受け、市は「被害判定が高い方を採用している」と答えた。茂庭台のマンションへの対応はその回答に真っ向から反している。

太白区役所は2ランクもの判定引き下げに伴う影響を考え、財政当局に対し半壊扱いにして、保育料等の独自減免を維持する措置を要望したが、認められなかった。

仙台市と都道府県会館を提訴

住民は何度も話し合いを重ねるなかで、理不尽なやり方は絶対に認められないとして、市と都道府県会館に対し訴訟を起こすことを決めた。原告団を組織し、10人の世話人を中心に弁護団との相談に精力的に取り組んだ。保育料の変換訴訟は仙台地裁で行われ、支援金の裁判は東京で行われた。どちらも、住民が涙ながらに意見陳述した。一審の東京地裁では、住民の請求は退けられたが、二審の高裁判決は「罹災証明の変更は、住民に責任があるものではない」と指摘し、支給取り消しは「生活の安定」という制度の趣旨に反する」と判断が下され、住民側の逆転勝訴となった。ところが、2021年6月4日、最高裁判所は「被害判定は一部損壊が妥当」とし、その上で、「住民が支援金を返還させられる負担感は小さくないが、やむを得ない」と述べて支援金の返還を命じる判決を下した。

住民は被害判定変更で翻弄された上、10年経って返還を求められることになった。精神的苦痛と財政的負担を強いられた住民の無念さは余りあるものだ。

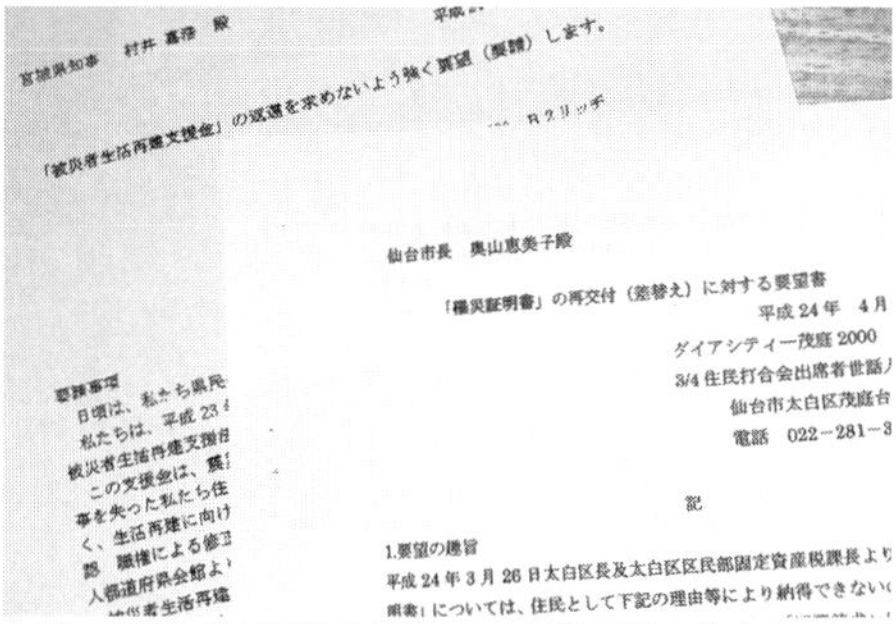
宮城県知事　村井 嘉浩 殿

「被災者生活再建支援金」の返還を求めないよう強く要望（要請）します。

仙台市長　奥山恵美子殿

「罹災証明書」の再交付（差替え）に対する要望書

平成24年　4月

ダイアシティー茂庭2000

3/4住民打合会出席者世話人

仙台市太白区茂庭台

電話　022－281－3

記

1.要望の趣旨

平成24年3月26日太白区長及太白区区民部固定資産税課長より

明書」については、住民として下記の理由等により納得できない

市宛の再判定撤回要望書と県宛の支援金返還を求めないことを求める要望書。住民の願いは県市に届くことはなかった。

生活再建支援法の趣旨に反する問題

今回のような運用が認められ、一旦受け取った支援金を返せと言われたら、怖くて支援金は使えない。これは生活再建支援法の趣旨を損ねる大問題だ。

裁判を通じて明らかになったのは、被災者である住民には何ら責任がないこと、住民からの再調査申請に基づかない今回の再々調査は、手続き上全く予定されていないこと、「梁の一部が損傷・剥落」し「大規模半壊」が相当であるということだ。仙台市の行為は被害建物の迅速な調査と生活再建につなげるという法の趣旨に反し、被災者を苦しめたことは大きな誤りであり、判定業務に汚点を残したと言わざるを得ない。

10年間に及ぶ長い闘いの中で、原告に加わった住民から、裁判で勝てる見通しがあるのかなどの意見が度々出される場面があったが、原告団の代表や世話人が「正義は自分たちの方にある。自分たちは何も悪いことをしていないのだから」と団結を貫き闘い抜いた。手弁当に近い形で最後まで力を尽くした弁護団にも敬意を表したい。

（嵯峨サダ子）

3 住まい、暮らし、コミュニティ再建支援

加算支援金申請受付打ち切りと都道府県センターの理不尽な対応

3－④

宮城県は国の被災者生活再建支援金制度の加算支援金について、2021年4月10日に申請受付を終了した。全壊あるいは大規模半壊等の被害をうけ、基礎支援金を受給したけれど、災害公営住宅にも入らず、何らかの「住まいの再建」も行っていない、最終的な未申請世帯は合計3502世帯（基礎支援金受給世帯の3・2％）となっている（表1）。

表1 加算支援金未申請世帯数

仙台市	1,784
多賀城市	84
塩竈市	12
七ヶ浜町	3
東松島市	67
石巻市	1,228
女川町	25
南三陸町	239
気仙沼市	61
宮城県計	3,502

（出所）宮城県調べ。打切時点

仙台市が19年10月に行った加算支援金未請求世帯4353世帯に行ったアンケートでは、有効回答1038世帯のうち、224世帯、21・6％が「未だ再建を実施していない、または検討中であるため、今後も支援金の案内は欲しい」というものだった。

家を直すお金がない、高齢であるなどの困難を抱えながら、声をあげられずにいる被災者をこれだけ取り残したまま、申請窓口を閉じることは本来、許されないことである。

また、加算支援金の対象外とされた災害公営住宅入居世帯も、災害公営住宅から退去した場合、新たな再建方法に応じて、加算支援金が支給される。収入超過世帯となり、「終の棲家」と思った災害公営住宅を退去している世帯も多く、そのことを知らずに、加算支援金を受け取っていない被災世帯も相当数あったはずである。加算支援金の申請期間は、4度（4年間）延長したが、こうした状況の変化も鑑み、周知しながら、本来、もっと長期間、受付すべきである。住宅支援金融機構の災害復興住宅融資制度は、特例的に現在も延長されており、（2026年3月末まで）住宅再建は「みちなかば」であることを国も認識している証しである。

「住まいの再建」を個人の問題、自己都合と突き放さずに、復興事業の最上位に位置づけることが必要である。

宮城県と都道府県センターの非情な仕打ち

20年1月末に、宮城県は、加算支援金の申請期間をさらに1年間延長することについて、総務部長名の通知を各市町村長あてに発出している。

それは、「公益財団法人都道府県センター」から「最後の延長とすることを条件として、1年間に限って認めるとの見解が示され」たので、「同センターが示した条件をご承知いただける場合は、別紙を参考の上、その旨を市町村名の公文書（公印省略不可）により下記期限ま

でにご提出くださるようお願いします。なお、期限までにご提出いただけない場合は、再延長は認められないこととなりますので、ご承知願います」という内容である。（資料）

一年延長してほしければ「今回を最後の延長とすることを承知せよ」、そうでなければ、「一年の延長すら認めない」という、いわば「念書」を「別紙」という「ひな形」までつくり、市町に提出させ、それを根拠に県は申請窓口を強引に閉じた。仙台市をはじめ、9被災市町の首長は揃って、提出期限の20年2月6日まで、一言一句違わず、同じ文書を県知事宛に提出している。

【資料】　加算支援金申請延長は1年限りであることに同意を求める市町村宛県総務部長通知

消第1095号
令和2年　1月31日

各市町村長　殿
（被災者生活再建支援金担当課扱い）

宮城県総務部長

東日本大震災に係る被災者生活再建支援金（加算支援金）の申請期間の再延長について（通知）

被災者生活再建支援法関連業務の推進につきましては，日頃格別の御協力を賜り厚くお礼申し上げます。

このことについては，公益財団法人都道府県センターとの協議を継続しているところですが，同センターから，令和2年4月10日以降の再延長について，最後の延長とすることを条件として，1年間に限って認めるとの見解が示されました。

つきましては，同センターが示した条件を御承知いただける場合は，別紙を参考の上，その旨を市町村長名の公文書（公印省略不可）により下記期限までに御提出くださるようお願いします。

なお，期限までに御提出いただけない場合は，再延長は認められないこととなりますので，御承知願います。

記

1　提出期限：令和2年2月6日
2　提出様式：別添様式（参考）

「あと1年が最後」との「都道府県センターの見解」を絶対視して、市町村の主権、地方自治を侵害し、上意下達式に市町に「打ち切り」を迫った宮城県。しかし、岩手県陸前高田市や福島県は、さらに加算支援金の申請窓口を延長している。自治体が頑張って主張すれば、不可能ではないことを示している。

公益財団法人都道府県センターは被災者生活再建支援法に基づき国が指定した唯一の被災者生活再建支援法人であり、全都道府県からの拠出金と国からの補助金を財源として、都道府県から委託を受けた支援金の支給決定や申請期間の延長などに関する事務を行っている。

「申請期間延長に係る実際の事務手続については、対象市町村、延長日数及び延長理由などについて県が都道府県センターと事前協議を行い、センターが内閣府の意見も踏まえ延長の可否に係る見解を県に示す流れとなっている。事前協議が認められた場合には県からセンター宛てに期間延長の正式依頼を行い、センター理事長名で延長の決定通知がなされる取扱い」という、県議会での総務部長答弁がある。

一方、21年4月9日の参議院大震災復興調査特別委員会で日本共産党の紙智子参院議員の質問に平沢復興大臣が、国（内閣府）でも都道府県センターでもなく延長を決めるのは県、県が決めると答えている。玉虫色である。宮城県は、「都道府県センターの判断」と言い逃れしているだけなのか、それとも都道府県センターの権限はそこまで強いのか…。「地方自治」が問われる大問題である。

結局、国任せの宮城県

都道府県センターが加算支援金申請受付の延長、再開を認めない場合は、県独自の支援制度を創設し、加算支援金の受給資格があるのに受給できない被災世帯を県が救済すべきである。宮城県の復興基金は20年度決算で114億円の残高である。できないことではない。

しかし、県は「被災者の生活再建支援制度については居住する市町村・都道府県の財政規模等にかかわらず、被害の程度に応じた支援が行われる国の制度として整備されることが望ましい」との考えで、災害時に、国の制度から外れた被災者へ独自の支援制度をもっていない数少ない県のひとつになっている。

（福島かずえ）

3　住まい、暮らし、コミュニティ再建支援

個人版私的整理ガイドラインの成果と課題

3－⑤

策定経緯

東日本大震災により発生した重要な問題の1つとして、いわゆる二重ローン問題がある。二重ローン問題とは、災害により被災したにもかかわらず、災害前の債務が残存しているがために、生活や事業の再建に向けての重大な足かせとなってしまうという問題であり、地震や津波等で自宅が損壊したにもかかわらず、住宅ローンだけが残った、というケースが典型例である。

東日本大震災発生前は、二重ローン問題の存在自体は指摘されつつも、それに対する具体的な対策はとられていなかったが、東日本大震災の甚大な被害等に鑑み、個人の二重ローン問題に対応する制度として「個人債務者の私的整理に関するガイドライン」（以下「個人版ガイドライン」）が策定され、平成23年8月22日より運用が開始された（なお、個人版ガイドラインは、令和3年3月31日をもってその運用が終了している）。

概要・特徴

個人版ガイドラインは、東日本大震災の影響により、既往債務の弁済が困難となった被災者につき、一定の要件のもとに、債権者の同意のもと、債務の減免を行うための私的整理の準則である。

特徴としては、①破産等の法的手続をとることなく債務の減免が可能となること、②信用情報の事故情報（いわゆる「ブラックリスト」）に登録されないこと、③多額の自由財産（５００万円を上限の目安とする現預金等）の保有が可能であること、④原則として保証人に対する履行が求められないこと、⑤登録専門家（弁護士、不動産鑑定士等）の支援を無料で受けられること等が挙げられる。

他方で、個人版ガイドラインはあくまでも私的整理の準則であり、法的拘束力はないため、全ての債権者の同意がない限り債務整理が成立しない。

成果と課題

別表記載の通りであり、最終的な債務整理成立件数は１３７３件であった。

利用者の多くは、東日本大震災の津波や地震により自宅が流失、損壊したにもかかわらず、住宅ローンのみが残ってしまっ

表1　個人版私的整理ガイドライン　相談・成立件数
（2011.8.22 から 2021.3.31）

個別のご相談		5,980
成立件数		1,373
	うち東京本部	40
	うち青森支部	1
	うち岩手支部	365
	うち宮城支部	889
	うち福島支部	76
	うち茨城支部	2

（出所）
（一社）東日本大震災・自然災害被災者債務整理ガイドライン運営機関「個人版私的整理ガイドラインお問い合わせ件数等」

たという被災者であった。なお、個人事業主の事業再建のためにも利用可能であったが、個人事業主の事業再建のための利用はあまりなされなかったようである。

個人版ガイドラインは我が国初の二重ローン問題対策の制度であるという意味で画期的なものであり、同制度の利用により、１３７３件という相応数の被災者が債務免除を受けることができたこと、その中には５００万円を超える多額の生活再建資金を保有したままで債務免除を受けられた被災者も相当数含まれていたと考えられることは、一定の成果であるといえる。

他方で、個人版ガイドラインは、運用開始当初は、およそ１万件の利用を見込んでいるとも言われていたが、最終的な成立件数は当初の見込みを大きく下回るものとなった。また、個別の相談件数が５９８０件であったのに対して、成立件数が１３７３件に留まったことは、個人版ガイドラインの利用を検討した被災者のうち、債務整理が成立した割合は約23％程度に留まり、残りの被災者は個人版ガイドラインによる債務減免を受けることができなかったことを示している。

このように、個人版ガイドラインが当初期待されたほどの実績を残すことができなかった要因は様々考えられるが、主な要因は以下の通りと思われる。

①対象債務者要件が限定されていたこと

個人版ガイドラインの利用を希望した被災者のうちの相当数は、対象債務者要件（特に支払不能要件）を充足しないとの理由で利用不可となっており、制度利用の間口が広いものとは必ずしも言い難かった。

②全債権者の同意が必要であること

債務整理が成立するためには、全債権者の同意が必要である。そのため、一部の強硬な債権者がいることにより、債務整理に支障が生じる事案があった。私的整理という枠組みの限界を示す問題でもある。

③周知不足

特に制度運用開始当初の周知が十分とは言えなかったため、個人版ガイドラインの利用が進まず、その間に、多くの被災者が金融機関の勧めによりリスケジュールに流れてしまった（注1）。初動における被災者への十分な周知、金融機関による適切なガイドライン利用に向けた誘導が極めて重要である。

今後の展望

個人版ガイドラインの運用を踏まえ、今後発生する自然災害の二重ローン問題に対応するため、平成28年4月、「自然災害による被災者の債務整理に関するガイドライン」（自然災害ガイドライン）の運用が開始され、以降、熊本地震等の自然災害に適用されている。

自然災害ガイドラインは、個人版ガイドラインと手続面において相違する点があるものの、信用情報に事故情報として登録されないことや広範な自由財産等のメリットはそのまま引き継がれている。

このように、東日本大震災における個人版ガイドラインの運用実績は、その後の自然災害の二重ローン問題対策に一定程度生かされている。もっとも、個人版ガイドラインにおける課題は、基本的には、自然災害ガイドラインにもそのまま当てはまるため、これらの課題の克服に向け、自然災害ガイドラインのさらなる改善ないしは立法措置を含めた新たな二重ローン問題対策の制度の構築が望まれる。

（小向俊和）

〈注〉

1　岡本正『災害復興法学』（慶應義塾大学出版会、２０１４年）、94頁。

3　住まい、暮らし、コミュニティ再建支援

広がる「多重被災」とどう向き合うか

3－⑥

「多重被災」。東日本大震災からの復興を取材する中で、支援者やマスコミ関係者の間で徐々に聞かれるようになった言葉だ。明確な定義はないが、災害に襲われた地で、被災者の生活再建が成し遂げられる前に、また別の災害に見舞われる事態を指す。東日本大震災で大きな被害を受けた岩手・宮城・福島に限っても、この12年の間に災害救助法が適用されたものだけで9つの災害が起きている（表1）。もちろん救助法が適用されない災害でも被害を受ける人はいるわけで、災害のたびに「多重被災」が発生し、「多重」が故に復興から取り残される人が生まれている。

表1　2011年以降に岩手・宮城・福島に被害をもたらした大災害（災害救助法適用）

2011.3	東日本大震災
2011.7	新潟・福島豪雨
2011.9	台風15号
2013.8	8月9日からの大雨
2015.9	関東・東北豪雨
2016.8	台風10号
2019.1	台風19号に伴う災害
2021.2	福島県沖を震源とする地震
2022.3	福島県沖を震源とする地震

度重なる災害によりダメージが蓄積していく

宮城県南部に住むYさんの自宅は築百年近い木造家屋。東日本大震災で震度5強の揺れに襲われたが、Yさんは罹災申請をせず被害の実態はわからなかった。２０１９年に起きた台風19号の水害では家に土砂が流れ込み、風呂・トイレ・台所などが壊れた（写真1）。しかし最初の罹災判定は「一部損壊」。その後二次調査で「半壊」になったが、応急修理制度の申請期限に間に合わず自己資金もなく修理はできなかった。更に２０２１年2月・２０２２年３月と連続して福島県沖で大地震が発生。Yさんの自宅周辺は2回とも震度5強で、水害の影響もあり基礎や木材が損傷、２０２２年の地震後に一部の床が崩壊し、柱も大きく傾いた。状況の深刻さは、独自調査した建築士事務所協会の建築士が「住むのは危険」と警告するほどだった（写真2、3）。

個々に比較的小さな地震や浸水でも、手当てがされないうちに繰り返されれば、被災した人のダメージは積み重なってゆく。家の損傷は広がり、金銭の負担が増え、ストレスや劣悪な住環境で体調が悪化する。そして、ある災害を機に突然生活が破綻する。それが「多重被災」だ。

「多重被災」の被害では行政の支援が届かない

その後行政の手でYさんの家の罹災調査が行われたが、「床の損壊は今回の地震の影響とは言い切れない」とされ、判定は「準半壊」。応急修理制度で30万円支給されることになったが、

（写真1）家の一部に土砂が流れ込んだ

（写真2）2022年の地震後床が崩壊し家具が倒れた

（写真3）水害で劣化が進んだ床材が地震で折れ床が抜けた

その使途は屋根やサッシなど明確に地震の影響とわかる部分に限られ、床の修理に回すことは許されなかった。支援者たちは、この状態でまた地震が起これば命に関わると危惧、行政にYさんの生活再建の道筋がつくまでの間、空き室があった近所の仮設住宅（台風19号水害の際に建設）に住めないかと提案した。しかし行政は「仮設住宅はあくまでも台風19号で家を失った人のためのもの」「今回の地震では仮設住宅の供与は行っていない」などの理由で認めなかった。Yさんは長年建設業に携わっていたが腰を痛め失業。生活保護申請には福祉事務所から車を手放す必要を示唆され、風呂や食事に出るにも車が必要なYさんは立ち往生している状況だ。

「1つの災害ごと」現行制度の限界

こうした各地の「多重被災」のケースが露呈させるのは、今の国の被災者支援制度の限界だ。災害救助法をはじめ被災者の救済を目的とする法律は、1つの災害ごとに対応する構造になっており、災害が発生する度にその適用範囲を決める。次の災害までに間があるのが前提で、大災害が連続して起きる昨今の状況を想定していない。そのため現場の行政はあくまでも「今回の災害はどんな被害をもたらしたか？」という姿勢で被災と向き合い、「どれが今回の災害の影響か？」という視点で罹災調査を行うことになる。そうして多数のYさんが生み出されてゆく。

命と暮らしをどう守る 問われる社会保障制度

私はこれまでの取材を通じて、「（被災者という）人間の暮らしの再建」を、インフラの再建に主眼を置き1つの災害ごとに予算と配分先が決まる災害復興制度でカバーしようとすること自体に無理があるのではないかと考えるようになった。

むしろ平時から1人1人の暮らしや命を継続的に見る福祉制度の方が親和性がある。失業する、病気になる、災害でダメージを受ける、という事態はその人の暮らしがままならなくなるという点において同じだ。原因がなんであれ、その時々のその人に最も相応しい生活の形を探り支えてゆくため、個別で継続的な伴走型の支援が必要になるからだ。

しかし一方で現行の福祉の現場では、明らかに支援されるべき人がみすみす取りこぼされていく例もあまた見てきた。結局、人の暮らしの復興を考えることは、今の国の社会保障制度全体のありようを考え直すことにつながってゆく。

毎年全国で複数の激甚災害が起こるような時代になったことで、「人の命と暮らしは誰がどう守るのか？」ということれまで我が国で長い間あいまいのままにされてきた大きな宿題の存在が浮き彫りになってきたのではないだろうか。

（中関武志）

災害時の「住まい確保」等に関する行政評価・監視とその意味

3－⑦

本稿では総務省行政評価局が２０１９年度に実施した「災害時の『住まい確保』等に関する行政評価・監視」（以下、２０１９行政評価）を取り上げ、日本の災害対応全体を視野に入れてその意味を検討したい。

生活再建段階における対応評価の欠如

行政の災害対応は様々な省庁・部局が関わり、激甚災害では、被災者の生活再建に時間がかかるため、複数年度にわたることが多い。発生する問題の多様性故に、災害対応の評価を行い将来を見据えて制度変更を検討すべき場合がある。ＰＤＣＡサイクルを回すように、主として発災直後や避難所が設置される段階で、対応評価を行い、場合によっては制度変更まで実施することが増えてきた。しかし、応急仮設住宅に対応する生活再建段階の対応評価はほとんど実施されず、２０１９行政評価は、国民の関心の高さに後押しされた異例なものと言える。

直近の対応評価の一例として、２０１９年10月10日ごろから被害が発生した令和元年台風19号がある。中央防災会議防災対策実行会議「令和元年台風第19号等による災害からの避難に関するワーキンググループ」による対応評価は、第１回が２０１９年12月18日、最終とりまとめは２０２０年３月31日であり、発災から半年も経っていない応急救助期の実施である。

つまり、生活再建段階は対応評価がされず、その段階で発覚する問題が次の災害へと積み残される構造になっている。ＰＤＣＡサイクルが存在しない。

２０１９行政評価の位置

総務省行政評価局は総務省の内部部局のひとつで、政府の政策評価の機能を担っている。各省庁で政策評価は日々実施されているが、行政評価局は、政策の担当省庁とは異なる立場から、複数府省にまたがる政策については「政策評価」として、各府省の業務の現場における実施状況については「行政評価・監視」として、実地に調査し、各府省の課題や問題点を実証的に把握・分析し、改善方策を提示することを役割としている。

２０１９行政評価は、内閣府が所管する政策を中心に、それまでは評価の対象となることが少なかった在宅被災者と被災者の生活再建段階を直接の対象とした。調査対象は、東日本大震災、熊本地震、平成27年９月関東・東北豪雨などの被災地域（８都道府県23市町村）や、今後大規模災害が発生すると想定される地域（17都道府県46市町村）で、得られた様々な資料や現場へのインタビュー等をもとに調

図1　総務省行政評価局調査結果の概要

1 避難所開設期の避難所外避難者の把握・支援
【被災地での課題】
●避難所外避難者の把握のための備え（名簿の更新、優先順位の設定）が不十分で、迅速に把握できなかった例あり
●避難所外避難者が物資や情報の提供を十分に受けられない状況あり
【地方公共団体での取組】
●要配慮者情報を管理するシステムを運用して名簿の基になる情報を毎日更新している例、支援の優先度を付した名簿を整備している例あり
●避難所外避難者に特化した支援拠点の整備や、避難所外避難者の支援のための訓練を実施している例あり
2 避難所閉鎖以降の被災者への支援
【被災地での課題】
●被災者自身が支援制度の対象や申請手続の方法が理解できないこと等により、制度未利用の在宅被災者が存在
●住まいの再建のほか、福祉・就労等複合的な課題を抱えている被災者が少なくない状況
【地方公共団体での取組】
●制度の利用勧奨のためのアウトリーチにより利用実績が向上した例あり
●県、被災市町村（防災、住宅、福祉等）、専門家等が連携して、住宅問題や生活面での課題が解決されていない世帯への支援を実施している例あり
今後に向けた取組
地方公共団体において、
① 発災直後の避難所外避難者のニーズを的確かつ迅速に把握するための方策の検討
② 物資や情報の提供についての、具体の手順の検討や訓練の実施
③ 支援情報を適切かつ的確に情報提供するとともに、制度の未利用者等へのアウトリーチを早期の段階で実施
④ 災害時には被災者のニーズが多岐にわたることを想定し、関係機関が一体となった支援の実施
を進めることが重要と考えられる
3 住まい確保における制度上の課題
【制度】
●住宅の応急修理は、「発災から1か月以内に修理完了」とされている（内閣府告示）
●応急修理制度を利用した場合、応急仮設住宅への入居はできない（事務取扱要領）
【被災地での実態】
●調査した全ての市町村で1か月以内に応急修理が完了せず、被災者や工事業者の混乱を招くものとなっている。制度創設時に比べて周辺環境も変化
●応急修理期間の長期化や、想定どおり修理ができなかったことにより、被災者が壊れた自宅に住み続ける状況あり
勧告（内閣府）
① 一般基準により災害の発生から完了まで1か月以内とされている救助期間を見直すこと
② 応急修理制度の申込み後、修理完了までに長期間を要している被災者等損壊した自宅に居住し続ける者に対し、応急仮設住宅の供与を可能とすること

（出所）『災害時の「住まい確保」等に関する行政評価・監視―被災者の生活再建支援の視点から―結果に基づく勧告（概要）』総務省 2020年3月31日、P2

査結果をまとめ、最終的には今後に向けた取り組みと内閣府への勧告を提出している（注1）。

導き出された今後に向けた取り組みは、大きく2つある。ひとつは発災直後における在宅被災者のニーズ把握と物資や情報の支援、すなわち「発災直後における在宅被災者支援」、もうひとつは生活再建段階でのアウトリーチと関係者が一体になった支援、すなわち「災害ケースマネジメント」である。内閣府への勧告として、東日本大震災が大量の在宅被災者を生み出す主要因のひとつとなった応急修理制度の見直しを求めた。具体的には住宅の応急修理は「発災から1か月以内」という一般基準の見直しと「仮設住宅と応急修理の併給不可」の見直しである（図1）。

意義と課題

2019行政評価の意義は極めて大きなものである。内閣府は勧告を受けて応急修理制度を見直した。加えて、対応評価が不足している生活再建段階や、政策実施者からは政策評価がしづらい制度の不具合について検討し、在宅被災者支援や災害ケースマネジメントなど、現在も重要な論点として検討されているテーマを、政府として提示した。

同時に課題も見える。東日本大震災という戦後最大級の災害だからこそ、このような対応評価が実施されたわけであるが、様々な災害で生活再建段階の問題は生じている。災害の度に実施される生活再建段階の対応評価をどのように担保するかが問われている。

（菅野　拓）

〈注〉

1　総務省行政評価局『災害時の「住まい確保」等に関する行政評価・監視―被災者の生活再建支援の視点から―結果報告書』2020年3月。

3 住まい、暮らし、コミュニティ再建支援

災害ケースマネジメント構想会議と制度化提言

3－⑧

東日本大震災では、在宅被災者とカテゴライズされた被災者群の存在が初めて社会的に認知された。石巻市の（一社）チーム王冠の活動やその支援に当たった弁護士会の取り組み、仙台市における取り組みを通じて「災害ケースマネジメント」として仕組み化されてきた。その後の自然災害においても在宅被災者支援の実践が積み上げられ、経験事例が豊かになった。関連書籍も刊行され、国も「事例集」・「手引書」を発行等、取り組みの普及に努めている。

２０１９年11月、チーム王冠の呼びかけで弁護士・支援団体有志が呼びかけて「災害ケースマネジメント構想会議」が発足した。今まで16回開催され経験交流や災害ケースマネジメントの制度化実現に向けた議論を重ねてきた。その議論を踏まえ、２０２１年11月６日の会議にて、制度化・法制化の実現に向け、概ね次の内容の提言書を公表した。

制度化・法制化の手法

(1) 改正法方式で国法レベルの立法化を提言

新法方式では、改正法方式より立法過程でのコストがかさむことに鑑み、迅速な立法化のためにも改正法方式を提言した。他方、災害の被害は一自治体で留まらず、複数の自治体をまたがって発生するのが通常である。しかし、自治体の物的・人的資源の制約の下、また、首長や自治体の政策・姿勢が異なることに伴い、災害ケースマネジメントの施策を採用する自治体とそうでない自治体が生じている（地域間格差）。そのため、災害ケースマネジメントが全国の災害地域にあまねく展開されるようにするには、条例ではなく国法で規律する必要がある。

(2) 災害対策基本法の改正の手法を採用

災害法制の基本法は災害対策基本法であること（10条）より、同提言書では、同法の改正の手法を採用した。ちなみに、同法は「基本法」であることから、基本理念を定めるには相応しいが、具体的施策を定めるには相応しくないとの指摘がある。しかし、同法は「基本法」にもかかわらず、具体的な施策が多数規定されているとの特徴があり（注1）、「基本法だから相応しくない」との指摘はあたらない。

(3) 生活困窮者自立支援法改正という手法は採用せず

生活困窮者自立支援法は、「生活困窮者」の自立支援を目的とする法律である。言い換えれば、「生活困窮者」に当たらない被災者は対象から除外される立て付けになっていて、対象者に制約（隙間）が生じるおそれがある。また、同法は、いわゆる平

時の施策・制度であり、同法に基づく施策を担当する自治体職員や支援団体は、災害時の支援活動との意識はもちにくい。ノウハウも不足しているのが現状といい得る。よって、同法改正という手法を採用しなかった。

もっとも、同法に基づく支援活動は必須であり、豊富な経験・知見を有する支援団体に委託して、災害ケースマネジメント方式で、被災者支援にあたる意義は大きいと思われる。

(4) 災害救助法改正という手法は採用せず

災害救助法は災害対策基本法の特別法であり、特別法としての適用要件に係る制約（注2）により適用地域が限定される。同一の災害であっても同法が適用されない地域が生じているのである(地域間格差)。災害ケースマネジメントの推進にあたり「地域間格差」を解決するためには、災害対策基本法の改正という手法が必要である。

(5) 委託方式(協定書方式)採用

それは次の理由による。

① 自治体（都道府県・市町村）は、被災経験のある一部の自治体を除けば、災害ケースマネジメントを担う人的物的資源に制約があり、ノウハウの蓄積不足があると指摘されている。

② （自治体ではなく）支援団体・支援者、弁護士・建築士・社会福祉士等の専門家が、その知見・経験に基づいて、災害ケースマネジメントを担うのが相応しいと思われる（注3）。

(6) 自治体(都道府県・市町村)の立場

自治体を、委託の当事者として、災害ケースマネジメントを進める責務を負うものとした。地方自治体は、住民の生命、身体、財産を災害から保護することを責務とする（災害対策基本法4条、5条）立ち位置にあるからである。

(7) 自治体情報の利用について
―「同意チェック欄」方式

災害ケースマネジメントを進めるにあたり、被災者の所在や被災状況、各種支援制度の利用状況等、自治体保有情報の利用が不可欠である。従前、いわゆる「個人情報」を理由に提供・利用を拒否されてきた事例はたくさんある。これを解決する手法として、罹災証明申請の際などに被災者の同意をとるのが有益な手法と考える（仙台弁護士会の例）。

(8) 財源措置―激甚災害法の改正

災害ケースマネジメントを推進するに当たっての財源措置の1つとして、激甚災害法の改正を提言している。

(9) 目的・理念（第1条、第2条の2）の改正について

東日本大震災の被災地では、多数の被災者がその尊厳を侵害された過酷な状況下で復興に向けての期間を送らざるを得なかった。本提言書は、このような実態を災害対策基本法の目的・理念に反映・表記する必要があるとの立場から、目的条項（第1条）に「個人の尊厳」の文言を加え、また、基本理念条項（第2条の2）に自治体がその構築・推進の責務を謳う旨を加えることを、提言したものである。

（山谷澄雄／小川静治）

〈注〉

1　第46条以下に災害予防、第50条以下に災害応急対策、第87条以下に災害復旧、第90条の2以下に被災者の援護を図るための措置を定めている。

2　災害救助法は、同法施行令第1条及び別表第1ないし第4の要件を満たす地域にのみ適用され、しかも要件が厳しい。

3　なお、本提言書は、現在全国の被災地で日夜支援活動をしている災害ボランティアの方々の役割を踏まえた上で、なお、有資格者を中心とする支援活動を推進するため提言するものである。

3 住まい、暮らし、コミュニティ再建支援

人権と多様性に配慮した避難所運営を進めるために

3－⑨

イコールネット仙台は、男女共同参画社会の実現に向けて幅広い活動に取り組んでいる。特に防災・災害復興は重要なテーマとして東日本大震災前から取り組んできており、2008年、仙台市内の女性を対象に「災害時における女性のニーズ調査」を実施したが、災害を想定した際の不安や心配が数多く寄せられていた。

避難所支援を通して見えてきた課題

震災発生後は、仙台市内及び宮城県内の複数の避難所において、洗濯代行ボランティアや物資の支援など、主に女性を対象にニーズを掘り起こしながら必要な支援につなぐ活動を進めてきた。その過程で、避難所における様々な課題にも直面した。何より避難所のリーダーはほとんどが男性で、女性の要望がうまく届かないという課題があった。避難所内は、雑魚寝状態で間仕切り等は使用されず、プライベート空間が確保されなかったことも女性たちの困難につながった。着替えは布団の中で行い、授乳をするのも容易ではなく、夜中に知らない男性が隣に寝ていてからだを触られたと訴えてきた女性もいた。また、調理室が使用できる避難所では、避難者の三食を女性たちが調理しており、早朝から深夜まで缶詰状態で負担が大きいという声も聞かれた。まさに「男性がリーダーで女性は炊き出し役」という男女共同参画の課題である性別役割分業が顕著に表れていた。

調査が示す女性の視点で見た避難所運営のあり方

当団体では、2011年9月、宮城県内の女性を対象に「東日本大震災に伴う『震災と女性』に関する調査」を実施し1500人の声をまとめた。「避難所で感じたこと」の問いでは、図表にあるように様々な書き込みがあり、特に、高齢者、障害者、妊産婦、乳幼児などに対する支援が十分ではなかったことが浮き彫りとなった。さらに、「女性リーダーがいてほしかった」という回答が多いのは当然のことであり、女性ならではの物資や健康上の問題など男性リーダーには相談できないことがらが多くあった。

こうした避難所における課題解決に向けて、団体では、女性・若者・一般市民など様々な人々を対象に避難所ワークショップを継続的に行ってきた。これは、机上で避難所の設計図を作るグループワークで、他に、避難所のトイレ問題を考えるワークショップや食物アレルギーやペット・盲導犬に関する対応など避難所で生じる課題について

話し合うグループワークなどにも取り組み、実践と調査を踏まえて避難所のあり方について提言してきた。次に提言の内容について紹介する。

図表　避難所生活で抱えた困難

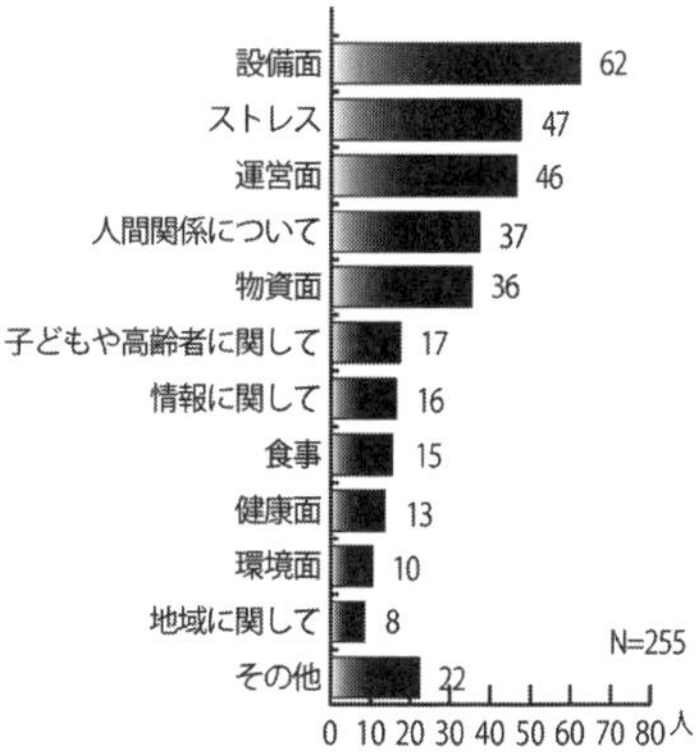

＜自由記述から＞
- 寝るスペースもない。
- 洗濯機もなく、着替えもないため同じ服で過ごした。
- いびきや寝言がうるさく眠れなかった。
- 狭い場所で、男女、子どもが一緒は辛い。
- プライバシーがないため、家族で大事な話ができない。
- ペットの毛やほこりで、アレルギーを起こしかゆみやせきがひどかった。
- 車中避難のため、食料がもらえなかった。
- 寝るのも食事も同じ空間なので衛生上心配だった。
- 歩行困難の祖母を連れていたのでトイレが困った。
- 乳児を連れて避難。母乳が止まり、ミルクをあげようにも、ほ乳びんもミルクを溶かすお湯もなく困った。
- 女性リーダーがいてほしかった。
- 介護を必要とする配偶者を連れて避難。気を遣った。

（出所）「東日本大震災に伴う「震災と女性」に関する調査」をもとに筆者作成

第一に、運営については、意思決定の場に女性が参画することは不可欠であることから、責任者として男女両方を配置する。

第二に、平時から地域単位で、住民・施設管理者・行政で構成される避難所の運営にかかる組織（避難所運営委員会）を設置し、避難所開設や運営マニュアルについて話し合っておく必要があり、組織には、必ず3割以上の女性が参画できるようにする。また、障害者や若者、外国人なども加わり多様な人々の意見が反映されるよう配慮する。

第三には、避難者による食事づくり、片付け、清掃などの負担が、特定の性別や立場の人に偏らないように男女問わず公平に役割を分担できるようにする。

第四は、ニーズの把握のために、避難者からの要望や困りごとを受けられるように、トイレなどに意見箱を設置するなどのしくみをつくる。女性や子育て・介護中の家庭の困りごとを積極的に聞き取り、運営に反映させていくことも必要であり、専門職と連携したメンタルケアや健康相談、女性に対する暴力等に関する相談窓口の設置も必要である。

第五に、当然のことだが、女性用品（生理用品、下着等）は女性担当者が配布を行う。

第六に、避難者名簿の扱いは情報管理が徹底されることが重要。名簿作成の際には、避難者の中に配偶者からの暴力など、加害者から追跡されて危害を受ける恐れのある人が避難してきている場合もあり、加害者に居所が知られることのないようにしなければならない。さらに、暴力防止の点からも、避難所の環境整備と人権を重視した運営管理は不可欠で、授乳室や男女別のトイレ、物干し場、更衣室、休養スペースの設置、乳児連れ、単身女性や女性のみの世帯等のエリアの設定、間仕切りの活用などの生活環境を整えることが必要で、トイレ、更衣室、入浴設備などの設置場所は昼夜問わず安心して使用できる場所を選び、照明を設置するなど安全に配慮する。就寝場所や女性専用スペースなどを巡回警備したり、防犯ブザーを配布するなど安心・安全の確保に配慮する必要もある。

避難所の支援に取り組む中で、災害時は、平時の課題が顕在化し深刻化することを実感した。差別や人権に関わる課題は、一人一人の意識が問われることであり平時からの意識の醸成が必要である。

（宗片恵美子）

3 住まい、暮らし、コミュニティ再建支援

3－⑩

みなし仮設住宅をどのように評価するか

「みなし仮設」とは

東日本大震災の地震・津波及び福島第一原子力発電所災害に伴い災害救助法に基づいて膨大な仮設住宅が供給された。

従来、主に一般社団法人プレハブ建築協会（プレ協）との協定に基づいて建設型仮設住宅が供給されてきた（注１）。岩手・宮城・福島の被災３県の仮設住宅需要は膨大で、プレ協供給分は各県１万戸までとなり、不足戸数を補う緊急対応は各県独自の対応となった。福島県では地元事業者への木造仮設の発注とともに「みなし仮設」に取り組んだ。「現物供与」の原則により、都道府県が民間賃貸住宅を借上げ、都道府県が貸主となって被災者に賃貸借契約する形である（「通常型」）。しかし、緊急性を考慮し被災者自らが契約した場合も追加的にみなし仮設住宅として扱われることになった（「特例型」）。国交省もみなし仮設供給を積極的に推奨した（注２）。

図１　応急仮設住宅の種類

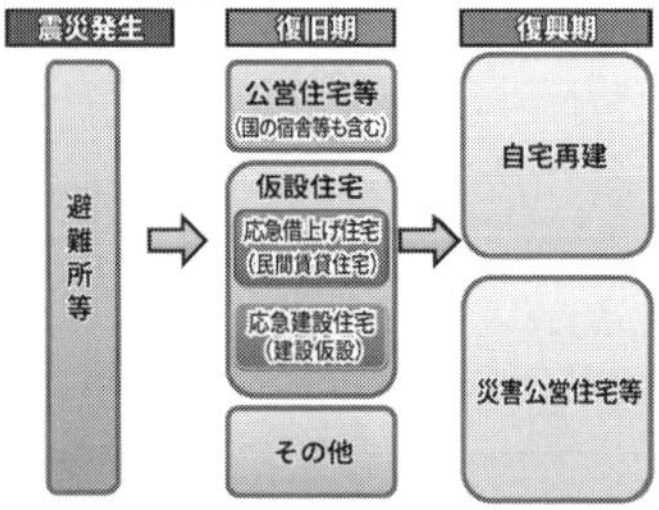

（出所）国交省・厚労省『災害時における民間賃貸住宅の活用について』2012年11月掲載図を元に作成

被災３県の「みなし仮設」の供給戸数

東日本大震災における被災３県の応急仮設住宅の総供給戸数は、10万戸を超えている（表１）。阪神・淡路大震災における仮設住宅は４万８３００戸、公営住宅１万２９７７戸、みなし仮設１３９戸（内閣府資料による）であり、それらをはるかに凌ぐ。とりわけ、みなし仮設が建設型仮設を上回ったことが東日本大震災の特徴である。

「みなし仮設」運用実態

特に宮城県と福島県においてみなし仮設の多さが目立っている。

福島県では、現物供与の原則に基づく「通常型」に加え、避難者が自ら契約して入居した民間賃貸住宅を県がみなし仮設として追認する「特例型」を、国の通知に先立ち全国で初めて導入していた。結果的には、この「特例型」が９割を超えた（表１）。とりわけ、原発事故による広域避難など市町村、場合によっては県境を越えて避難する被災者のために「特例型」が必須となったのである。民間賃貸住宅のストックが多く存在しているいわき市、郡山市、福島市や県外では仙台市とその周辺でみなし仮設需要が膨大に発生し

たのだった。

県が用地を確保して供給する建設型仮設では、供給までに最少1か月を要するが、みなし仮設は緊急性の高い避難者に機敏に対応できた。反面、被災者が個々ばらばらに確保したために様々な問題も発生した。

その実態は、福島県居住支援協議会が実施したみなし仮設についてのアンケート調査からもうかがえる（表2）。

表1　応急仮設住宅・借上げ（みなし仮設）住宅の実績

	岩手県	宮城県	福島県	3県合計
建設型仮設住宅管理戸数	13,984 (2011.7.29)	21,610 (2012.4)	16,800 (2013.3.28)	52,394
(内入居戸数)	13,228 (2012.1.3)	—	14,590 (2013.4.18)	—
みなし仮設戸数	3,474 (2011.10.21)	25,137 (2012.4)	26,238	54,849
(一般)	—	—	2,267 (2011.6.29)	—
(特例)	—	—	23,971 (2012.4.26)	—
公営住宅・その他	1,065 (2011.7.29)	1,114 (2012.4)	424 (2012.2.28)	2,603
合計	18,523 (2011.12.2)	47,861 (2012.4)	43,462 (2012.4.26)	109,846

（出所）各県HP。戸数は最大時点（括弧内）における数値

表2　福島県居住支援協議会調査によるみなし仮設の問題点

①「騒音」、「ごみ処理」は入居者・家主・仲介業者の三者の共通課題。
② 入居者の不満：部屋数が少ない、狭い、汚い、古い、設備の不備（特に風呂の追い炊き機能）
③ 家族人数と住宅規模とのミスマッチ
④ 期間終了後の居住継続手続き周知の不徹底
⑤ 分散居住による孤立化の懸念

（出所）福島県居住支援協議会「災害救助法に基づく借り上げ住宅対象アンケート―応急仮設民間借り上げ住宅に関する意識等調査」(2014年3月）より筆者作成

「騒音」「ごみ処理」は入居者・家主・仲介業者の三者の共通課題だが、多彩な被災者不満のうち、建設仮設同様、風呂の追い炊き機能の要望に注視したい。

③のミスマッチの原因は制度の欠陥で、民間賃貸住宅の規模や質などに関わりなく被災者の家族人数が4人以下と5人以上の2区分だけの家賃額が決められていたことによる。1Kのアパートでも5LDKの一戸建てでも4人以下であれば一律6万円の設定になっていた。

④も重大で、みなし仮設の期間終了後の継続入居に、再度の契約が必要なことを30％近くが知らないと回答した。

⑤は建設仮設と異なる点で、行政機関からの情報伝達や支援サービスなどが滞り、避難者同士の情報共有も困難で、孤立化を招きやすかった。

「みなし仮設」の課題と展望

みなし仮設は、既存の民間賃貸住宅のストックの量と質に依存している。しかも、その運用は非常時ではあるが家賃補助の一形態でもある。現物供与の原則に従えば、都道府県は民間賃貸住宅の耐震性・耐久性や設備水準などを確認した上で被災者の家族構成などに応じた賃貸住宅をみなし仮設として提供する手順となる。だが、余りにも膨大な避難者のために「特例型」で対応せざるを得なくなり、様々なトラブルや問題を生じる原因にもなった。

わが国における民間賃貸住宅は、その居住性能や維持管理の水準を確保するための社会的なルールが確立しているとは言えない。今後予想される大都市における大災害などを考慮すれば、民間賃貸住宅の社会的な位置づけは喫緊の課題である。

（鈴木　浩）

〈注〉

1　災害時における応急仮設住宅の建設に関する協定。一般社団法人プレハブ建築協会が1997年以来全国の都道府県と結んでいる。

2　国土交通省「応急仮設住宅建設必携　中間とりまとめ」（2012年5月）では「応急仮設住宅の建設において前提とすべき事項」として「被災者が希望する場合は民間賃貸住宅の借上げ、自宅の応急修理を優先」することや「応急仮設住宅を供給する場合は、建設仮設にこだわることなく、借上げ仮設を有効に活用すべき」ことなどを掲げている。

3　住まい、暮らし、コミュニティ再建支援

災害公営住宅収入超過者問題

3－⑪

収入超過者を大量に生み出した大震災特例

災害により住宅が滅失した被災者のために建設・供給される公営住宅（災害公営住宅）にも、通常の低所得者向け公営住宅同様、入居収入基準が適用される。しかし、東日本大震災においては、被災市街地復興特別措置法（以下、特措法）第21条に基づき、大震災により滅失した住宅に居住、もしくは復興事業によって移転が必要となった被災者（以下、住宅滅失被災者）は、復興推進計画に定めた災害公営住宅整備期間まで（同法の発災から3年を延長）、収入に関わらず公営住宅に入居できることになった（以下、みなし入居資格）。この措置により、収入超過者を大量に生み出すことになった。

特措法が、住宅滅失被災者に付与するみなし入居資格の年限を限定したために、入居3年を経て入居基準を超える収入があると、公営住宅法第28条により、明渡し努力義務と割増家賃（最終的には近傍同種家賃。注1）を課されるからである。

妨げられる生活再建

(1) 支払能力を超える割増家賃

近傍同種家賃は住宅ごとに異なるが、復興需要で高騰した建設費が反映されたために、入居者の支払能力を遥かに超える金額となった（表1）。

(2) 収入超過となる理由

収入超過となるのは主として表2の4パターンである。すなわち、①比較的収入の高い住宅滅失被災者が、大震災特例でみなし入居資格を得た場合、②雑損控除の繰延終了、③子どもの成長・就職による収入増加、そして、④家計の助けにしようと働くことが収入超過に結びつくこともある。

(3) 妨げられる生活再建

住宅と規模によっては最大月額20万円に達する高額の近傍同種家賃を負担できる入居者はなく、収入超過者となれば、退去、あるいは意に染まぬ世帯分離や就労断念を迫られる。災害公営住宅への入居により一歩踏み出したはずの生活再建は挫折を余儀なくされることになる。

表1　仙台市内の高額近傍同種家賃上位5住宅（月額・円）

順位	住宅名	2021/4/1	間取り
1	荒井西市営住宅	192,700	4K
2	岡田市営住宅	180,400	4DK
3	卸町市営住宅	178,800	4DK
4	通町市営住宅	178,500	4DK
5	霊屋下第二市営住宅	170,400	4DK

（出所）仙台市調べ

表2　収入超過者の4タイプ

①大震災特例によるみなし入居資格
比較的収入の高い住宅滅失被災者が、大震災特例でみなし入居資格取得。住宅ローンや保証人で不利な高齢者が恩恵。
②雑損控除の繰延終了
3年間の雑損控除は大震災特例で5年に延長。繰延中の所得は収入基準以下になるが、終了後実収入に応じて所得上昇。
③子どもの成長・就職
子育て世帯は収入基準引き上げ（裁量階層）。子の卒業・就職により世帯所得が増加し、かつ収入基準が引き下げ。
④家計を補うアルバイト
無収入の家族が家計の助けにしようと働いたことにより得た収入で世帯所得増加。

コミュニティや自治体財政への悪影響

収入超過者は、働き盛りが多く、本来ならコミュニティ活動の担い手となる世代である。その退去は既に深刻化している入居者全体の高齢化と窮乏化を加速する。ほとんどの災害公営住宅自治会が役員の後継者不足で存亡の危機にある。

加えて、退去や世帯分離は、割増以前から十分高い家賃を負担していた収入超過者家賃と家賃低廉化補助を失わせ、自治体財政にとってマイナスになる。

収入超過者問題への自治体対応

(1) 復興庁通知と自治体対応

収入超過者問題は自治体も看過できず、被災自治体は一致してその解決を国に求めていた。しかし2017年11月21日付の復興庁通知が自治体対応を促すことになった（注2）。

(2) 先駆的対応をした岩手県

この通知に敏感に反応したのが岩手県と同県陸前高田市だった。詳細は表3に譲るが、同県は18年度に、上限家賃（みなし近傍同種家賃）を導入し、22年度には収入基準を法定上限まで引き上げた。県内自治体も県に倣った。その中で、陸前高田市は18年度に災害公営住宅の一部住戸をみなし特公賃として運用を開始し、政令月収48万7千円の世帯も入居を可能にした。

(3) 頑なに対応を拒否する仙台市

一方、災害県営住宅を供給せず役割を放棄した宮城県では、自治体の対応にはばらつきがある（注3）。問題なのは3千戸超える災害公営住宅を供給した仙台市が頑なに対応を拒んでいることである。東日本大震災復旧・復興支援みやぎ県民センターが、住宅滅失被災者の入居収入基準を引き上げるよう求める条例改正を提案したが、民間賃貸住宅ストックが豊富であること、公営住宅は「真に住宅に困窮する者」に提供すべきものとの理由で応じていない。

表3　岩手県の先駆的収入超過者対応

①みなし近傍同種家賃
最初に建設した県営平田住宅（釜石市）の近傍同種家賃を、18年度以降全ての県営住宅に敷衍し、家賃上限を抑制した。県内市町村、福島県いわき市も追随。
②災害公営住宅入居基準の引き上げ
県条例の改正により22年度以降県営住宅の入居基準を法が許容する上限である25万9千円に引き上げた。
②陸前高田市のみなし特定公的賃貸住宅
公営住宅法第45条第2項による目的外使用により、空室を特定公的賃貸住宅として運用（みなし特公賃）。陸前高田市が19年度に導入。政令月収48万7千万円まで入居可。宮城県石巻市も陸前高田に倣い半島沿岸部の災害公営住宅に限り22年度より導入。

今後に向けて

住宅滅失被災者のみなし入居資格に発生後3年の期限を設けた特措法第21条が維持される限り、収入超過者の発生は避けられない。低所得者向け公営住宅と、被災者の生活再建を支援する公的住宅とでは求められる機能が異なるから、後者を公営住宅の枠組みに押し込めている仕組みを改めなければ根本的解決はない。しかし、現状の枠組みであっても自治体の裁量で収入超過者問題の大半は解決できる。上記の経験をメニュー化し、その適用の推奨を国に求めたい。

（遠州尋美）

〈注〉

1　近傍同種家賃はその住宅を民間賃貸住宅として経営する場合に成り立つ家賃として、当該住宅の用地費、造成費、建築費などの費用とその調達金利、維持管理費等をもとに国が定めた計算式を用いて算定される。

2　同通知は、収入基準を25万9千円まで引き上げ可能なこと、条例で家賃減免が可能なこと等を指摘し、自治体の対応を促した。

3　主流は収入超過認定の繰延。法の3年を、4自治体が8年に、6自治体が10年に延長した。また女川町は、18年に町営住宅の入居収入基準を25万9千円に引き上げ、東松島市は、22年度より災害公営住宅家賃の一律3割減免を実施している。

3 住まい、暮らし、コミュニティ再建支援

陸前高田市が導入した「みなし特定公共賃貸住宅」

3－⑫

災害公営住宅の課題

公営住宅は、「住宅に困窮する低額所得者に対して低廉な家賃で賃貸し、又は転貸する」（公営住宅法第1条）ために整備する住宅で、入居資格として収入要件が定められている。災害公営住宅は、災害により住宅を滅失した人の住まいの確保を目的として整備したもので、激甚災害においては、収入要件なしに一定期間の入居を認めている。復興庁によれば、東日本大震災では8県に3万77戸が供給され、被災者に対する住まいの確保に大きな役割を果たした（2020年12月末現在）。

ただし課題もある。第一に、一定期間を経過すると収入要件が適用され、収入基準を超える者には明渡し努力義務とともに、高額な家賃が課されることである。これは、復興が進み収入が得られると公営住宅に住めなくなることを意味するが、大規模災害により住宅ストックが足りない地域も多い。第二に、厳格な入居資格を適用して明渡しを進めると、空室の増加という無駄が生じるおそれがある。第三に、空室増による家賃収入の減少は自治体財政負担につながる。それは維持管理費負担だけではない。東日本大震災では、復旧・復興事業の地方負担分が復興特別交付税で措置されたため実質地方負担ゼロとなったが、家賃収入を見込める災害公営住宅整備費は、例外的に、自治体が公営住宅整備事業債を発行しなければならなかった。

陸前高田市「みなし特定公共賃貸住宅」を導入

岩手県陸前高田市では、人的被害1557人、建物被害3368戸（陸前高田市『大震災からの記録』2022年3月による）と、岩手県内でも最大規模の被害があり、災害公営住宅895戸（市営594戸、県営301戸）が整備された。

2017年7月、計画戸数すべてが完成し、被災者の入居が進んだことから、翌18年11月には一般化し被災者以外の低所得者も入居できるようにした。さらに19年5月からは空室及び既に入居している収入超過世帯の住戸を「みなし特定公共賃貸住宅」（以下、みなし特公賃）として活用することにした。

陸前高田市の市営住宅・下和野団地
（住戸の一部が、みなし特定公共賃貸住宅として活用されている。）

みなし特公賃とは、公営住宅法45条2項に基づき、特別な事由がある場合に公営住宅を特定優良賃貸住宅として用いるものである。市が国交省に提出した文書では、①災害公営住宅の一般化後も空室がある、②東日本大震災により民間アパート等が滅失し中堅所得者向け住宅が不足している、③災害公営住宅居住者に収入超過者が生じること、が理由として説明されている。公営住宅の空室、中堅所得者住宅の不足、収入超過入居者という課題への対応だったと言える。

表1　陸前高田市の災害公営住宅の活用状況と入居状況

団地名	管理戸数	2018/10/1 災害公営住宅 入居	空室	2023/4/30 現在 市営住宅 入居	空室	みなし特公賃 入居	空室	グループホーム 入居	空室	おためし居住 入居	空室	合計 入居	空室
水上	30	14	16	14	4	2	4	0	0	4	2	20	10
長部	13	9	4	10	3	5	0	0	0	0	0	15	3
今泉	61	55	6	54	2	0	0	0	0	0	0	54	2
下和野	120	113	7	105	5	9	1	0	0	0	0	114	6
中田	197	159	38	170	11	14	0	2	0	0	0	186	11
脇の沢	60	42	18	56	1	3	0	0	0	0	0	59	1
西下	40	35	5	34	3	3	0	0	0	0	0	37	3
柳沢前	28	15	13	24	1	1	2	0	0	0	0	25	3
大野	31	12	19	21	4	2	0	0	0	2	2	25	6
田端	14	6	8	11	1	0	2	0	0	0	0	11	3
合計	594	460	134	499	35	39	9	2	0	6	4	546	48

（出所）陸前高田市「陸前高田市公営住宅等長寿命化計画」2019年3月及び陸前高田市提供資料より作成

導入による空室の減少

陸前高田市の災害公営住宅入居状況を見ると（表1）、18年の災害公営住宅時には、空室が134戸（空室率23％）あったが、一般市営住宅化とみなし特公賃の導入等により、23年現在の空室は48戸（空室率８％）に減少している。さらに、移住者など新たな住民の住まいにも充てられ、災害公営住宅の有効活用が進んだ。

収入超過者への対応

入居者の収入基準は、公営住宅法に基づいて条例で定められており、障害者や高齢者等は21万4千円、一般の場合は15万8千円で、これを超えて収入超過者と認定されると、明渡しに努めるとともに、近傍同種住宅に近い家賃を支払わなければならなくなる。さらに、収入が31万3千円を超えると、高額所得者とされ一層高額の家賃が適用される。

陸前高田市の下和野団地2DKを例に収入階層別家賃を見ると表2の通りである。収入超過者の家賃は7万1500円であり、入居者の収入に応じた経過措置はあるが、遅くとも、収入超過認定後5年目からはこの金額が適用される。一般入居者で収入15万8千円の場合、家賃は3万1100円だが、収入が超過すると極度に高くなってしまう。みなし特公賃であれば、15万8千円超でも、収入に応じた家賃が適用され、収入48万7千円までは継続的な入居が可能となる。

表2　陸前高田市市営住宅・みなし特公賃住宅の家賃（下和野宅の場合）

単位：円

		政令月収	家賃
市営住宅	一般	0～104,000	20,900
		104,001～123,000	24,100
		123,001～139,000	27,600
		139,001～158,000	31,100
	障害者・高齢者等	158,001～186,000	35,600
		186,001～214,000	41,100
	収入超過者		71,500
	高額所得者（313,000円超）		
みなし特公賃住宅		158,001～186,000	35,600
		186,001～214,000	41,100
		214,001～259,000	48,100
		259,001～313,000	55,400
		313,001～487,000	71,500

（出所）陸前高田市提供資料より作成

自治体財政面の効果

陸前高田市決算書によれば、入居戸数の増加と並行して住宅使用料収入は増加を続け、各年度の維持管理事業費を上回る収入が確保されている。さらに20年度からは、将来の建設、修繕等に要する費用に充てるため、市営住宅基金を設けて積立てを行っている。また、災害公営住宅整備のために発行した公営住宅建設事業債約10億円も全額繰り上げ償還済である。

＊

公営住宅のみなし特公賃としての活用は他の自治体でも見られるが、災害公営住宅の活用は陸前高田市が初めての例である。（井上博夫）

３ 住まい、暮らし、コミュニティ再建支援

宮城県亘理町の戸建災害公営住宅譲渡（払下げ）補助制度

３－⑬

災害公営住宅は、公営住宅法により耐用年限の１／４を経過すれば敷地を含めて譲渡（払下げ）が可能となっており（公営住宅法第44条）、木造住宅の場合７・５年となっている。東日本大震災により整備した災害公営住宅は、特例により耐用年限の１／６、木造住宅の場合は５年に短縮された。宮城県亘理町では、戸建災害公営住宅譲渡に際して、建物部分の評価額の40％、４５０万円を上限に補助する町独自の制度を設けた（２０２２年１月１日施行）。同制度の創設にあたっては、災害公営住宅入居者でつくった「災害公営住宅問題を考える住民の会」（以下「住民の会」）の取り組みが大きく影響している。亘理町の災害公営住宅譲渡と町独自の補助制度創設に至る経過を紹介する。

亘理町の災公営住宅整備状況と払下げ意向調査

宮城県の沿岸南部にある亘理町は、東日本大震災の津波による住宅被害に対応して、２０１４～15年にかけて、各集落別に災害公営住宅を７団地４７７戸整備した。町は、建設計画当初より将来の譲渡を見込んで戸建災害公営住宅97戸を整備した。災害公営住宅入居申込受付開始にあたって町の広報誌で周知の際も、「戸建形式の譲渡については、国の示す条件が整った時点で改めて意向調査を行い、希望する世帯に譲渡する方針とします」と明示した（広報わたり２０１３年８月号）。

２０２０年９月町議会定例会における戸建災害公営住宅譲渡に関する質問に、町長は入居希望者のいる段階での実施は困難との認識を示したが、東日本大震災被災地初の事例となった福島県相馬市の取り組みを例に、国事業の対象世帯減少や維持管理負担削減、収入超過世帯対策効果とともに「ついの住みかとして安心して暮らせる環境づくりに希望を添えるよう、前向きに対応」するよう重ねて求められ、「できる限り早い払下げができるよう努力してまいります」と答弁した（２０２０年９月第８回議会定例会議事録）。

町は２０２１年１月に戸建住宅入居者全89世帯に払下げについて、意向調査を行った。73世帯（82％）から回答があり、17世帯が価格などの条件付きながら払下げを希望した（２０２１年６月７日町議会全員協議会資料）。

「住民の会」の取り組み

災害公営住宅入居者は、２０２１年８月１日に入居者40名の参加で「住民の会」を立ち上げた。活動の目的としては、①家賃減免の継続、②管理開始

11年目以降の家賃減免制度、③収入超過者対策、④コミュニティ維持の取り組み等を町に求めていくこととした。特筆すべきは、町議18名中5名が加わり、そのうち2名の町議は災害公営住宅に入居する被災者であった。

設立総会の記念講演の中で講師の遠州尋美氏（東日本大震災復旧・復興支援みやぎ県民センター事務局次長）が、日本住宅金融支援機構の災害復興住宅融資（高齢者向け返済特例）（以下「災害リバモ」）を活用した災害公営住宅譲渡事例を紹介し、戸建住宅入居参加者の関心を集めた。

「住民の会」は設立後8月20日に早速町長に申し入れを行うとともに、直後の２０２１年９月議会にて「住民の会」参加の町議が「災害リバモ」を活用した戸建住宅の払下げについて質問を行い、町長も前向きに検討を答弁した。その後町は、２０２１年12月10日付で「戸建災害公営住宅譲渡取得支援補助金交付要綱」を整備し、戸建災害公営住宅譲渡への町独自の支援制度を設けた。

災害リバモと補助金を活用した譲渡事例

災害公営住宅の中野団地に住む宍戸弘男（70歳）さんは、近くの鳥の海在住で津波により自宅が全壊し、ペットもいたため、戸建災害公営住宅の入居を希望し、３ＤＫ、63坪の災害公営住宅に入居した。入居前より譲渡のことは聞いていたが、譲渡価格が１０００万円以上であり全額自己資金では無理だと判断していた。一方、年金収入に加えて夫婦共稼ぎで収入もあったため、収入超過世帯となり令和3年度の家賃は月額7万１６００円、減免がなくなり本来家賃になると8万５６００円と通知が来ていた。「住民の会」設立にも関わり同会設立総会の講演で「災害リバモ」を知った宍戸さんは、建物の取得額の4割の町独自補助が出ることとなったことで、令和4年度の町の補助金募集に応募した。

宍戸さんの譲渡金額と資金内訳は、表1の通りである。「災害リバモ」とともに消費税増額分に対して国が準備した「すまい復興給付金」も利用している。

譲渡後の宍戸さんの月額の支払いは、利払いのみの1万3千円となり、固定資産税も購入後5年間は50％減免となる。ただし災害リバモは譲渡額の4割の自己資金の準備が必要で、貸付実施は譲渡後となる。町補助の実施も譲渡後なので、つなぎ資金の準備が大きな制約となっている。

災害公営住宅の譲渡と「災害リバモ」の課題

公営住宅法によって、公営住宅の譲渡代金は基金に積み上げ、公営住宅の整備に充てられることとなっている。譲渡が進めば自治体の管理戸数や国の低減・低廉事業の対象戸数も減少する。また、「災害リバモ」を活用すれば、最終的に入居者がいなくなり残債があっても、相続人が放棄すれば売却代金は国庫にはいることとなる。

戸建災害公営住宅譲渡に「災害リバモ」を活用しやすいように国、支援機構、自治体とも表2の改善が求められる。

（神倉　功）

表1　宍戸さんの災害公営住宅譲渡価格と資金調達

譲渡価格（税込）	
土地	260 万円
建物	850 万円
計※	1110 万円
※ 災害リバモ利用は 40％の自己資金が必要（444 万円）。	
資金調達額（税込）	
町補助金※※	340 万円
国補助	50 万円
自己資金	120 万円
借入※※※	600 万円
計	1110 万円

※※ 建物譲渡価格の 40％
※※※ 災害リバモ借入

表2　譲渡利用促進に向けた改善課題

① 被災者生活再建支援法加算支援金受付期間を譲渡期間まで延長する。
②「災害リバモ」の自己資金額（譲渡額の４割）は、自治体独自の補助金がある場合は支援機構や自治体で補助金同額の短期間の貸し付けを検討する。
③ 譲渡に「災害リバモ」を利用する場合、相続人が相続しなければ最終的に資産は国に帰属するので、自治体補助は土地も対象とする。

（出所）表1、2とも筆者作成

3 住まい、暮らし、コミュニティ再建支援

災害公営住宅のコミュニティ維持の課題

あすと長町第二復興公営住宅の現状から

3－⑭

東日本大震災で建設された災害公営住宅は、まもなく10年目を迎える。この間、収入超過問題による子育て世代の退去が進む中、急速な高齢化の進行と併せて独居世帯も増加し、見守り支援の重要性が増してきている。一方、コミュニティ維持の中心的役割を期待される町内会も、担い手不足により困難を増している。仙台市南部にある災害公営住宅・あすと長町第二復興公営住宅（以下、「あすと長町第二」）自治会の状況を報告し、その解決に必要な課題を論じる。

「あすと長町第二」自治会の状況

「あすと長町第二」は、仙台市太白区長町のJR長町駅近くの96戸14階建ての高層集合住宅である。現在の入居世帯は、88世帯で72世帯が災害公営住宅としての入居、16世帯は一般の市営住宅入居者となっている。

2015年4月から入居が始まり、翌16年4月に自治会として「住民の会」が設立された。「住民の会」会員は81世帯(92％)で、役員数は設立時12名、現在は4名となっている。設立当時から役員を担い、現在会長の薄田栄一さん（70歳）は災害公営住宅におけるコミュニティ維持について、次の4点の課題をあげている。

(1) 収入超過による転居者の増加

本来「住民の会」活動の中心的担い手になる若い世帯が、収入超過者になり近傍同種家賃と呼ぶ上限家賃が適用されて家賃が高額になるため、退去する世帯が多い。

(2) 高齢化による困難世帯の増加

「あすと長町第二」では、65歳以上の方は45世帯（51％）、空室への一般入居でも65歳以上の世帯が増えている。また「老老介護」「老障介護」世帯も少なくない。21年、22年と大きな余震が続いたが、エレベーターが止まるので高層住宅ではこうした世帯は動けない。また動けば危険でもあるので、「住民の会」では「災害時要支援者制度」には対応できないのが実態である。

(3) 仙台市の支援縮小による困難の増加

仙台市では一人暮らしの高齢者向けに「緊急通報システム機器」の貸し出しをしているが、22年4月にそれまでの携帯電話から固定電話にシステムが切り替わり、同時に通話料が有料になったために多数の方が利用をやめた。

また、23年3月末で仙台市社会福祉協議会の「地域支えあいセンター事業」が終了となった。この事業は、災害公営住宅入居世帯で見守り支援が必要な世帯へ支援相談員が定期的に訪

問し、状況を把握して必要な支援につなぐ事業で、「あすと長町第二」には10人程度の対象者がいる。支援相談員は、区障害高齢課や家庭健康課、地域包括、民営委員に横串をさす「ワンストップ」の相談体制の要だった。しかし、「地域での生活が定着して落ち着きを取り戻してきた」という理由で突然廃止となった。多様な関係者間のつなぎ手を失い、今後の問題発生時には、「住民の会」会長が関係者間の調整をしなければならなくなった。

(4)「住民の会」の担い手の不在

そもそも災害公営住宅入居者は、初めて集合住宅に住む人が多数を占め、高齢世帯、障害者や一人親世帯が優先入居している。その結果自治会に関われる世帯が少なくなってしまう。班長制も機能しなくなり、会費徴収も会長が代行している。年に一度の総会も、司会や議長、議事録作成人がいないので、会長が担当している。清掃も参加者が減り、高齢の15人くらいで毎回同じメンバーで行っている。

求められる仙台市の取り組み

管理開始10年目を迎えつつある仙台市の復興公営住宅では、担い手不足で、解散する自治会も出始めている。災害公営住宅コミュニティ維持のため、次の施策が求められる。

(1)入居基準緩和による収入超過世帯への対応

収入超過世帯は、入居世帯の中でも世代的に若く、コミュニティ維持のためにも期待される世帯である。収入超過世帯が入居し続けられるためにも、高額な近傍同種家賃ではなく、適切な水準の上限家賃導入を検討すべきである。また、今後空室に一般の市営住宅入居者を募集する際にも、入居収入基準を引き上げて、若い世代の入居を可能とする取り組みが求められる。

(2)自治会を支える見守り体制づくり

高齢見守り世帯や困難を抱える世帯は、今後も急速に増加する。支援相談員は、被災者支援総合交付金を財源とした国10割負担の事業であり、自治体に財政的な負担はなく25年度まで活用できる。宮城県内でも石巻市、南三陸町など7市町は、23年度以降も活用している。仙台市の支援相談員の廃止は、コミュニティに見守りを丸投げする拙速な判断と言える。今後は重層的支援体制整備事業に移行するとのことであるが、コミュニティに寄り添う見守り体制づくりが求められる。

(3)自治会の業務軽減の仕組みづくり

災害公営住宅の集会所の水光熱費やゴミ集積所清掃の水道代、通路の蛍光灯などは自治会負担となっており、自治会役員が自治会費と一緒に徴収している。一方では、自治会の加入率が低下して非会員入居者も増え、自治会の解散に至る団地も出始めた。本来このような費用は共益費として、入居時に自治体と入居者個人が直接契約すべきであり、任意団体である自治会に負担させるべきではない。

(4)自治会運営に外部ボランティア導入の仕組みづくり

コミュニティ維持の中心である自治会の運営自体が困難を増している。今後の自治会運営(例えば集会所の管理、役員会の運営、総会開催実務など)やイベントの運営などを外部のボランティア団体に依頼するなど、外部に支援を求めることが可能となる施策・制度が必要となっている。具体的には、外部ボランティアへの交通費や謝金を行政が補助する仕組みづくりや空室に大学生や留学生を入居させて自治会運営に参加してもらうなどの取り組みが求められる。

(神倉　功)

3 住まい、暮らし、コミュニティ再建支援

災害公営住宅におけるコミュニティの意味とその再生の取り組み

3－⑮

阪神・淡路大震災における孤独死の問題

阪神・淡路大震災からの復興過程では、近隣関係から切り離され孤立に陥り孤独死に至る過程が社会問題となった。さらには、積層型集合住宅における「住戸の閉鎖性」も孤独死防止をより困難にする課題として浮上する。鉄製の玄関扉を閉じ、鍵をかけてしまえば中の様子が窺い知れず、隣近所との関係が途切れてしまう、プライバシー偏重とも言える閉鎖的な空間性についての指摘である。

コミュニティの意味

ここで、伝統集落に居住していた人々にとってコミュニティとは何か、なぜ彼らにコミュニティが必要なのかについて触れておきたい。石巻市北上町の復興に関わるようになり理解したことであるが、被災者にとってお祭りはレジャーでなく神事であり、コミュニティも生きる術であった。都会で生き、すべてのサービスを現金に仲介させて享受する私たちと違い、彼らはコミュニティに属している限り、おすそ分けで米・野菜・魚介類が食べきれないほどに流通し、教育も福祉もレジャーもそこに属している限り受けられ、そしてそこに属している限り彼らも与え続ける。彼らが隣人を大切に尊重し感謝し関係の継続を望むのは、そうした理由があるからである。彼らは現金収入がなくとも十分に豊かなのであった。

そう考えるならば、「現金を介さない社会的サービスの交換」の源泉である近隣関係の復興・再生が、東日本大震災からの復興の目標であったと言える。復興構想会議が掲げた「コミュニティ主体の復興」もそこに帰着する限り合理性がある。

災害公営住宅の新しい取り組み

そうした背景にもかかわらず、東日本大震災において、あいも変わらず閉鎖性の高い災害公営住宅が多く建てられた。しかし、限られた事例ではあるが、新しいタイプの災害公営住宅が模索された。

建築計画学の分野では、積層型公営住宅の大量供給が始まって以降、住戸の閉鎖性が問題として取り上げられ、そのたびに、下町の路地に普通に存在した「住戸と路地を行き来する生活スタイル」自体の価値が見出され、建築計画理論としての「まち型居住」が提案されている。それらは、従前の被災地にあった縁側での交流を災害公営住宅において再生する試みであり、住戸の共用廊下に面した居室を開放的なつくりとし、共用廊下

と居室において、被災前の縁側での近隣交流をはじめとするコミュニティの再生を目指している。

　しかし、理論的な正しさが積み上げられているにもかかわらず、実際にでき上がった空間において、その成否に懐疑的な声があるのも事実である。

　筆者も、こうした「まち型居住」を導入した2つの接地型災害公営住宅の設計に関わった。その2つの事例の住まい方を調査した論文が発表され、そこでは相反する結果が報告されている。類似した建築計画でありながら一方の事例では、災害公営住宅の外部共用空間において従前の縁側での交流が活発に行われているが、残念ながら一方ではほとんど活用されていない。

　この矛盾が生じる原因は、次のように考えられる。まず第一に、入居者が「相互見守りを主旨とする災害公営住宅」への入居を主体的に選択することが重要である。次いで、入居者の相互見守りを具体的な近隣関係に置き換える入居計画と建築計画、つまりコミュニティ形成のために用意された外部共用空間において、誰との共用を目的として計画されたのか（共用空間の目的）と、一致して共用する相手に対しての入居者相互の同意（共用相手への同意）が形成される計画であったかどうか、である。

　つまり、「どのような復興を成し遂げたいか」についての入居者の主体的選択を中心に据えた復興事業の実現が重要である。通常、こうした復興事業は地域を担当する地域担当課と復興事業を一括して担当する事業担当課の役割分担の上に行われるが、これらが一連のものとして行われ、設計技術者がそこに関与して専門的知見を提供することによって実現する。こうしたノウハウが蓄積されることによってはじめて、コミュニティの再生も含めた被災者の住宅再建の方法が確立されることになる。

（写真1）阪神・大震災時の巨大災害公営住宅。神戸市垂水区

（写真2）石巻市北上町にっこり南復興公営住宅

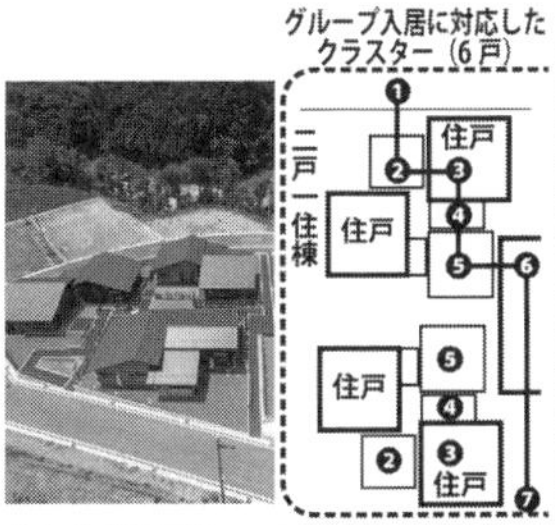

住戸周囲の共有空間の構成	共用空間の目的	共用相手に対する同意
❶エントランスゾーン	エリア共用	見守型に同意
❷共用ポーチ	2戸共用	ペアに同意
❸住戸	専有	ー
❹専有テラス	専有	ー
❺共用テラス	2戸共用	ペアに同意
❻クラスター小ひろば	グループ共用	グループに同意
❼フットパス	エリア共用	見守型に同意

「まち型居住」のためのデザインコンセプト例（にっこり南住宅）
❶から❼へ共有空間と専有空間を貫いて往来できる居住者間の同意が不可欠。（フットパス：歩行通路）

地域の未来を担う災害公営住宅

　更には、東日本大震災の被災地においては、災害公営住宅は最後の公共投資であり、これを地域の未来につなげる取り組みが重要だと指摘されている。移住者の受け入れや福祉施設への転用などが検討されているが、少子高齢化、人口減少の局面にあり、災害公営住宅が今後どう活用され、地域を支え続けるかにも注目するべきである。

（手島浩之）

災害公営住宅の見守り体制構築

仙台市・鶴ケ谷六丁目中央町内会の経験

3－⑯

仙台市の災害公営住宅は3206戸が整備され、現在2522世帯の被災者が入居している（2020年11月30日現在）。どの団地も、2023～25年にかけて、管理開始後10年を迎える。各団地でコミュニティの維持を担う町内会も、役員も含めて高齢者が増加する一方、若い世代は収入超過者として家賃が高騰して転居していくため、町内会の役員の成り手がなく、その維持に困難を抱えている。

また、仙台市は、災害公営住宅への相談員の見守り支援を2022年度末で廃止し、町内会の負担が増してきている。

その状況を打開するため、行政の縦割りの各組織と町内会役員との「顔の見える関係づくり」に取り組み、見守り体制づくりに顕著な成果を上げた鶴ケ谷第二市営住宅団地の鶴ケ谷六丁目中央町内会の取り組みを紹介する。

仙台市・鶴ケ谷六丁目中央町内会の概要

仙台市北部の宮城野区鶴ケ谷にある鶴ケ谷第二市営住宅団地は、1970～73年に仙台市が造成した管理戸数60棟1630戸という大規模な公営住宅団地である。

その一部に、鶴ケ谷六丁目中央町内会がある。16棟、343戸で構成されているが、現在の入居世帯数は306世帯、高齢化率は80％、町内会加入世帯は176世帯（58％）となっている（2023年2月28日現在、町内会資料より）。その16棟のうち、2棟が東日本大震災により入居不可能となり、2013～14年にかけて再建され、うち1棟が災害公営住宅として高齢独居者、病気等の生活困難な被災者が無抽選で入居した。

災害公営住宅入居後の状況

現在六丁目中央町内会長の松谷幸男さんは、2015年1月に災害公営住宅に入居した。入居した棟は28世帯であったが、入居後3年半の間に亡くなったり、施設入居のため退去される方が5世帯にのぼった（表1）。

松谷さんは、入居者を見送るたびに「これではいけない」「お互いに助け合わないと」と思い、六丁目中央町内会長に自ら手を挙げ、1年目から次の取り組み

表1　入居者が退去に至った事情

- 90代の独居女性が、入居して間もなく体調を崩して入院し亡くなられた。
- 軽い認知症で電話にも出られない独居の女性が、ショートステイを繰り返し利用していたが自宅で亡くなられた。
- 車いす生活の旦那さんを介護していた奥さんが、がん再発、悪化し入院して亡くなられた。
- 震災の津波で家と母親を亡くした60代の独居男性が、誰にも看取られず突然部屋で亡くなられた。
- 足の不自由な方が、部屋で転んで大腿骨を骨折し、入院先から施設入所して退去した。

を行った。

まず、町内会長就任にあたり、会員全員へ「私の気持ちと考え」を提案し、協力を求めた（表２）。

町内会では、早速各棟の世話役を選出し、２０１９年10月５日に第１回の「見守り世話役、福祉委員、民生児童委員、包括支援センターの顔合わせ会」を開催した（写真上）。

その後もコロナ感染拡大による中断はありながらも、介護予防や認知症の学習会を開催しながら、情報交換、顔の見える関係づくりを続けている。

同時に町内会として、的確な情報交換ができるように「六丁目中央町内会見守り世話役、福祉委員、民生委員担当配置図」を作成した。当初は、各担当者と地域包括支援センターの連絡先のみの記載であったが、現在では市営住宅管理事務所、交番の電話番号も記載するなど、改善が図られている。

見守り体制構築の効果と課題

２０１９年10月の取り組み開始以降は、表３のような見守り事例が生まれている。

松谷さんは、「ご近所の異変に気づいた入居者が、世話役や民生委員に連絡をくれるようになった。町内会としては、『見守りをしましょう』と伝えているだけですが、『町内会が言っているから、知らんぷりできないね』と町内会未加入者も含めて協力してくれている」と語っている。また、「世話役の方々は、地域包括支援センターも世話役、民生委員からの連絡には、緊急対応的に早急に手をうってくれるようになった」と述べており、「顔の見える関係づくり」が効果をあげている。

今後の大きな課題としては、①町内会の加入率が約60％であり、町内会未加入者であっても見守り対象とせざるを得ない状況にあること、②一方、高齢化により見守り対象の入居者は増えていくが、見守り体制に協力する入居者は減っていく状況にあること、である。

高齢者の見守り体制の構築は、団地のコミュニティ維持と密接不可分の課題である。収入超過者など若い世代も暮らし続けていける施策や大学生や留学生などでコミュニティづくりに協力できる若い世代の入居を受け入れていく仕組みづくりなど、コミュニティ維持のための行政の取り組みが極めて重要となっている。

（神倉　功）

表２　松谷さんが「私の気持ちと考え」で訴えたこと

①現在の市障害高齢課、包括支援センター、民生児童委員、福祉委員による見守り支援では、各団体間の「すきま」、時間的な「すきま」、が発生している。

②町内会が見守り支援を担うのは現実的に無理だが、「すきま」を埋める「つなぎ役」としては大事な部分になっている。

③町内会は各棟に世話役をおいて、見守り支援の各団体と顔の見える関係作りを行い、見守り支援の上で心配と思われる情報を伝えていく「つなぎ役」を担っていく。

④町内会未加入世帯に加入を呼びかけていく。

表３　鶴ヶ谷六丁目中央町内会の見守り事例

- 認知症で団地内を徘徊していた独居入居者の方に、福祉委員が話しかけて交番へ連絡し、地域包括支援センターがすぐに施設入所につなげた。
- ベッドで動けなくなっていた方に隣近所の方が食事を運び、地域包括支援センターに連絡し、すぐにショートステイにつなげた。
- 団地内の路上で転んで動けなくなっている入居者を世話役が介抱して、救急車を呼び、交番に連絡した。

（写真）
上：見守り協力者「第１回顔合わせ会」2019年10月５日
下：鶴ヶ谷六丁目の復興公営住宅

3 住まい、暮らし、コミュニティ再建支援

災害公営住宅健康調査から見た宮城県による健康調査打ち切りの問題

3－⑰

宮城県民主医療機関連合会（以下、宮城民医連）は、東日本大震災で被災された方の健康や生活の課題を明らかにし支援につなげるため、加盟事業所近隣の災害公営住宅での調査活動を２０１５年以降、職員、友の会会員や医療生協組合員で行っている。２０２２年度は、５市５町（仙台市、塩竈市、多賀城市、東松島市、大崎市、七ヶ浜町、利府町、松島町、山元町、南三陸町）の４３３２戸に、訪問による聞き取りと調査票のポスティング・郵送回収を行い、６５３件の回答を得た。

ここではその調査結果をもとに、災害公営住宅で暮らす被災者の健康状態を示し、健康調査の継続が求められていることを確認する。なお、データは、東日本大震災の被災による入居者で、個人情報の利用を承諾いただいた方を集計した。

健康状態

健康や病気、介護に関する不安は急増している（図１）。

災害公営住宅への入居前と入居後では、約３割の方が、入居後の方が体調は悪いと答えている。現在の体調がよくないと感じている方が約３割。治療中の病気がある方が約８割で、経年的にほとんど変わっていない（図２）。災害を思い出して動揺することがある方が約３割おり、被災は今も心に深刻な影響を与えている。体調が悪くても受診を我慢することが多いと答えた方の６割が、医療費を理由にあげた。

図１ 健康・介護の不安

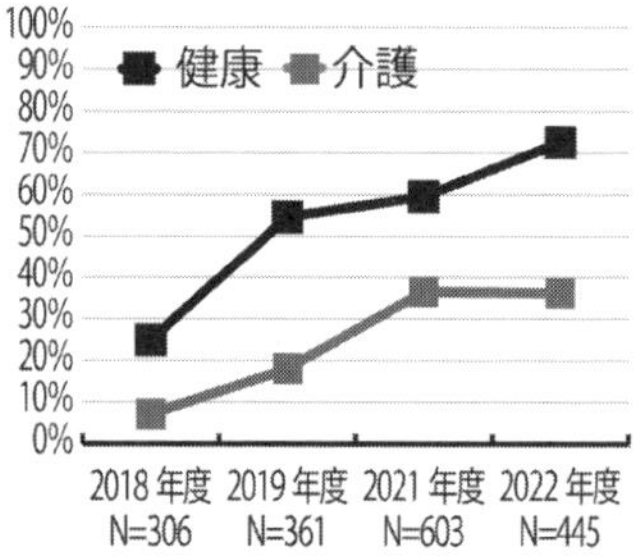

図２ 治療の必要な有病者率

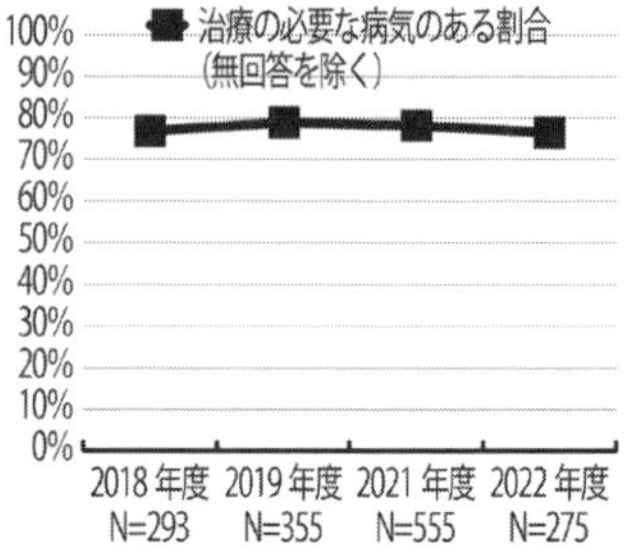

何が健康状態に影響しているか

(1) 経済状態

生活に困っている人たちは、そうでない人たちに比べて、体調がよくないと感じており、体調が悪くても受診しない割合が高い。

回答者を、生活が苦しいと答えた困窮群と、生活に余裕があると答えた普通群とに分けて、

健康に関わる回答を比較した。困窮群は普通群に比べて、体調が悪く、災害公営住宅に入居した後の方が体調は悪いと感じている。深刻な抑うつの症状を有する割合、災害を思い出して気持ちが動揺する割合も高かった（図3）。

図3　経済状態と健康状態

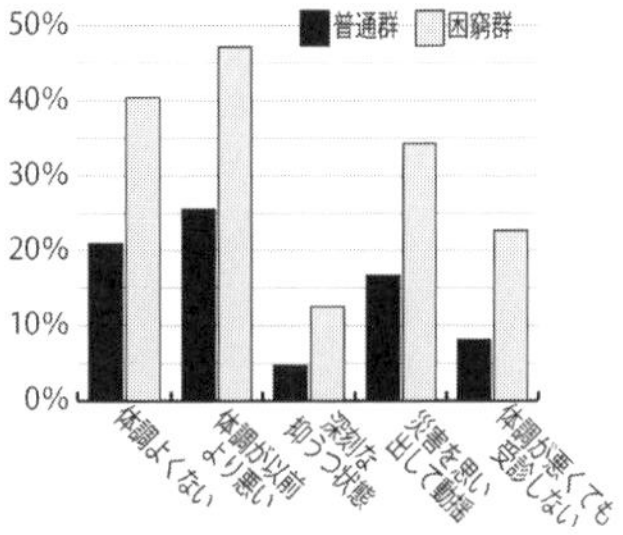

図4　近所関係と健康状態

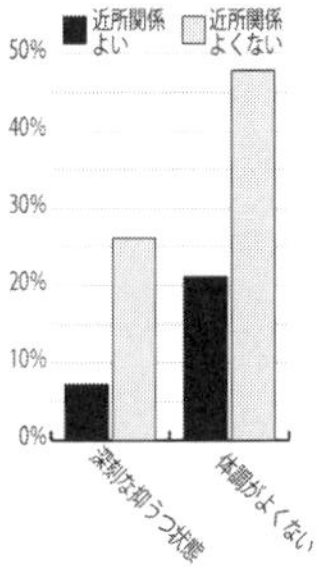

図5　相談相手と健康状態

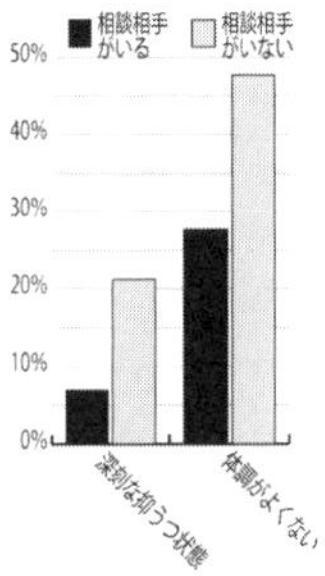

図6　社会活動と健康状態

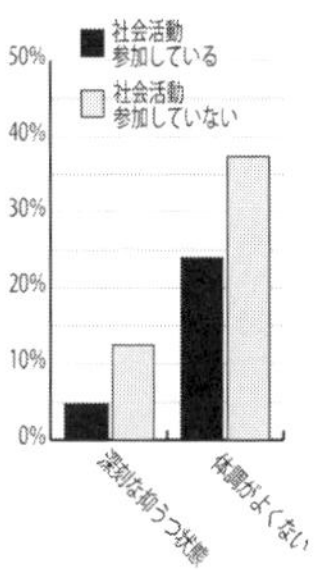

(2) 地域でのつながり

地域の人たちとのつながりも健康に影響している。

近所の人たちとの関係がよいと感じている人や困った時の相談相手がいる人、社会活動に参加している人は、そうでない人たちに比べて体調がよいと感じており、深刻な抑うつ症状のある人の割合は低かった（図4～6）。

図7　コロナ禍の健康状態への影響

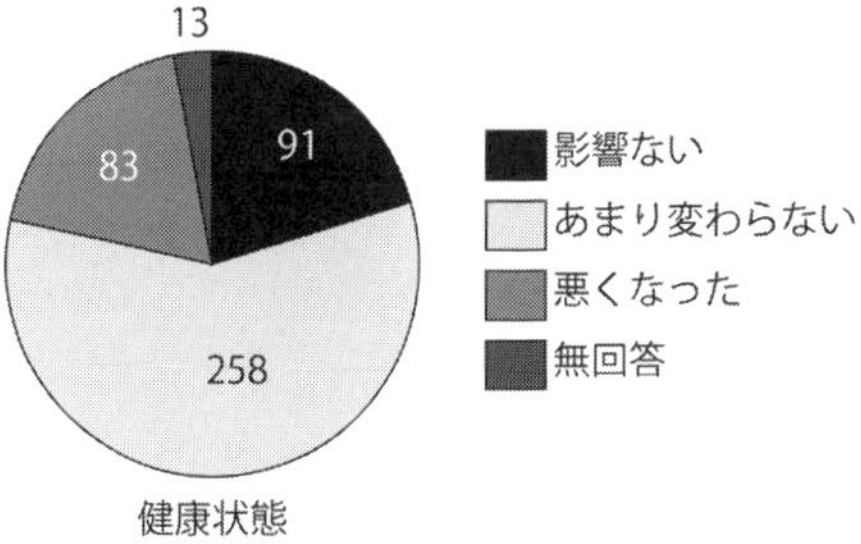

(3) コロナ禍の健康への影響

コロナ禍のもとで19％の人は健康状態が悪くなったと感じている（図7）。もともと持病のあった人、体調が悪くても受診を我慢することが多い人に、その影響は大きい。

まとめ

東日本大震災から12年が経ち、災害公営住宅の住民は高齢化している。調査に回答いただいた方の約7割が65歳以上、そのうち半数は一人暮らしだった。加齢に加え、暮らし向きや地域のつながりが健康に影響を与えており、コロナ禍がそれをさらに深刻にしている。被災者の健康権実現のために、医療費や家賃などの経済的負担の軽減、自治会活動やコミュニティづくりへの支援などのきめ細かな総合的な施策と、社会保障をはじめとした制度の充実が求められる。

宮城県は、『新・宮城の将来ビジョン』において、「被災地で暮らす方々一人ひとりに寄り添った支援が行われるよう、子どもから大人まで切れ目のない心のケア、見守り・生活相談、地域コミュニティの形成支援、児童生徒へのきめ細かな対応等を実施」すると表明している。その一方、入居者の健康状況を把握するために２０１５年度から実施してきた災害公営住宅での健康調査を、２０２０年度で打ち切った。

災害公営住宅の住民を対象とした健康調査は、被災者の健康や生活実態、課題の把握のためには不可欠である。宮城県が健康調査を再開し、調査結果を踏まえて『将来ビジョン』をはじめとした施策を充実させ、誠実に実行することを求めたい。

（坂田　匠）

震災後10年間医療費窓口負担免除を貫いた岩手県の経験

３－⑱

岩手県における医療費窓口負担免除

２０１１年３月11日に東日本大震災が発生し、岩手県の沿岸部で被災した医療機関は医科、歯科、薬局併せて１８０施設あり、この内１４３施設（79・４％）が大きな被害を受けた。震災直後からＤＭＡＴをはじめ全国から応援が入ったが、ケガや慣れない避難所生活で体調を崩した住民は被災直後から地元の医療機関での受診を求めた。被災した医療機関が懸命に診療を続ける中で、厚生労働省は同年３月15日と18日に被災者の窓口負担徴収「猶予」の事務連絡を発出し、「免除」の事務連絡を発出したのは１か月後の４月15日であった。震災直後より「免除」としていれば、受診を控えていた被災者も、より受診しやすかったと考える。

岩手県保険医協会では、未曾有の震災後、被災者がお金の心配なく必要な受診できるよう２０１１年８月より厚労省へ窓口負担免除の継続を要請した。また、同年10月には岩手県議会へ「被災地復興のため医療等の充実を求める請願」を提出し賛成多数で可決された。しかし厚生労働省は、社保加入者の免除を２０１２年２月で終了（協会けんぽ独自の財源で同年９月まで延長）とし、国保と後期高齢者医療の加入者の免除を同年９月までとすると発表した。

このような中、２０１２年５月に実施したのが、「被災者医療費窓口負担アンケート」である。健康情報を掲載したパンフレットを応急仮設住宅に配布したルートを通じて実施し、３０２０通の回答を得た。その後、２０２３年３月時点で12回のアンケートを実施している。

医療費窓口負担免除の財源は、当初は国が全額負担していたが、２０１２年10月から、国の負担は一部負担金分の８割となり、岩手県では、県と市町村が残り１割ずつを拠出した。ただし、国が８割拠出するのは免除額が窓口負担所要額の３％（後期高齢者医療は１％）を超える市町村が対象であり、基準に満たない内陸部等の市町村については県が肩代わりして９割負担を行った。なお、国の８割補助は保険者の要請によるため、社保の免除は打ち切りとなった。

宮城県では県が２割を負担したものの、財政不足を理由として２０１２年度末で免除を終了し、一部の自治体が２割分を負担して継続したが長くは続かなかった。一方岩手県では、県と自治体が揃って応分の負担をする仕組みをつくったことが、10年間免除措置が継続したことにつながったものと考える。

免除打ち切りへの動き

岩手県は窓口負担免除を続けていたが、年月が経過するにつれ、記者発表や議員要請の際に、免除継続の妥当性を問う質問もされるようになった。しかしアンケートには継続を望む声が多く、県や市町村はその意見を汲み取り免除を継続してきた。

しかし2020年になると、沿岸13市町村のうち普代村、野田村を除く11市町村が免除継続に反対したため、免除が打ち切られる方向となった。岩手県保険医協会は県知事をはじめ、沿岸13市町村すべての首長、すべての自治体議会議員へ免除継続の要請を行ったが、2020年11月16日に国保と後期高齢者医療の住民税課税世帯については2021年3月末で免除を打ち切り、非課税世帯は同年12月で打ち切られることとなった。

免除打ち切りの影響

免除証明書が交付され窓口負担が免除された方は、2020年3月時点で、国民健康保険1万5141人、後期高齢者医療1万2195人となり、その他を合わせ合計3万1901人であった。報道によれば総額約265億円の医療費自己負担額が免除となっている。当協会の被災者医療費窓口負担免除の運動は、岩手県内被災者の健康維持に寄与しただけではなく、孤立する被災者が通院を通して外部と接触する機会となった。

しかし、2022年の免除措置が打ち切られた後に実施した12回目となるアンケートでは、「通院回数を減らす」「通院できない」と回答した被災者が、国保加入者で55・9％、後期高齢者医療加入者は42・2％となっている。自由意見欄でも、「年金だけでは今後が不安なので通院回数を減らす」「通院のための交通費を捻出するため食費を減らした」などの窮状を訴える声が多数寄せられた。

県は免除終了に当たり、「生活困窮者自立支援制度などにより経済的な理由で必要な医療が受けられないことがないよう関係機関と連携し支援する」としたが、当該制度はいずれ返済しなければならず、保証人を付けなければ利息が発生するなど利用しやすい制度とはいえない。

沿岸部のある社会福祉協議会の担当者によれば、免除が打ち切られて困ったとの声が相当数寄せられ、通院をやめて体調を崩した事例も報告されたとのことである。この数年コロナ禍や物価高騰や長引く不漁など生活保護基準に該当しないものの経済的に極めて厳しい経済状況に置かれている方もいる。未曾有の大災害によって被災した方々が医療を受けられるようにするためには、国が主導して生活保護以外にも経済的な負担を少なく医療を受けられる制度の段階的構築が必要であると考える。

今後に向けて

10年間のアンケート調査と運動を通して、日本国憲法第25条に「国はすべての生活部面について、社会福祉、社会保障及び公衆衛生の向上及び増進に努めなければならない」とあるように、被災者の権利を保障し、災害時には被災者が経済的事情に関わらず受診できる環境や仕組みを作る取り組みが重要であるという教訓を実感できた。

岩手県の三陸沿岸はこれまでに1896年の明治三陸地震、1933年の昭和三陸地震、1960年のチリ地震津波、そして2011年3月11日の東日本大震災と、度々大きな津波の襲来を受けている。地震大国である我が国においては、岩手県民だけではなく、誰もが大災害の被災者となり得る。災害で得た教訓は後世の人々に伝え忘れないようにすべきである。

（小山田榮一）

市街化調整区域における現地再建
若林区井土地区の場合

3－⑲

現地再建地域の歩み

仙台市若林区井土地区は、太平洋に面し、慶長の大津波（１６１１年）を経た１６３２年に近隣から農家が移り住み、開墾を始めたことが集落の始まりとされている農村である。東日本大震災の津波被害では、地区内の36名が犠牲となり、流失や1階天井高までの浸水に見舞われる家屋がほとんどであった。同程度の被災をしている他地区が災害危険区域に指定される中、井土地区はその指定から除外され、現地再建が可能となった。指定の前から地区外移転を果たした住民（注１）も多く、世帯数は１０３から11に激減した。

井土町内会は存続したものの、自治機能の低下や宅地跡地の荒廃化等、居住者が激減した故の課題が地区内に見られるようになった。宅地跡地は工事業者による資材置き場等の短期利用がほとんどで、地区の将来像が描きにくい状況にも不安が募っていった。地区外に移転した住民たちも集まる場面がなく、ふるさとについて全体で話し合う機会をつくれずに震災からの時間が経過していった。

このような背景を踏まえ、「井土まちづくり推進委員会」が住民によって組織され、井土町内会、井土実行組合とともに井土地区の今後を積極的に考えていこうと動き始めたのが２０２１年の夏ごろのことである。

10年経て動き出した住民

真っ先に取り組んだ全世帯アンケート（配布：世帯／回答：78世帯（回答率80・４％））では、半数の世帯が「井土地区にふるさととしての愛着がある」と回答し、「（井土での活動に）機会があれば参加したい」と回答した世帯も多くみられた。アンケートの結果を踏まえ、「自分たちでできることは取り組んでいこう」と、井土町内会・井土実行組合・井土まちづくり推進委員会の三者連携の下、仙台市の助成支援を受けながら、ソフト事業を主軸として地域づくり活動を展開してきた（表１）。この取り組みによって得られた成果は以下の３点である。

① 地域資源を活かした交流の場の創出

被災して以降、住民の願いであり目標でもあった「集まる場」を、既にある井土地区の地域資源（住民、農作物、ネットワーク、愛着、記憶、技術、等）を活かしながらつくることができた。そして、ただ集まるだけでなく、住民同士、住民と地区外の市民同士、世代の異なる市民同士等、多様な交流を引き出すことができた。

②「参加する」「関わる」という住民の雰囲気の醸成

参加機会を複数提供し、住民にとって久しぶりとなるふるさとへの関わりのハードルを平易にすることにつながった。井土クリーン作戦は既に定着し、「通いながら集落を整える」という新しい共同空間管理のあり方としても注目に値すると考える。

併せて、「参加する」ことの先にある「関わる」ことについても、住民側の積極的な姿勢がみられた。特に、プチマルシェにおいては多世代の住民が手を貸し合って準備する光景がみられ、かつての暮らしにあった「結」が今なお息づいていることを実感する機会となった。

表1　2022年度における井土地区の取り組み一覧

テーマ	イベント名	開催日時	協力者	参加者数
多世代が集まれる場づくり	第1回井土プチマルシェ	2022年 11月19日（土） 10時～13時	農事組合法人井土生産組合 北杜興業株式会社 株式会社みちさき 海楽寺、長稱寺、マートル 元・東六郷小おやじの会 かあちゃんず、一般社団法人 ReRoots NPO法人冒険あそび場—せんだい・みやぎネットワーク 暮らしの採集室、荒浜のめぐみキッチン	約300名
固有の資源を内外に発信するための魅力づくり	第2回 井土自然環境学習会 「井土の湿地帯にヨシとカニを見に行こう！」	2022年 9月11日（日） 10時～12時	東北大学　占部城太郎氏 東北大学　柚原剛氏 北の里浜 花のかけはしネットワーク NPO法人冒険あそび場—せんだい・みやぎネットワーク	60名
	第3回 井土自然環境学習会 「イナゴとり」	2022年 10月11日（火） 10時～12時	NPO法人冒険あそび場—せんだい・みやぎネットワーク	25名
	第4回 井土自然環境学習会 「むかっち博士とつくる『井土の押し花・押し葉ポストカード』」	2023年 2月18日（土） 10時～12時	むかい＊いきもの研究所　向井康夫氏	13名
ふるさとに通うきっかけづくり	井土クリーン作戦	2022年5月より 毎月11日開催 （計11回）	北杜興業株式会社	各回 20～30名程度
地区内外への情報発信	井土まちづくりレポート （第6号～第10号）	奇数月に発行		各500部発行

③多様なサポーターとの協働

表1で示したように、多分野の様々なサポーターが井土地区のソフト事業に参画してくださった。住民が有する暮らしの蓄積から生まれた知恵と技に、専門家の知識が加わることで、井土の暮らしそのものが学びの場となり、多くの住民・市民の興味・関心を育むことができた。

（写真1）2022年11月開催「第1回井土プチマルシェ」

（写真2）2022年9月開催「第2回井土自然環境学習会」

「ふるさと」を維持するために

今後は、ソフト事業の展開によって育まれてきた住民の地域づくりへの関心を持続させ、ハード整備の検討にも活かすことが求められる。地区全体が市街化調整区域に指定されている井土地区は、現行の制度では空いた宅地に対して第三者が開発行為を行うことのハードルが極めて高い。こうした状況をどのように解決するべきか、方向性も含めて地区全体で議論が進展していないのが現状である。宅地跡地の活用は住民の大きな関心事でもあり、土地を継承する次世代とともに検討するべく、そのための場づくりが急がれる。

しかしながら、震災から10年の間にできなかったことが、この2年間で解決に向かって動き出したことも事実である。住民にとっては、いつまでも「ふるさと」であり、その思いが時を経て再び集まることを可能にしている。こうした住民の態度に、事前復興の足がかりがあると考えている。

（田澤紘子）

〈注〉

1　本稿では、断りのない限り「住民」という表記は「震災前まで井土地区に暮らしていた者」を指す。

宮城県の対応から垣間見る放射性物質汚染廃棄物処理枠組みの問題点

3－⑳

東電福島原発事故は、県境を越える放射性物質の拡散によって、宮城県にも被害をもたらした。特に県南と県北地域での放射能汚染は、一次産業の被害に加え大量の放射性物質汚染廃棄物（以下、「汚染廃棄物」）を生み出した。震災から12年を経ても処理が難航する汚染廃棄物問題は、「復興」のかけ声でかき消されがちな、広域複合災害ゆえの困難な課題の一つである。

汚染廃棄物処理をめぐる宮城県の対応過程

２０１１年８月に成立した「放射性物質汚染対処特別措置法」（以下、「特措法」）とその基本方針は、原発事故により生じた汚染廃棄物と除去土壌の対処法を定めた。これにより８千Bq／kg超の汚染廃棄物は「指定廃棄物」として各県に最終処分場を建設し国が処理すること、８千Bq／kg以下のものは、既存の焼却施設を活用して一般廃棄物同様に処理、減容化を図ることが推奨され、いずれも「発生県での処理」が原則とされた。この方針のもと宮城県では、「指定廃棄物等処理促進市町村長会議」を舞台に処理方法が検討されている（表1）。

２０１４年1月、環境省は指定廃棄物の最終処分場建設の詳細調査候補地として栗原市（深山嶽）、大和町（下原）、加美町（田代岳）を提示した。しかし地域ぐるみの反対運動によって、２０１５年末に候補地選定の白紙撤回要求が出され、その後は専ら８千Bq／kg以下の廃棄物処理へと議論が推移していく。

この契機となったのは、福島県外各地で最終処分場候補地選定が難航する中、環境省が指定廃棄物の放射能濃度の再測定を実施し、８千Bq／kg以下に自然減衰した廃棄物の「指定の解除」を可能としたことである。この方針転換をうけ、村井宮城県知事は２０１６年11月、県内で保管されている８千Bq／kg以下の汚染廃棄物約３万６千トンを県内全市町村で「一斉焼却」すると

表1　宮城県の汚染廃棄物処理方針の推移

2012.10.25	宮城県主催で指定廃棄物等処理促進市町村長会議開催（第1回）
2014.01.20	環境省が詳細調査候補地提示（栗原市深山嶽，大和町下原，加美町田代岳）（第5回）
2015.04.13	環境省が「最終処分場」から「長期管理施設」に名称変更
2015.12.13	候補地の3市町（栗原市，大和町，加美町）が候補地選定の白紙撤回要求（第8回）
＜2015.8～2016.1　環境省が指定廃棄物濃度の再測定実施＞	
2016.03.19	指定廃棄物の再測定結果公表、環境省の考え方説明（第9回）
2016.04.28	環境省が特措法施行規則の一部改正「指定廃棄物指定の解除」可能に
2016.11.03	県知事が8000Bq/kg以下廃棄物を県内全自治体で「一斉焼却」処理案を提示（第11回）
＜2017.5.11～5.26　県による農林業系廃棄物の処理意向調査実施＞	
2017.6.18	県が「一斉焼却」方針断念、自圏域内で焼却等処理を行う方針案に変更（第13回）
2017.12.27	知事と焼却予定4圏域（大崎、石巻、黒川、仙南）の管理者との会合

（出所）主に指定廃棄物処理促進市町村長会議資料をもとに、筆者作成。

いう処理案を提示する。その多くは稲わらや牧草、ほだ木などの農林業系廃棄物だが、一般廃棄物と混焼することで焼却灰の放射能濃度をコントロール可能とし、この方法を安全かつ迅速、大量に処理ができる方法とするものだった。しかしこれに対し処理意向を留保する市町村も多数あったことから、２０１７年６月に一斉焼却案は断念され、その後圏域ごとの焼却の他、すき込み等も含めた自治体ごとの処理へと変更されている。

　宮城県の８千Bq／kg以下汚染廃棄物の約半分を占めるのが牧草で、その多くが大崎市や加美町、栗原市、登米市などの県北地域で保管されている。当初２年とされた現場保管は長期に及び、今なお農家や仮置き場での保管が継続する。県内での処理動向は図１に示す通りだが、特に保管量が多い大崎圏域では、住民訴訟が継続する中での焼却処理が進められており、自治の現場に混乱が生じている。

汚染廃棄物処理枠組みの問題点

　このように廃棄物処理が難航している背景には、戦後日本における環境法制と原子力法制のすみわけによって、一般環境中に放出された放射性物質の扱いに関する法的根拠が不在だったという問題がある。環境関連法では、放射性物質を適用除外とする規定が踏襲され、一方の原子力関連法では、放射性物質が原子炉建屋の外部に放出される事態は想定されず、一般環境中での放射性物質の扱いは「法の空白」状態にあった。

　特措法成立後、２０１２年に環境基本法における放射性物質の「適用除外規定」が削除されたことをうけ、環境関連個別法についても同様に削除する法改正が順次進められたが、それらの中で改正を見送られたのが、廃棄物処理法と土壌汚染防止法、そして海洋汚染防止法である。これらは処理の動向を見て今後検討されることになり、国内法整備が未了のまま、特措法下での「処理の促進」が目指されている。

　なかでも問題となっているのが、事故前は一般廃棄物として扱うことのできる基準（クリアランスレベル）が１００Bq／kgであったのに対し、事故由来の廃棄物については８千Bq／kgへと大幅に緩和されており、いわばダブルスタンダードが生じていることである。また既存の施設を利用した焼却や農地へのすき込みによって、放射性物質が再拡散されることへの地域住民の不安も根強い。「現場負担の軽減」や「復興のため」と称して進められる処理が、従来の放射性廃棄物における「隔離・保管」原則とは乖離したまま、場当たり的、なし崩し的に進められている現状にある。

　放射性物質に汚染された廃棄物処理に際しては、予防原則に立ち、いかに住民の安全に配慮した処理を進めるかが重要な課題である。長期的監視が必要となる廃棄物処理には、政策決定過程への住民の参画や意思確認等によって、地域社会内での合意形成が丁寧に模索される必要がある。

（鴫原敦子）

図１　宮城県内での汚染廃棄物処理動向（2023年５月現在）

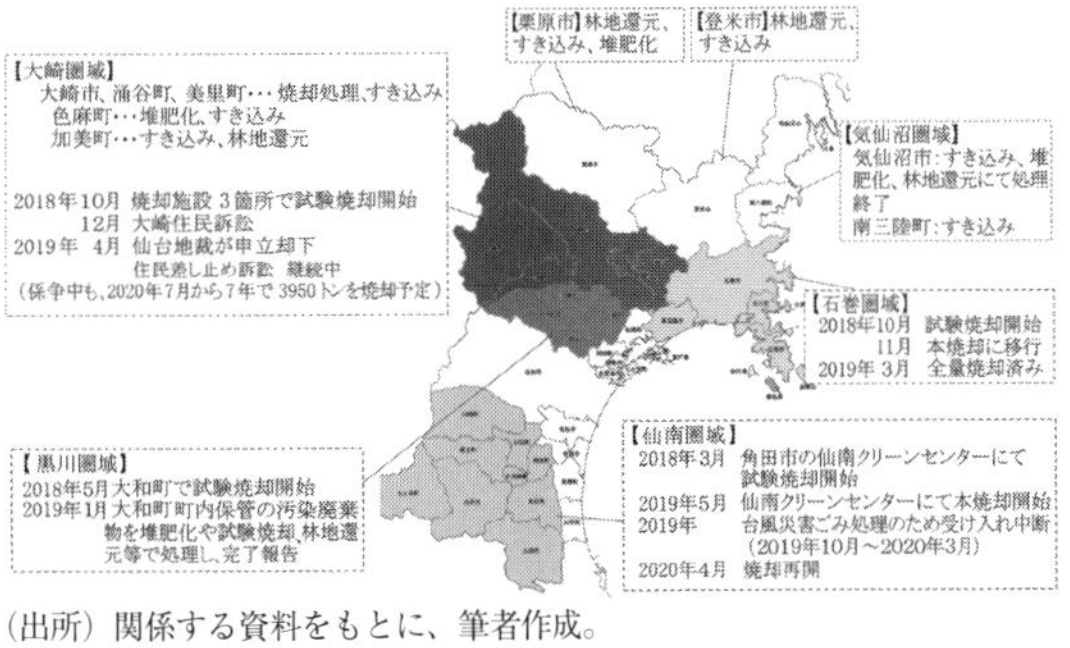

【大崎圏域】
大崎市、涌谷町、美里町・・・焼却処理、すき込み
色麻町・・・堆肥化、すき込み
加美町・・・すき込み、林地還元
2018年10月　焼却施設３箇所で試験焼却開始
12月　大崎住民訴訟
2019年　4月　仙台地裁が申立却下
住民差し止め訴訟　継続中
（係争中も、2020年7月から7年で3950トンを焼却予定）
【栗原市】林地還元、すき込み、堆肥化
【登米市】林地還元、すき込み
【気仙沼圏域】
気仙沼市：すき込み、堆肥化、林地還元にて処理終了
南三陸町：すき込み
【石巻圏域】
2018年10月　試験焼却開始
11月　本焼却に移行
2019年 3月　全量焼却済み
【黒川圏域】
2018年5月大和町で試験焼却開始
2019年1月大和町町内保管の汚染廃棄物を堆肥化や試験焼却、林地還元等で処理し、完了報告
【仙南圏域】
2018年 3月　角田市の仙南クリーンセンターにて試験焼却開始
2019年5月　仙南クリーンセンターにて本焼却開始
2019年　台風災害ごみ処理のため受け入れ中断（2019年10月～2020年3月）
2020年4月　焼却再開

（出所）関係する資料をもとに、筆者作成。

3 住まい、暮らし、コミュニティ再建支援

復興に関わる市民セクターの現在

3－㉑

復興に関わる市民セクターとして、ＮＰＯや生活協同組合など非営利・協同型の組織から構成されるサードセクターと、個人ボランティアの調整に関わる災害ボランティアセンターの現在について、東日本大震災被災地の現状を中心にその後の展開も見据えて取り上げたい。

東日本大震災におけるサードセクター

サードセクターによる支援が台頭したことは東日本大震災からの復興の特徴である。その実態について２０１３年11月に実施したアンケートからみる。７割のサードセクターの組織がなんらかの法人格を取得しており、なかでも、特定非営利活動法人、いわゆるＮＰＯ法人は46％にも及んでいた。また２００６年の公益法人制度改革も影響し、一般社団法人・一般財団法人、公益社団法人・公益財団法人も13％ある。震災前に設立された団体が63％、震災以後が37％で、震災前に設立された団体の中でもＮＰＯ法が成立した１９９８年を境に団体数が増えていた。また、サードセクターは多くの場合、人を雇用しながら、被災者や地域に寄り添った様々な活動を柔軟に行った。初期は「物資配布」「避難所に対する支援」などを行い、「被災者の生活行為を助ける支援」や「被災者の孤立防止」など、より被災者の生活に寄り添う活動へと移り変わった。その後は「コミュニティ・住民自治への支援」「心と体の健康に関する保健・福祉分野の支援」といった被災者支援と単純には言い切れない、まちづくりや地域福祉に関わる活動へと変化した（注１）。

被災地で活動するサードセクターの収入内訳をみると、２０１２年度は寄付金、民間助成金、自主事業の割合が大きく、２０１９年度は行政委託・請負や自主事業の割合が大きくなっていた（図１）。震災初期には善意にもとづいてなされた贈与を活用していたが、時間が経つにつれ、例えば地域福祉やまちづくりといった領域で行政サービスを担うようになったことがわかる。また、どの時点でも行政や営利企業と協働しながら、様々な資金を組み合わせて活用している。

サードセクターを中心とした活動調整機構

東日本大震災をきっかけとして、後に述べる災害ボランティアセンターのように個人を中心としたボランティアのコーディネートのみならず、サードセクターの組織同士や行政などの他セクターとの活動調整が行われるようになった。平時から協働

行政が盛んな場合は、平時の関係性をもとに活動調整が行われる。ただし、すべての被災地で協働行政が十分に進んでいるわけではないため、「セクター間調整のネットワーク体」と呼びうる災害特有の活動調整機構が成立してきた。

東日本大震災では、このような活動調整の手法を誰もが理解していたわけではなく、どの地域でも適切に活動調整が行われたわけではなかった。その反省のもとに、全国的には「全国災害ボランティア支援団体ネットワーク（ＪＶＯＡＤ）」が設立され、いくつかの都道府県ではＮＰＯの中間支援組織などが中心となって、セクター間調整のネットワーク体を平時から準備している（注２）。

図１　被災地で活動するサードセクターの組織の収入内訳の変化

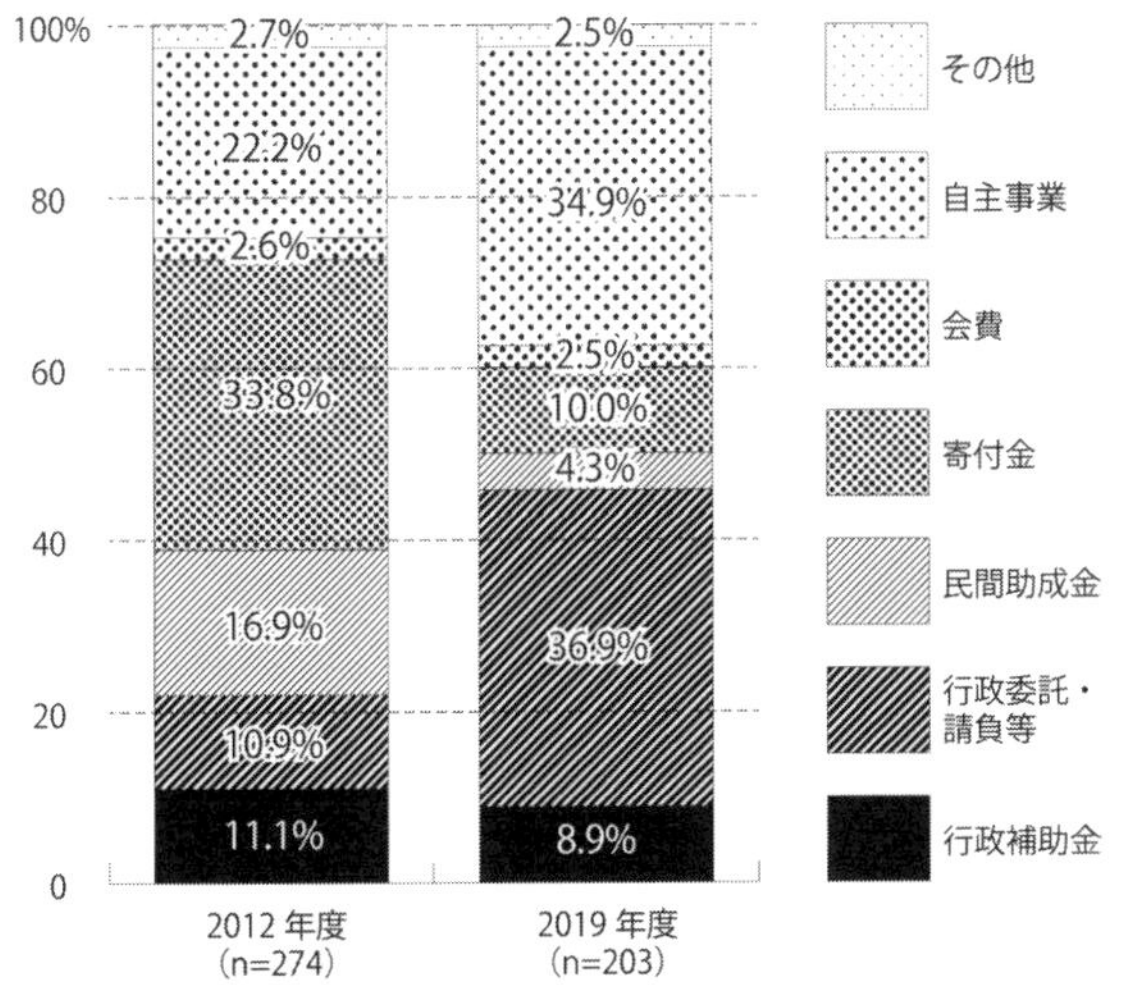

（出所）2012 年度は菅野拓『つながりが生み出すイノベーション―サードセクターと創発する地域―』ナカニシヤ出版、2020 年。2019 年度は一般社団法人みちのく復興・地域デザインセンター「『東日本大震災からの復興に関わる民間団体の実態・課題・好事例についてのアンケート』結果【速報版】(https://michinoku-design.org/higashinihon_questionnaire_result/、2023 年 4 月 28 日最終閲覧)」2020 年 9 月 28 日。

災害ボランティアセンターの課題

社会福祉協議会が災害ボランティアセンターを実施する場合が多いが、その際に悩ましいことが起こる。災害時のダメージはすべての被災者に均一に影響するわけではない。例えば、要配慮者などと呼ばれる、平時から福祉的な課題を抱える人は、災害のダメージを受けやすい。そのような人の平時の生活を支える地域福祉こそ、社会福祉協議会の主たる業務であることが多い。ボランティアを紹介する被災者こそが福祉的な課題を抱えていることも多々あり、場合によっては、災害支援と地域福祉のシナジーが生まれることもある。しかし、小規模な社会福祉協議会が災害ボランティアセンターの受け皿となってしまうと、災害ボランティアセンター機能の発揮に職員の多くを割くことになってしまい、平時から実施している地域福祉の機能がストップしてしまうことがある。

みやぎ震災復興研究センター『東日本大震災１００の教訓―地震・津波編―』（２０１９年）でも指摘した課題であるが、未だ解決していない。地域福祉を担っている社会福祉協議会は災害ケースマネジメントの主要な担い手になることが多く、早急な解決が望まれる課題である。

（菅野　拓）

〈注〉

1　菅野拓『つながりが生み出すイノベーション―サードセクターと創発する地域―』ナカニシヤ出版、２０２０年。

2　菅野拓『災害対応ガバナンス―被災者支援の混乱を止める―』ナカニシヤ出版、２０２１年。

4　なりわい、地域経済の回復

震災10年を経た被災地経済の現状評価

宮城県を例に

4－①

データからみた経済再建の到達点

ここでは被災地経済の再建状況を、全体像を概観した上で、産業別に整理する。

全体的特徴─沿岸市町復興格差・仙台都市圏への一極集中

人口の変化はおおよそ二極化している。仙台市や名取市などの増加・横ばいと、女川町や南三陸町、山元町などの大幅減少である。また、数字上は、仙台市以外の沿岸14市町の減少分と仙台市の増加分はほぼ等しい。次に、就業人口でも同様の傾向がみられるが、大幅減少市町は少ない。沿岸市町でも就業場所がそれなりに確保されていた。

次に、市町村内生産額では一部の市町間で大きな差違がみられる。また、増加のスピードで違いはあるものの、生産力は総じて震災前を超える水準となっている。市町村民所得ではいずれの市町も震災前の水準を上回っている（注1）。

最後に、税収では様々な傾向がみられる。仙台市のように、震災復興とは関係のない制度改正の影響があって、増加の程度が一段と大きいケースがあれば、逆に、女川町のように、女川原子力発電所を管理運営する東北電力からの税収減の影響が非常に大きいケースがある。

以上のことから、経済面における最大の特徴を抽出すると、沿岸市町復興格差といえるような差異が顕著にみられる。ここから仙台市およびその周辺地域への一極集中化が示唆される。

産業別でみた現状評価

市町村内生産額や市町村民所得、市町村税収入の推移から、被災地経済の全般的な復旧は達成されたようにみえるが、個々の産業あるいは市町に着目すると一様ではない（宮城県「宮城県の工業」など）。

急増し急減した建設業

震災後の市町村内生産額の増大に最大のインパクトを与えたのは建設業である。女川町や山元町のように、生産額で震災前の水準の8倍超に達したケースがある。しかし、生産額は震災から10年を経て急減している。早くから想定されていた復興需要の低下による。

製造業に見る沿岸・内陸格差

建設業以上に注目すべきは生産額で最大の比重を占める製造業である。沿岸部（仙台市は宮城野区と若林区だけを含む）と内陸部に分けてみると、従業者数や付加価値額などの推移に大きな違いがみられる（注2）。例えば2010～19年の従業者数は沿岸部で▲12・3％、内陸部で9・9％である。表2から1従業者当たりの値を計算すると製造品出荷額等は沿岸部の

表1　宮城県の沿岸市町村の主要経済指標

	住民基本台帳人口（人）		人口増減率（%）	65歳以上人口比率（%）	就業人口（人）		就業人口増減率（%）	産業構造（%）			市町村内生産額（億円）		生産額増減率（%）	1人当たり市町村民所得（万円）		市町村民所得増減率（%）	市町村税収入（億円）		税収の増減率（%）
	2010年3月	2021年1月			2010年	2020年		第1次	第2次	第3次	2010年	2019年		2010年	2019年		2009年度	2020年度	
気仙沼市	74,926	61,445	▲18.0	38.7	31,603	30,330	▲4.0	7.2	26.3	66.5	2,014	2,500	24.1	201	260	29.3	65.6	67.1	2.3
南三陸町	17,815	12,426	▲30.2	37.7	8,243	6,300	▲23.6	21.7	30.6	47.7	404	484	19.8	199	239	19.8	13.4	13.7	2.5
石巻市	163,594	140,824	▲13.9	33.6	70,290	69,702	▲0.8	7.4	28.9	63.7	4,669	5,957	27.6	208	278	33.7	175.6	193.4	10.1
女川町	10,232	6,232	▲39.1	38.9	4,907	3,394	▲30.8	12.6	33.1	54.3	709	456	▲35.7	261	280	7.4	41.5	33.0	▲20.3
東松島市	43,337	39,588	▲8.7	29.7	19,885	19,571	▲1.6	7.3	24.5	68.2	947	1,095	15.6	191	244	28.0	35.1	38.8	10.5
松島町	15,540	13,678	▲12.0	39.2	6,842	6,337	▲7.4	5.3	20.2	74.5	1,073	372	▲65.3	193	247	28.2	17.4	15.4	▲11.9
利府町	34,171	36,027	5.4	24.1	15,844	18,256	15.2	1.8	22.9	75.2	822	970	18.0	243	315	29.5	43.6	47.2	8.2
塩竈市	57,837	53,474	▲7.5	34.0	24,714	25,538	3.3	1.1	24.3	74.7	1,577	1,782	13.0	210	257	22.2	61.5	58.7	▲4.6
七ヶ浜町	20,991	18,445	▲12.1	31.4	9,286	9,016	▲2.9	3.1	25.7	71.2	277	403	45.5	204	232	13.4	23.7	21,2	▲10.6
多賀城市	62,658	62,311	▲0.6	25.2	28,453	32,831	15.4	1.0	20.6	78.4	1,667	1,771	6.2	233	282	21.1	78.2	81.7	4.5
名取市	72,150	79,655	10.4	23.1	32,282	40,294	24.8	3.1	21.9	75.0	2,088	2,944	41.0	238	320	34.4	104.4	119.5	14.5
岩沼市	44,308	43,917	▲0.9	26.8	20,465	22,935	12.1	2.2	26.9	70.9	1,842	2,037	10.6	254	315	23.8	67.1	68.0	1.3
亘理町	35,648	33,445	▲6.2	31.7	16,013	16,951	5.9	7.1	31.3	61.6	743	1,004	35.1	194	255	31.1	35.6	39.6	11.0
山元町	16,892	12,081	▲28.5	41.2	7,344	5,705	▲22.3	12.5	30.8	56.7	368	424	15.2	192	200	4.3	13.7	13.0	▲4.8
仙台市	1,010,256	1,065,932	5.5	24.4	444,108	564,587	27.1	0.8	15.9	83.4	40,980	52,120	27.2	272	316	16.4	1,752.1	2,188.2	24.9
（参考）大衡村	5,458	5,870	7.5	29.6	2,644	3,171	19.9	10.8	34.2	55.1	342	833	144.0	237	413	74.7	12.4	15.1	21.9
（参考）大和町	24,825	28,327	14.1	23.2	11,582	15,615	34.8	4.3	34.6	61.1	1,115	2,767	148.3	246	394	60.0	34.7	61.0	75.6
全国	127,057,860	126,654,244	▲0.3	28.9	59,611,311	65,468,436	9.8	2.8	13.9	83.3	505.5兆円	558.2兆円	10.4	285	318	11.6	20.5兆円	22.5兆円	9.4

（注）65歳以上人口比率は2021年3月の数値、就業人口は2010年と2020年の国勢調査、産業構造は2020年国勢調査による。
　地方税は気仙沼市のみ2010年度の数値である（市町合併による）。
（出所）宮城県ホームページ・統計課欄、総務省ホームページ・決算カード欄、国勢調査（各年度版）などより作成

表2　製造業関連指標

	事業所数（箇所）		増減率（%）	従業者数（人）		増減率（%）	製造品出荷額等（億円）		増減率（%）	付加価値額（億円）		増減率（%）
	2010年	2019年		2010年	2019年		2010年	2019年		2010年	2019年	
沿岸部	1,684	1,290	▲23.4	50,466	44,252	▲12.3	20,085	18,906	▲5.9	5,449	4,463	▲18.1
内陸部	1,400	1,238	▲11.6	66,045	72,595	9.9	15,604	26,429	69.4	5,481	9,115	66.3

（注）全国の増減率は事業所数▲19.0%、従業者数0.7%、製造品出荷額等11.6%、付加価値額10.6%である。
（出所）宮城県「宮城県の工業」より作成

7・3%に対して、内陸部は54・1%の伸びである。また付加価値額でみると、沿岸部の▲6・6%に対して、内陸部は51・3%である（注3）。大衡村に所在するトヨタ自動車東日本株式会社をはじめ、トヨタ自動車関連の工場の存在が大きい。

沿岸部の製造品出荷額等では「石油・石炭」系（主に仙台都市圏）の比重が圧倒的に高く、次いで「食料品」系である。前者は10％超の伸びを示し、後者は▲4・3%である。他方、「パルプ・紙」系、「鉄鋼」系、「生産用機械」系などの有力分野が大幅に減少し、再建にブレーキをかける状況がみられる。

地域別には気仙沼市や多賀城市、松島町などにおいて製造業生産額が震災前の水準を大きく下回り業況悪化が著しい。製造品出荷額等は県単位でみると、震災前の水準を大きく上回っているが、石巻圏や気仙沼・本吉圏は震災前の水準にも届いていない。他方、生産額をみると、名取市では基幹産業である卸売・小売業や不動産業、製造業などが好調であり、仙台市にいたっては、多くの業種が堅調な伸びを記録している。仙台市では市営地下鉄東西線の開業や仙台駅・副都心の再開発などにも膨大な投資が行われ、同時に、名取市などのエリアを含む大都市圏域の拡大・強化がみられる。

（桒田但馬）

〈注〉

1　一人当たり市町村民所得は、企業所得なども含めた県・市町村民経済全体の所得水準をあらわしたものであり、個人の給与や実収入の平均値ではない。

2　従業者4人以上の事業所が対象である。

3　付加価値額とは、事業所の生産活動によって新たに付け加えられた価値をいい、製造品出荷額等に製造品在庫増加額、半製品および仕掛品在庫増加額を加えたものから、内国消費税額等、原材料使用額等および減価償却額を差し引いた額である。

4　なりわい、地域経済の回復

水産業はどこまで再建できたか

宮城県の場合

4－②

データからみた再建

水産業は宮城沿岸、特に北中部の基幹産業であるが、そのインフラは国等の復旧支援事業により、他産業に先駆けて整備された。その主な事業は、①漁船の取得（共同利用方式）、②養殖施設や共同利用施設（荷捌き施設等）の新設、③さけ・ますふ化場等の仮・本復旧、④魚市場に関連する製氷・貯氷施設の新設である。被害金額では漁港が突出して多く、その復旧にも多額の公的資金が投入された。

いち早く出漁できる条件は整ったが、データをみれば、宮城の漁業（養殖を含む）はかなり厳しいことが示唆される（農林水産省『漁業・養殖業生産統計年報』など）。

まず、２０１５～19年あるいは17～21年の漁業生産量、主要魚市場の水揚量・金額のいずれも震災前の水準を大きく下回っている。また、漁業経営体数（養殖業、漁船・定置漁業等）にいたっては4割減っている。ただし、その減少には歯止めがかかっており、新規就業者は震災前の水準をかなり上回って推移している。

他方、漁業産出額は漁船漁業、養殖業のいずれも若干上回っており、1経営体当たりの産出額は大きく増大している。多くの魚種が不漁のなか、カツオやマグロ、ノリやギンザケなど特定魚種の良質で安定した生産に支えられている状況である。

全国トップクラスの生産量を誇っていた水産加工業もかなり厳しい状況である（宮城県「宮城県の工業」など）。２０１０年と20年の生産量を比較すれば、主力の生鮮冷凍物が４割減っている。その減少は全国的傾向だが、宮城県は桁違いに深刻である。また、ねり製品（かまぼこ類）、冷凍食品（調理食品）、塩蔵品（さけ・ます）、その他の食品加工品（いか塩辛）でも大きな落ち込みがみられる。事業所数は3割減っている。ただし、その減少に歯止めがかかりつつある。販路開拓や人手確保に困難を抱え、原料価格高騰に悩まされるなか、外国人技能実習生は欠かせない存在となり、原料調達では輸入シフトが進んでいる。また、国等の復興支援事業を活用した企業間の連携や輸出促進が顕著である。

表１　主要魚市場の水揚げ数量・金額

（単位：千トン、億円）

	2010年		2019～21年平均	
	数量	金額	数量	金額
塩釜	17	100	15	84
石巻	129	181	100	162
女川	63	82	42	68
南三陸	6	15	5	15
気仙沼	104	225	70	170
合計	319	602	232	498

（出所）宮城県「水産物水揚統計」より作成

協業化や連携は一時的であったのか

漁業、水産加工業のいずれもかなり厳しい状況であるものの、主体（担い手）の努力や工夫による経営の踏ん張り、具体的には質的改善がデータから示唆される。

養殖業は震災を契機に過密養殖から脱却して、品質管理が強化される傾向にある。成育も早く、高値で取引きされたり、生産コストと労働時間が減少するなどの成果が生まれている。

加工業者のなかには、設備の近代化、ＢｔｏＣシフト（業者向けから消費者向け）、宿泊施設の整備、商品開発、直売所、通信販売など、逆に攻めの姿勢に転じた企業が多い。

養殖業、加工業とも、本来的には、生産や加工のプロセスは多様であり、質的な改善はむしろ当然の趨勢である。

そうしたシフトチェンジは容易とは言えないが、その重要なきっかけとなったのが、漁業者・加工業者等の間の協業化（共同化）・連携であった。

まず、生産面では、国の「がんばる養殖復興支援事業」により、養殖業者の操業と経営を早期に自立軌道に乗せるために、漁業協同組合が事業主体となり、協業化に取り組む再建プランに対して、３年の期間で生産費用が公的支援された（水揚金額の取扱いには制約あり）。宮城県の参加経営体数は４６９、実施グループ数は63であった。本事業の全参加者を対象にしたアンケートによれば、参加して良かったかという問いに対して回答者の73％が「良かった」、共同化の取組みに対して47％が「共同化の実現は難しいと考えた」、将来的には共同化は必要かという問いには39％が「必要だ」と回答した（注1）。

共同化といっても、施設・機器の共同化から生産全般の共同化まで様々であるが、本事業は養殖業の維持可能性にとって示唆に富む結果となった。この文脈で注目されるのは、法人化による共同といえる「漁業生産組合」という法人形態である。震災後の法制度上の特例措置の下で、宮城では十数件設立された。これは漁協とは一線を画するものと捉えられることが多いが、主体のあり方にとって鋭い論点提起となった。なお漁業者を中心に、異業種メンバーで構成される一般社団法人フィッシャーマン・ジャパンが２０１４年に設立され、多様な視点での検証を期待したい。

次に、筆者がインタビュー調査を行った気仙沼鹿折加工協同組合を簡潔に紹介する。本組合は２０１２年に、気仙沼市鹿折地区の17の加工業者によって結成された。最大の狙いは、地域として生き残り、脱落者を出さずに、販路開拓とコストダウンを実現することである。これらは、大型冷蔵庫や滅菌施設の共同整備・利用などにより実現されている。本組合の運営では、事務局機能も重視され、企業間の仲介を超えて様々な業務を行っている。特に事務所棟を活用して行う国内外の大手小売業等との商談は双方のコスト節約に大きく寄与している。

これらのケースでは、地域の基幹産業としての復活が強く意識され、生産性の向上と販路拡大の可能性が高まることを教えている。利益が増大すれば、賃金を上げることができ、雇用面での魅力が増していく。こうした好循環を生むには、地域内外の主体間関係から、各主体が自らを客観的に分析できる場が重要であり、協業や連携はその優れた機会を提供してくれたといえよう。

（桒田但馬）

〈注〉

1　がんばる養殖復興支援事業／調査・研究業務合同協議会（２０１８）「平成29年度報告書」。

4　なりわい、地域経済の回復

持続可能なカキ養殖へ　戸倉の漁師たちの挑戦

4－③

南三陸町戸倉は志津川湾の最奥に位置する４５９世帯、１３１７人（２０２３年2月末）が暮らす地区である。震災で世帯数は33％、人口は46％減少し、建物の罹災率は約75％と甚大であった（注1）。今この戸倉のカキ養殖が注目を集めている。宮城県漁協志津川支所戸倉出張所のカキ部会が取り組んでいる取り組みは、トップダウンの「水産特区」とは対照的にボトムアップの震災復興と言えるだろう。

戸倉カキ部会の取り組み

戸倉カキ部会は日本農林漁業振興会が毎年選定する天皇賞を２０１９年度受賞した。受賞理由は①過密養殖からの脱却の取り組みと経営改善の効果、②持続可能な養殖業の追求に向けた取り組みが評価されたのである。しかし、高評価を得たこの取り組みも、開始当初「どうせまた元通り」とまわりの漁師、仲買人も冷ややかだったという。だが、生産量・額の向上（所得向上）、労働時間の短縮、後継者の増加等の結果は劇的である。

戸倉が実現したこと

（数値は注記しない限り戸倉出張所カキ部会資料による）

①生産量・額の飛躍的増加と品質向上

(1)17年の１経営体当生産状況は、経費が震災前（10年）２３００千円から１３３０千円と4割以上削減され、生産量は１７９０kgから３５４５kgへと約2倍に、生産高は３３８０千円から５００９千円へと約1・5倍に飛躍的に増加させた。

(2)震災前は3年かけて出荷サイズが10～15g程度だったものが、1年で20gほどに成長する養殖期間の短縮を実現した。

②労働時間の短縮

震災前約10時間だったものが6時間に減少した。

③後継者の増加

カキ部会就業者は震災前88名だったが、18年時点で52名。就業者数は減少したが、震災前の後継者が8人だったものが18人にまで増加した。10～30代の世代構成比が14％から31％になり若い世代が戻ってきた。

こうして、従来なら出荷まで3年かかったものが、12年10月には初水揚げ、11月に出荷が開始された。戸倉出張所管内では16年度に生産高は1・5億円を超え、その後、22年に、カキ（生・殻付き）合計の生産量２０１トン、生産額2・4億円になっている。これは震災前10年の実績（生産量２１３・９トン、生産高2・7億円）にはまだ回復していないものの、経営体が震災前78から34に減少していることを考えれば、実質的に震災前の水準を大きく超えた。県漁協志津川支所によれば22年時点で前述の収入、労働時間、後継者等の到達状況に有意の変化はなく、改革の成果は維持されている。

こうした劇的な変化を実現した最大要因は、養殖施設（養殖筏）を震災前の三分の一に減らし、5～10mだった養殖筏の間隔を40mに広げたことにあった。養殖区画全体で海の栄養素の循環が促され、身入りも向上して生産性が向上したのである。ではどうのようにしてそれは実現できたのか。

既得漁業権の返上とリセット

戸倉では震災前、カキ養殖筏は1100台だった。それを350台にまで減少させて、今日に至る成果となった。特筆すべき点は筏を削減しただけではなく、各経営体が県漁協の漁業権の行使料を支払って管理していた一定区画の漁場権の根本的な見直しを行ったことである。

それは「既得権（漁業権）の返上、筏の権利をすべてゼロに、今までの実績（経営規模＝区画の広さ）もゼロに、そして再分配」するというものだ。「ポイント制」の考え方（表1）により漁場を管理、維持することに戸倉の漁師全体で合意できたことが成果を生み出した。

従来、基本的には経営体単位で過去実績をもとに区画が決められていた。それをいったんゼロにした上で、ポイント制に基づき再配置したわけである。ではなぜ戸倉ではこのように革命的ともいえる管理方法に漁師全体が合意できたのか。

表1　ポイント制の考え方

① 養殖種が漁場環境に負荷を与える度合で配分ポイントに差をつける（表2）
② 養殖種別に配分ポイントを決める（表3）
③ 各経営体の状況に応じて、「持ち点」のポイント数の上限を定める
④ 後継者がいる経営体に持ち点を多くし、後継者が安定した収入を確保できるようにした

（出所）関連資料をもとに筆者作成

表2　養殖種の配分ポイント

養殖種	ポイント
ギンザケ	6点
カキ	4点
帆立・ホヤ	3点
わかめ	2点

（出所）関連資料をもとに筆者作成

表3　ポイント割当例

経営体	持ち点	ポイント割当例（台数は筏の数）
一人	40ポイント	Aさん：わかめ（2点）×20台＝40ポイント Bさん：カキ（4点）×10台＝40ポイント Cさん：帆立（3点）×10台＋わかめ（2点）×5台＝40ポイント
夫婦	46ポイント	Dさん：カキ（4点）×10台+帆立（3点）×2台＝46ポイント
後継者あり	60ポイント	Eさん：わかめ（2点）×20台+カキ（4点）×5台＝60ポイント

（出所）関連資料をもとに筆者作成

ボトムアップ議論と産消提携事業の蓄積

ポイント制管理に移行するための部会内の議論は100回を超えたという。熟議を通じて全体合意が形成された。「上からの方針」ではなく、漁師自ら考え、調べ、実験した結果であった。また戸倉を含む県漁協志津川支所は、1993年から続くみやぎ生協とのカキの産直事業の歴史の蓄積があった。30年もの協働の取り組みが漁師の環境や消費者志向の視点を豊かにしていたこともそうした議論ができた背景であったろう。そして様々は意見をまとめ上げた「部会長のリーダーシップも決定的だった」（県漁協関係者）。

このような取り組みの結果、2016年3月には国内初となる国際養殖認証（ASC認証）をカキ部会が取得した。これに呼応して石巻地区のカキ産地の認証が促進されるという先導的役割も果たした。震災で失ったものはあまりに多かったが、戸倉の復興は漁師に希望を与えただけでなく、宮城の養殖業の未来にも一筋の光を照らした。

（小川静治）

〈注〉

1　「第1回南三陸町震災復興計画策定会議」2011年6月。

4　なりわい、地域経済の回復

瞬間芸で終わった水産業復興特区

4－④

２０１８年8月、沿岸漁業権免許の一斉更新を前に、宮城県海区漁業調整委員会が開催され、宮城県が２０１３年の更新時に導入した水産業復興特区（水産特区）の適用見送りを表明した。前回免許された桃浦かき生産者合同会社（以下ＬＬＣと略）以外に免許申請がなかったためである。これにより、２０１１年から水産業の復興の〝目玉〟として強引に進められ、「社会災害」（注1）とまで言われた水産特区は呆気ない幕切れを迎えた。前回免許から10年、水産特区とはいったい何だったのか、振り返ってみよう。

宮城県の水産特区の計画と検証

水産特区の経過や問題点は注1記載の濱田論考に譲り、本稿ではその後に発表された宮城県の水産特区の検証結果の分析を中心に述べる。

２０１８年3月、宮城県は免許更新にあたり、5年を経過した水産特区の検証結果を公表した。特区認定時に認定された「復興推進計画」の検証がその内容であった。宮城県の計画は以下の内容だった。

(1)推進計画の目標

ＬＬＣによる6次産業化等の取り組みを通じて、漁業生産の増大、漁民の生業維持、雇用機会創出を通じ、桃浦地区コミュニティの再生と復興を推進し、活性化させる。

(2)数値目標等

① 漁業生産の増大＝年間3億円（震災前生産額の1・5倍化）。

② 漁民の生業維持＝漁民がＬＬＣに参加し、漁業経営を継続する。

③ 雇用機会の創出＝桃浦地区漁民15人の雇用とさらに40名の雇用創出。

しかし、これらの目標は5年間（２０１２～２０１６年）にほとんど達成できなかった（表1）。

肝心の漁業生産量、生産額は計画に遠く及ばず、計画比60％台の達成率であった（注２）。

生産が計画どおりに行かなければ、必然的に利益計画も崩れ、営業利益はマイナスで、社員である漁民の給与も計画どおりとはいかなかった。しかも、4億7千万円もの補助金、助成金が県費から投入されてようやく２０１３年度、２０１４年度

表1　水産特区が掲げた数値目標に対する達成状況

復興推進計画の目標項目		計画達成状況
コミュニティの再生と復興・経済的社会的活性化		×
漁業生産の増大	生産量	×
	生産額	×
地元漁民の生業の維持	ＬＬＣ社員の所得確保	△
	地元漁民の漁業権免許	○
雇用機会の創出	55名の雇用	×

（出所）関連資料をもとに筆者作成

の当期純利益が黒字となったが、県費投入額の少なかった年度は赤字であった。

漁業生産の増大は復興計画の手段である。目的は「桃浦コミュニティの再生と復興と活性化」にあった。では桃浦は水産特区導入でどう変化したのか、その分析が宮城県の検証の〝サビ〟であろうがそれには全く触れられず、数値評価のみであるのは検証をしていないことと同じであり、致命的な欠落点である。

桃浦は今

震災前、桃浦地区には68世帯１６５人が居住していたが、震災後は17世帯29人（２０２２年1月時点）に激減した。住宅は高台移転（防災集団移転促進事業、以下「防集」）5戸、従前住宅4戸の計9戸に過ぎない。さらに地区全体が災害危険区域に指定されているため、新たな住居建設は不可能であり、今後住宅が増えることはなく、当然人口も大きく増えはしない。

経済活動拠点は県漁協の共同かき処理場とLLCのかき加工場があるだけでそれ以外の経済活動は存在しない。高台に造成された防集団地から、コミュニティバスの停留所まで高齢者の足では40分かかるという。桃浦は人々の営みの匂いもなく、行きかう人は釣り人だけの「寂寥の浜」となってしまった。村井知事は、13年4月の記者会見で「桃浦の浜が再生し、元気になり、よみがえっていくことが成功か否かの判断基準」と言明したが、桃浦の現状をみれば水産特区は大失敗であった。

水産特区は未来を拓いたか

村井知事は水産特区は「震災がなければ実現しなかった宮城オリジナルの事業」（注3）であると惨事便乗型資本主義の一環であることを隠そうともしない。その背景には「水産業も今後民間を排除していたら高齢化で漁業者が減少する一方で、海の耕作放棄地が量産される」という思いがあるようだ。「水産業への民間参入は、絶対にやらなければいけない信念をもっている」という。

桃浦の水産特区が知事のこうした危機認識を転換させるものになったのだろうか。LLCの設立メンバー15人は次々と船を降り、6名になった（２０２３年3月）。新たに入社した20歳台4人を含めても漁師は8人という（注4）。LLCという「民間会社」が漁業者減少の特効薬となったわけでもない。そして何より桃浦に続く全国第2号の水産特区は生まれなかった。

村井知事はそのことを指摘されると「アリの一穴で間違いなく仕組みは変わっていく。民間が入れる仕組みを作れたことは、意義があった」と胸を張る。しかし、旧漁業法（注5）は企業参入や漁民が民間企業と手を組んで漁民会社を設立することを否定せず、漁民や漁協と折り合いがつけば企業が直接免許を受けることも可能だった。水産特区などを作らずとも民間企業の参入が排除されていたわけではない。水産特区などなくてもできたことを強引に進めることによる弊害の大きさを社会が暗黙のうちに認識したから、水産特区は桃浦以外の被災地に広がらず、全国的にも拡大せず瞬間芸でおわったのではないか。

（小川静治）

〈注〉

1 濱田武士「水産業復興特区がもたらしたもの」（『東日本大震災１００の教訓 地震・津波編』２０１９年2月）。

2 宮城県東部地方新興事務所水産漁港部。

3 『朝日新聞』２０２０年12月22日。

4 『毎日新聞』２０２１年3月5日。

5 新漁業法は２０２０年2月に施行された。

4 なりわい、地域経済の回復

仙台東部・農業復興への取り組みと新たな課題

農村から農業地帯への変貌

4－⑤

大震災からの農業復興と到達点

東日本大震災の発生から12年が経過した。被災地においてもコロナ禍の外食産業の需要減少による米価下落や国際情勢等による生産資材価格高騰の影響で農業経営は大きな打撃を受けているが、本稿ではその影響には触れず被災地農業の現状と抱えている課題について紹介する。

震災の津波被災によって沿岸部は、農地が抉られ農業機械は流失する等、営農再開が困難と思われるような壊滅的な被害を受けた。こうした状況のなかで農業者や行政・関係団体等の協議を踏まえて、農地をただ現状復旧するのではなく未来を見据えて大型圃場へ区画整理することになり、平成23年から令和2年度にかけて国直轄による圃場整備事業が行われた（注1）。仙台東部地区は、50アール～1ヘクタール区画の大型圃場となり、1900ヘクタールに及ぶ大区画の水田農業地帯は全国でも有数な先進的農業地帯へと復興することができた。

農業機械については、復興交付金等を活用して、大区画圃場に見合う大型の農業機械や農業施設を導入した。現在は、農業機械の更新時期を迎えているが、随時更新を行っており、農地や農業機械といったハード面での農業復興は完了していると言えるだろう。

さて、震災前と現在の農業者数を把握するために、農業者が提出する営農計画書をまとめた水田台帳データを比較してみると、被害の大きかった井土・藤塚・荒浜といった沿岸部において農業者数が激減していることがわかる（表1）。これは、津波被災によって家屋や農業機械等の設備を失った農家が離農したり、法人の構成員として営農を継続していることによる。実際に前述の沿岸部の3地区ではこれまでに集落営農組織が法人化しており、（農）井土生産組合については、復興の取り組みが評価され、第48回日本農業賞で大賞を受賞した。一方で、下飯田・四ツ谷等の内陸部（津波を防いだ東部道路よりも西側）の農業者数は農地集積の取り組み等によって減少はしているものの沿岸部に比較すると減少は穏やかである。大規模な個人経営体も多く、法人化の動きについても沿岸部に比べると活発ではない。

表1 震災前後の農業者数の変化

地区	集落	2010年度	2022年度	減少数	減少率
六郷	井土	60	4	56	93.3%
	藤塚	44	4	40	90.9%
	二木	43	26	17	39.5%
	下飯田	62	34	28	45.2%
七郷	荒浜	93	5	88	94.6%
	笹屋敷	49	20	29	59.2%
	長喜城	16	15	1	6.3%
	四ツ谷	27	23	4	14.8%
高砂	南蒲生	63	13	50	79.4%
	新浜	46	18	28	60.9%
	上岡田	45	23	22	48.9%
	田子	60	10	50	83.3%

（出所）仙台市農協資料

農地管理の課題

震災後の新たな課題として、まずは農地管理の問題がある。被害が甚大であった荒浜地区では、被災前の居住区域が防災集団移転促進事業の対象になっており、被災前の場所に自宅を再建することができず内陸地からの通い農業となっている。実際に通っているのは法人の構成員のみであり、地権者は自宅と農地が離れてしまい、区画整理によって組田になった農地も多いことから、自分の農地という意識が希薄化している。農地の保全管理作業において参加する地権者が少なく、臨時雇用によって対応しているのが現状である。本来、農業とは自宅の周囲に農地があり、水管理も含めた農地管理と生活が一体となったものであり、農村が形成されている。しかし、通い農業になったことによって、生活から分離されたために、農村ではなく農業を生業として行う農業地帯へと変貌しており、管理作業が困難になってしまっている。法人だけで大規模化した広大な農地を管理することは困難である。臨時雇用だけでなく、農業者以外にも多くの人が農地管理に関われる仕組みづくりが必要であろう。

法人経営をめぐる課題

次に法人経営に関する問題がある。これは被災地に限ったことではないが、農業法人の経営者として適材な人材が少ない。元々農家は個人経営者であり、組織経営のスキルがなく法人経営の知識も乏しい。集落営農法人の場合、代表者は農家として農作業を行いながら収支管理や構成員の労務管理等も担うプレイングマネージャーであることが大勢を占める。地域農業を集落営農法人が担っている場合に、法人の解散は地域農業の存続危機に直結するために、より持続可能な経営が求められ、代表者の負担は大きい。経営者の人材育成は急務である。行政や関連団体が経営者を育成する研修会等を実施しているが、すぐに結果の出ることではないので今後も経営者の教育機会等を創出することが必要である。

今後に向けて

仙台東部地区には、新規就農した農家がいる。ボランティア団体で農業復興に携わり就農した女性農業者たちである。彼女らはボランティア団体と連携して、持続できる農業・農村を地域ぐるみで創ることを目指す取り組みとして「農村塾」を立ち上げた（注2）。これは、若手農家が定着するための課題解決として、生産技術・人材育成・販路等の支援を行っていくものである。かつて荒浜の農業復興と地域コミュニティの再生に向けて、行政・研究機関、農業関係機関と連携し荒浜プロジェクトを設立したことがある（注3）。それぞれが担当分野で被災地をサポートし法人化と農地集積を進めることができた。このように農業者だけでなく行政・農業団体等がそれぞれの立場で目的に向かって取り組みを行うコンソーシアムが必要であろう。

ハード面は十分に復旧し整備されてきた。しかし、ソフト面は依然として十分ではなく多くの課題を抱えている。そして、その課題は〝ひと〟に行き着く。今後は「被災地」ではなく「先進的な農業を展開できる地」として、多くの〝ひと〟が関われる農業の展開が求められている。

（小賀坂行也）

〈注〉

1 西尾利哉 田中祐輔「仙台東地区における東日本大震災からの復旧・復興の取組み」（『水土の知 2020 02』農業農村工学会）

2 ReRoots ホームページ https://reroots311.org/

3 小賀坂行也「JA仙台における被害状況と震災復興の取り組み」（『野菜情報2014年6月号』農畜産業振興機構）

4　なりわい、地域経済の回復

グループ補助金交付先アンケートにみる補助金の効果

4－⑥

東北経済産業局の動き

グループ補助金制度は２０１１年に新設され、同年８月５日には第一次の交付が決定した。東北経済産業局では、制度導入直後から交付企業へのアンケート調査を開始し、震災前との比較を含めた経営実態と課題の変化をモニタリングしてきた。また東北４県（青森・岩手・宮城・福島）に加え、第４～10回（２０１４～21年公開分）では北海道、茨城・千葉・栃木にも対象を拡大し、全交付先の集計もなされた。特に第10回では「新型コロナウイルスの影響」も追加されている。

第11回（２０２１年12月公表）以降は「東日本大震災グループ補助金の効果の確認と今後の制度改善につなげるため」のフォローアップとして、東北４県を対象に「経常利益の状況」も調査に加え、第12回は効果確認と制度改善に向けた専門家派遣制度の利用例を紹介している。

配布回収状況：交付先企業の母集団と回収率

新たな企業群への交付決定が進む中で、第９回調査（２０１９年６月）で、配布企業数と回答企業数はそれぞれ、全８道県で１万１０４１、６３２６社（東北４県で９５４５、５７５４社）と最多となった。しかし当初８割を越えていた回収率は漸減し、第６回で既に７割を切り、第12回のフォローアップ調査では５割以下となった（表１）。このことは、交付企業でさえも（自らの交付対象事業が完了すると）同制度に関する関心が低下していることの証左といえよう。また、①倒産や休廃業等により本調査の母集団から脱落した会社が存在するが、その動向（生存バイアス）は不明であること、②回収率の漸減傾向は回答者バイアスを生み、時系列比較において企業属性別の回収率分析が必要であること、③第12回調査の経常利益関連等の回答負担の重い設問は、回収率自体の低下とともに無回答バイアス（欠損）を伴うこと等に留意した解釈が必要である。

調査結果に見る補助効果

第１回調査では、２０１１年度に補助金を受けた企業の１／４程度で既に補助事業に係る工事が終了した一方で、未着手も15％ほど残っていたが、２０１３年度以降まで完全復旧できないと見込んでいた企業は輸送業（13・７％）、水産・食品加工業（10・５％）を除くと数％を占めるのみであった。このように、早期に補助金を獲得できた企業では、比較的楽観的な将来見込みをもっていたといえる。

次に震災直前と調査時点での

表1　東日本大震災グループ補助金交付先アンケート実施概要

調査		第1回	第2回	第3回	第4回	第5回	第6回	第7回	第8回	第9回	第10回	第11回	第12回
実施時期		2012/02	2012/09	2013/06	2014/06	2015/06	2016/07	2017/06	2018/06	2019/06	2020/06	2021/08	2022/11
公表時期		2012/04	2013/01	2013/09	2014/10	2015/10	2016/10	2017/10	2018/10	2019/11	2020/10	2021/12	2023/07
訂正・更新						2016/10	2016/10				2021/01	2022/01	
東北4県	配布	2,273	4,506	7,577	7,924	8,569	9,101	9,315	9,427	9,545	9,165	9,265	9,275
	回収	1,828	3,769	5,445	5,809	6,097	6,146	5,912	5,591	5,754	5,679	5,440	4,339
8道県	配布				9,459	10,093	10,625	10,830	10,942	11,041	10,635		
	回収				6,618	6,821	6,875	6,633	6,230	6,326	6,316		
対象企業交付決定次注)		第3次 2012/12	2012年度前半	2012年度	第10次 2014/03	第13次 2015/02	第16次 2016/03	第18次 2016/12	第20次 2017/12	第22次 2018/12	第24次 2019/12	第26次 2020/12	第28次 2021/12

注）対象企業の交付決定次は、第1次（2012/08）から表記の次まで。

（出所）各回調査報告および中小企業庁経営支援課「中小企業グループ施設等復旧整備補助事業の採択事業等の決定」通知による。

図1　アンケート時点での経営課題（複数回答）

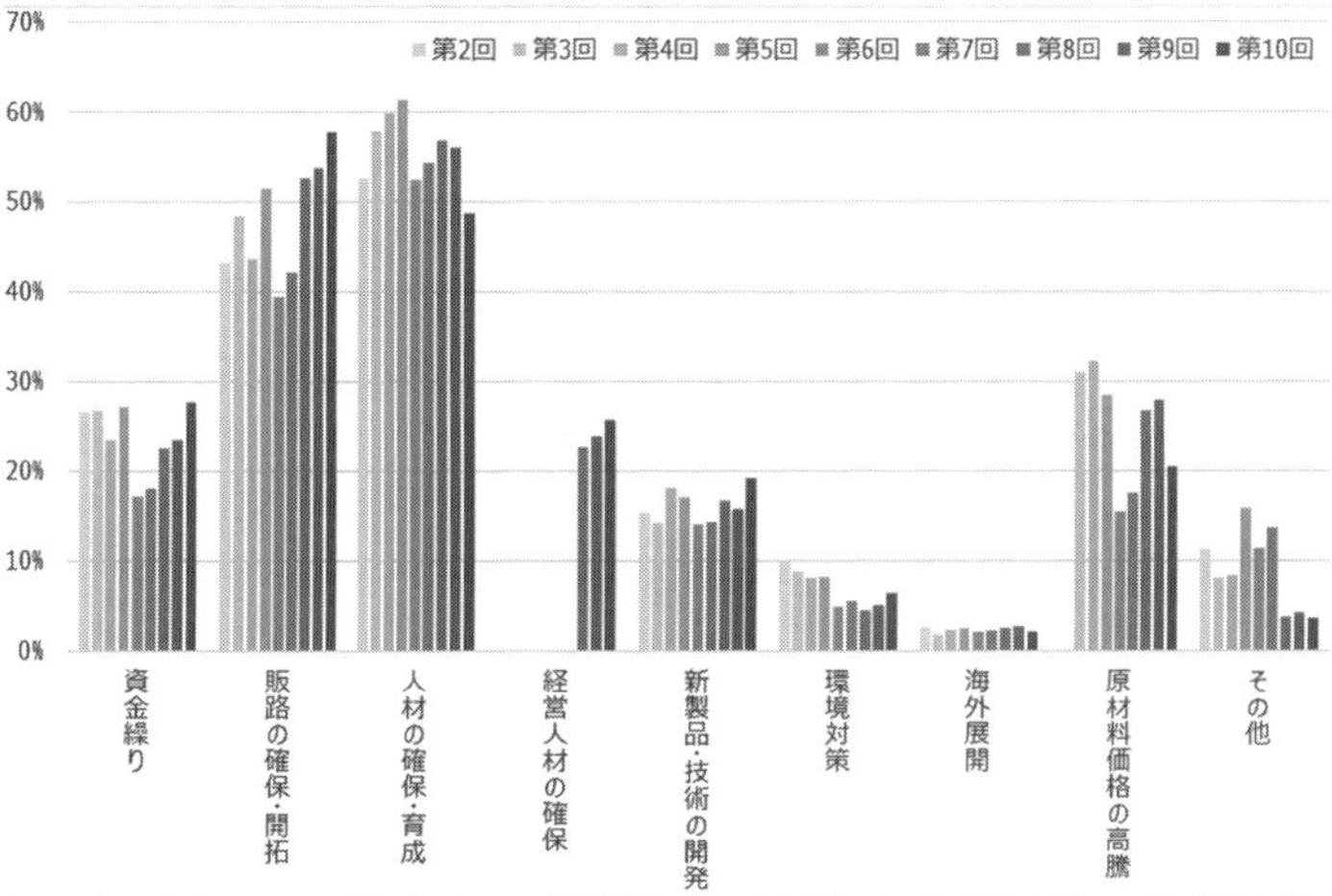

注1）各回報告による。数値（%）は、選択課題ごとの回答数／有効回答企業数で、各項目を課題と認識した企業割合を示す。
注2）第1回調査の選択肢は異なるため図化しないが「資金繰り（32.8%）、雇用関係（29.2%）、取引販路拡大（28.2%）」であった。
注3）第2回調査の「販路の拡大・開拓」は「受注・取引の確保」の値で、別途「販路開拓（39.8%）」も選択肢にあった。
注4）第8回以降は「人材の確保・育成」は「従業員の確保・育成」と「経営人材の確保」に細分化され、前者を同系列に残し、後者を別棒でグラフ化した。
（出所）各回の調査報告をもとに、筆者作成。

雇用人数を比べると、東北4県の全業種平均は第8回調査の段階で震災前の水準を超え、全体的には雇用回復が実現したが、悪化に転じる兆しもあり、地域・業種別に停滞要因の精査が求められる。売り上げでも、水産・食品加工業の回復の遅れ、売上増の運送業の人手不足・2024年問題、需要先食いによる建設業の暗転等が懸念される。

第三に経営課題の認識では「人材の確保・育成」の指摘が多く、第8回以降に追加された「経営人材の確保」も増加している。補助金を得た企業でもなお三割弱が「資金繰り」を課題としており、（無利子融資でも）1／4とはいえ自己資金調達分の返済を懸念する声も増えてきた。「販路の拡大・開拓」は、資金を得て設備を復旧しても販路維持や新規開拓ができず、稼働率を戻しきれない状況がうかがえる。

最後に、本調査の課題に言及したい。交付企業の個社単位の分析に留まり、申請グループを単位とする共同事業や販路・調達・人材・技術開発・海外展開等の企業間連携・協業の実態把握は困難である。本調査は、交付決定企業の経営再建実態を知る上で貴重だが、補助金の趣旨を踏まえ、不交付企業との比較を含む新たな枠組での調査設計と解析が待たれる。（増田　聡）

4　なりわい、地域経済の回復

グループ補助金の運用改善に向けて
宮城県内交付企業アンケートから

4－⑦

筆者が実施した、宮城県内グループ補助金交付企業調査（表1）に基づき、交付企業から見た制度の評価と改善の課題を論じたい（注1）。

アンケート結果（図1）

①グループ補助金の評価

「高く評価する」「少し評価する」がほぼ80％を占め積極的に評価している。

②グループ活動の状況

「行っていない」が3割を占め活発とは言い難い。

③「新分野事業」

2015年度に「新分野需要開拓等を見据えた新たな取組」が導入された。被災した施設や設備について未復旧（未契約）部分がある事業者のうち、従前の施設等への復旧では事業再開や震災前の売上げまで回復することが困難であるが、新分野事業によりさらなる売上げ回復を目指すことが補助要件となる。

(1)新分野事業の認知度

図に示した通り事業の存在を知らない企業が多い。この事業の未申請企業の場合は、67・8％が「知らない」と回答している。

(2)認定企業の新分野事業評価

評価は高く、「評価する」企業は90％に達する。

自由記述の特徴

最大の特徴としては、制度の問題点、改善点に対するコメントの多さがあげられる。また、申請特に書類作成の煩雑さの指摘であり、「震災後で最も混乱している時に本当に苦労した」「コンサルタントに依頼した」「何度も県庁に聞きに行った」といったことである（表2）。

グループ構成・活動を巡っては、グループ構成に膨大な時間を費やした企業があった一方で、商工会議所等のリードにより、早期に実現できたケースがあった。また、活動の点では、特に個人事業者は人材面、資金面のいずれにおいても余裕がなかった。

新分野事業については、多く

表1　宮城県内グループ補助金交付企業調査の概要

調査対象：宮城県所管のグループ補助金の1次（2011年8月）から23次（2019年8月）までの交付決定企業（延べ*）4341社、（延べ）356グループから、各グループ原則1社（企業数の多いグループは2ないし3社）抽出
調査方法：電話、FAX、郵送によるアンケート調査。設問数9問（選択式、自由記述）
調査時期：2021年3月、4月
回答数：114社（102グループ）*

＊表中、「延べ」とあるのは、同一企業及び同一グループが、複数回採択された場合があり、採択ごとに重複してカウントした数字である。なお、回答企業数、回答グループ数については、複数回採択されていても、同一企業・グループはいずれも1とカウントし、重複はない。

表2　申請時に応募企業が味わった困難例

(ア)事業申請・実施を急かされ、申請では最低限の復旧対象を記載するにとどめた。したがって、「補助金の受取＝（完全）復旧」ではなかった。
(イ)県担当者から「原状復旧」や「同等の価値」を繰り返しいわれ、「設備・機械等の選定や担当者への説明に苦労した」、「業者から見積もりをもらうのに難儀した」。

（出所）表1記載の調査結果をもとに筆者作成。

の企業が原状復旧を最優先とし、新分野展開を考える余裕がなかった。他方、事業認定された水産加工の企業からは、ペットフード向けの新サービスのための設備導入を実現したことや、新しい生産ラインの導入において、殺菌機能や乾燥機能を付加した等の事例を聞いた。

運用改善への示唆

グループ補助金に対する積極的な評価が圧倒的に多いが、運用改善への示唆も得た。簡潔に言えば、制度の根幹が問われるとともに、制度を「走りながら」改善することの難しさがあげられる。例えば、新分野事業の周知には問題がみられた。新分野事業のみを活用した企業が少なくなかったが、その他の企業からは、不平、不満あるいは混乱、後悔を招来することがあった。

制度の根幹に関わるが、実質的には制度が個々の企業の施設や設備の復旧に対する直接補助の意味合いをおび、グループ活動の意義や効果が問われた。他方、グループ活動の要件の曖昧さが、皮肉にも企業の（早期）復旧を実現させ、高い評価となった。制度上、グループ活動の期限や条件などが明示されなかったが、被災企業にとってはそれがメリットとなった。

新分野事業の周知には問題があったものの、その追加は「原状復旧」に限定していた国の復旧支援事業の対象を、実質的に拡大することになった。制度拡大の方向で見直されると、業態転換の推進や売上げの増大など、ソフト面をさらに加味して制度を設計していく議論を惹起しうる。しかし同時に制度批判の余地も大きくなるだろう。

これに対して、グループ構成・活動やその活発化のために厳格な要件を設定すると、原状復旧を超えて様々な問題が生じる。制度の目的から、グループ活動の活発化が強調されるかもしれないが、被災企業には、原状復旧を超えるグループ活動は負担である。従来の取引関係の復活、継続などの範囲を超えるのであれば、「追加（上乗せ）」補助が必要になる。例えば、事務局の体制、運営にかかる諸コストは、制度上考慮されていない。

以上から、地域経済・社会の復旧に対する効果を実質的に追求するのならば、実態を踏まえた企業目線の補助金制度の見直しが欠かせない。県の担当部署の体制も問われることになる。また、特にソフト面では他の補助制度との調整、補完が必要になる。グループ補助金を利用しない（できない）被災企業も想定したような、他の制度の設計が要請され、制度の存続期間などの見極めも重要になってくる。

（桒田但馬）

図1　主な設問への回答
（%、() 内は実数）

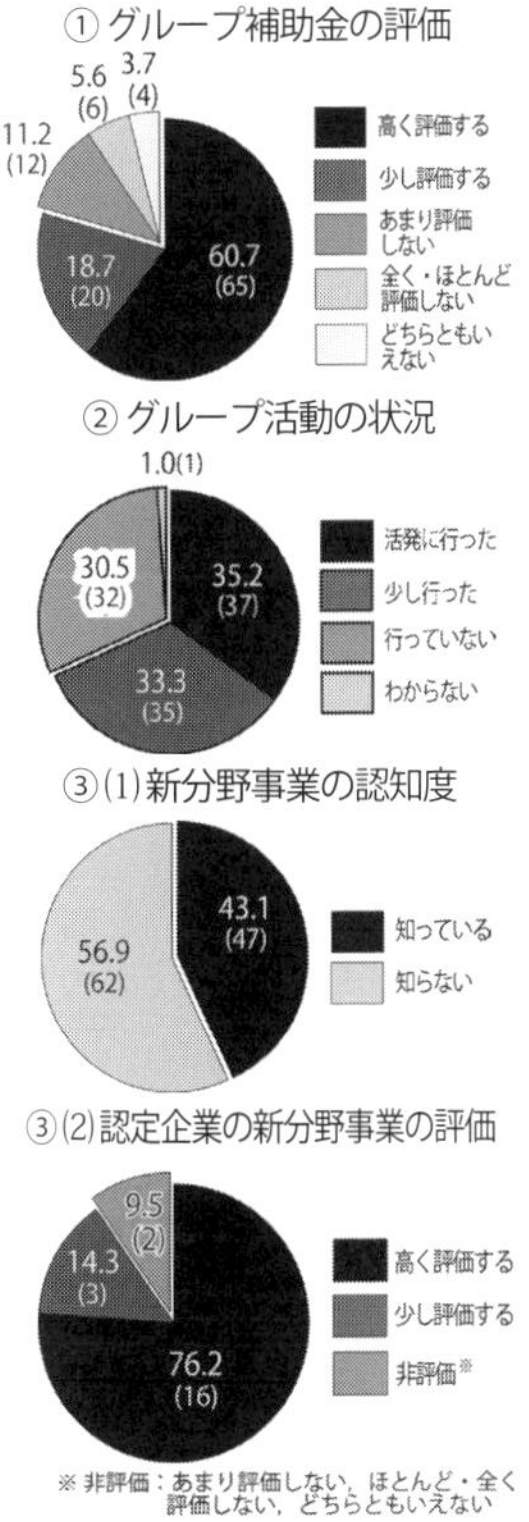

（出所）表1記載の調査結果をもとに筆者作成

〈注〉

1　本稿は拙論（2021）「東日本大震災にかかる産業復興事業の成果と限界—宮城県のグループ補助金交付企業へのアンケート調査を中心に—」（『復興』Vol・10、No・1、日本災害復興学会、pp・53—61）にもとづく。

4 なりわい、地域経済の回復

被災企業向け二重ローン対策は効果を発揮できたか

4－⑧

被災事業者向け二重ローン対策の概要

東日本大震災発災後、被災者が震災前から負担していた債務の支払に加え、事業者の工場等の設備の再建のためのローンの負担の必要が生じるといった事態が数多く生じた。この被災事業者のいわゆる二重ローン問題に関しては、各県に設置される産業復興相談センターを中心とした支援の枠組みと株式会社東日本大震災事業者再生支援機構法に基づく支援の枠組みの二つが示された。

産業復興相談センターによる支援の枠組みは同センターが相談を受け付け、その中で必要な支援をしつつ、状況に応じて産業復興機構において債権の買い取りや債権の一部免除を行うというものであり、株式会社東日本大震災事業者再生支援機構（以下、「再生支援機構」）による支援の枠組みは、同社自身が相談業務を通じての支援や債権の買取り、一部免除、出資といった支援を行うというものであった。

これらの支援の枠組みによる実績値は産業復興相談センターによるものは資料1、再生支援機構によるものは資料2の通りである。

これらの実績値が東日本大震災の被災事業者の数との比較において十分であったといえるかどうかは一概に判断しえないところではあるが、当時、産業復興相談センター及び再生支援機構がそれぞれの立場で被災事業者の再建に努力をしてきたことは強く感じることが多かったことを記憶しているし、少なくとも10年間を越える相談業務と金融機関調整などが行われることにより、被災事業者の経営継続のための下支えがなされていたという評価は成し得るものと思われる。

取引金融機関との利害調整

被災事業者に対する支援は債権の買取りにつきるものではないが、生産設備等に重大な被害を被った場合には、現状復旧のために新規の融資が必要となるため、既存債務の支払が困難となる企業にとっては債権の買取りと一部免除等がなされるか否かはやはり一番の関心事であった。

この債権の買取業務では買取金額を定める場面で鋭く既存債務の金融機関と利益が対立することになる。自らの関わった案件以外にその内情を知ることはできないが、当時再生支援機構は被災事業者任せにすることなく、主体的にヒアリングや資料の提出を求め、説得力のある資料を作り上げ、その結果、難し

資料１：産業復興相談センターにおける相談受付および支援対応の状況（令和５年３月31日時点）
（単位：件）

相談センター名	岩手県	宮城県	福島県	その他	合計
相談受付件数	1,464	1,695	1,999	2,078	7,236
関係金融機関等による金融支援の合意取付	332	361	315	479	1,487
うち　産業復興機構による債権買取決定	110	144	49	36	339
うち　その他の金融支援（債権買取決定以外）	222	217	266	443	1,148
東日本大震災事業者再生支援機構へ引継	55	100	30	11	196
相談対応中、各種助言、専門家・支援機関の紹介、制度説明等で終了	1,077	1,234	1,654	1,588	5,553

（出所）中小企業庁「産業復興相談センターの活動状況」をもとに作成。

資料２：東日本大震災事業者再生支援機構・地域別支援決定先等の状況
（単位：件）

		岩手県	宮城県	福島県	その他	被災地計
支援決定（R3年度末）		167	346	89	145	747
借入金	10億円以上	5	17	4	19	45
	1～10億円未満	48	126	51	72	297
	1億円未満	114	203	34	54	405
支援完了（R5年度末）		58	113	43	61	275

（出所）東日本大震災事業者再生支援機構「活動状況報告」をもとに作成。

い金融機関調整も行っていたと認識している。

ただし、中小の事業者の中には被災前の事業価値がそもそも極めて低く算定された等の事情により、残念ながら最終的に金融機関調整を成し得なかった事案もあると聞く。この点は検討課題ではなかったかと思われる。

グループ補助金の限界

二重ローンの解消策とともに、被災事業者の再建にあたっての重要な役割を果たした制度が中小企業等グループ施設等復旧整備補助事業に基づく補助金（以下、「グループ補助金」）である。

このグループ補助金は、被災地域の中小企業等が二社以上共同して復興事業計画を作成し、地域経済や雇用に重要な役割を果たすものとして認定を受けた場合に支給されるものであるが、その目的が被災した中小企業等の施設・設備の復旧・整備の補助するものであるため、その使途は原則として復旧に使われることとなっていた。

しかし、東日本大震災前から漁業や水産加工業は、どちらかといえば不採算または将来展望を描きにくい事業者が多い分野であった。そして、そのような事業者らにとって設備を復旧することで一時的には復興需要に応じる形で売上げを上げることができたとしても、事業内容の変革につなげることは容易ではなかった。そのため東日本大震災から10年を経過しようとする中で、結果的にはグループ補助金により最新の設備をもちつつもそれに見合う売上げが上げられず、廃業に至ってしまう事業者が少なからず見受けられたのはこのグループ補助金の限界であったように思われる。

課題克服への将来展望

南海トラフ地震や首都直下地震発生の可能性は極めて高い。

被災事業者向けの二重ローン対策は、これまで同様の枠組みが維持されるものと推測しているが、課題としては買取金額の提示に対して既存債務の金融機関としてもこれを強く尊重するシステムが必要なのではないかと考えている。

また、グループ補助金については、既に令和2年7月の豪雨後に新たに創設された中小企業特定施設等災害復旧費補助金（なりわい再建支援事業）において、従来の設備の復旧に縛られず、新分野需要開拓等を見据えた新たな取り組みにより被災前の売上げを目指すことを促すため、従前の施設等への復旧に変えてこれらの実施にかかる費用についても補助の対象とすることができるとされているが、今後もますますその柔軟な利用が求められるところである。

（岩渕健彦）

4 なりわい、地域経済の回復

住民主体の移転元地利活用事業

雄勝花物語による人間復興

4－⑨

骨をうずめる覚悟と行政との連携の模索

石巻市雄勝町中心部の復興事業において、行政側が進めた高台移転と巨大防潮堤建設は住民の要望とは大きなズレがあったことは確かな事実である。ただし12年が経過してもマスコミ等による負の側面のみの批判的報道には違和感が拭えない。困難な状況下であっても雄勝に残り、被災後も漁業を再建してきた漁師やまちをつくってきた住民の存在への配慮がなく、リスペクトに欠けているからである。

筆者と妻は町に残り、雄勝復興を目的に「雄勝花物語」(以下、本団体)を設立し、雄勝に骨をうずめる覚悟をした住民である(注1)。どんな障害があろうとも、あきらめずに町を変革する立場に立っている。行政側の復興事業の問題点は承知の上で現実を受け入れ、限られた条件の中でできることを遂行し、交流拠点のガーデンという事実をつくり出してきた。過度の行政批判を慎み、考え方の違う住民の立場も尊重してきた。同じ地域内で暮らすとは、考えの違う人間と折り合いをつけることでもある。かくいう筆者は２０１４年に、「持続可能な雄勝をつくる住民の会」を設立して雄勝湾中心部の９・７ｍ防潮堤の見直しを求めて宮城県と８回の交渉を行った張本人でもある。

本稿は、石巻市との連携を粘り強く模索して、雄勝中心部の移転元地の利活用を図る「雄勝ガーデンパーク事業」を立ち上げるまでの経過報告である。

雄勝ガーデンパーク事業とその意義

表1により、雄勝ガーデンパーク事業の歩みをたどる。

(1) 行政と連携して立案した「雄勝ガーデンパーク構想」

本団体は２０１５年から千葉大学園芸学部秋田典子研究室と連携して、災害危険区域に指定された中心部の移転元地の利活用案を、石巻市役所雄勝総合支所(以下、支所)に提案し続けてきた。しかし企業誘致に専心する支所は、高台移転と拠点エリア事業に忙殺され、本団体等の提案に背を向けてきた。

ところが２０１７年、誘致対象ベンチャー企業ＳＪ社が進出前に倒産し、支所は企業誘致策の転換を余儀なくされた。住民にとって幸いにも代替わりした支所長Ｓ氏は、住民の活動を後押しすることが行政の立場という認識のもとに、住民の要望を聞き取り、千葉大学の協力の下、移転元地の利活用案を２０１７年に立案した。それが「雄勝ガーデンパーク構想」である。テーマは「花と緑のあふれた美しい空間で、来訪者をあたたかく迎え、誰もが心地よくゆったりと過ごせる癒しの空間」づくりである。

(2) 構想具体化の取り組み

行政の認知を得て構想具体化の取り組みが加速した。復興庁支援事業の3期連続受託、市長レクチャー、事業者・地区自治会等への「土地利用の意向調査」を経て、2020年にはガーデンパーク運営スキームを検討する「雄勝ガーデンパーク計画策定準備会」を官民連携で設置した。一方、石巻市は2020年5月12日に、『石巻市半島沿岸部災害危険区域内市有地の利活用等基本方針』を策定し、「地区共同利用及び農業利用による貸付料の減免措置」や「補助金制度」を創設した。これにより、構想実現の条件が整った。

(3) 「雄勝ガーデンパーク推進協議会」と土地利活用スキーム

「雄勝ガーデンパーク事業」を推進する母体は、住民が2021年6月に設立した「雄勝ガーデンパーク推進協議会」である（会長筆者）。

事業の土地利活用スキームを図1に示す。モリウミアスのワイン用ブドウ園は「農地利用」(有料10円/m²)であるが、それ以外は公益性のある「地区共同利用」となり無償である。このスキームの目玉は、未活用地を「官民連携活用地」に設定し、官と民が共同で管理する仕組みである。中心部移転元地から挙がる借地料年間120万円を上限に協議会が受け取り、「官民連携活用地」の維持管理に投入する。石巻市にとっては草刈人件費を大幅に縮減できるメリットがある。一方、住民にとっては産廃業者等の参入を阻止できるメリットがある。全国で初めて住民主体で移転元地を維持管理する仕組みができたと自負している。ただし課題もある。5団体だけでは土地活用が困難なため、研修で訪れる企業の社員等が副業に活用できる農業を考案中である。

「人とつながり希望を紡ぐ」とは、筆者が掲げた人間復興思想である。妻が植えた一つの花から始まった物語は、地域住民や県内外のボランティアとつながり、さらには復興庁や石巻市ともつながっていき、「地域住民主権」（岡田知弘）の発露としての地域再生の物語をつくり出すスタートラインに立ったと言える。

（徳水博志）

〈注〉

1 拙著「復興プロジェクト　雄勝花物語」（『東日本大震災100の教訓　地震・津波編』クリエイツかもがわ、2019年）。

表1　雄勝ガーデンパーク事業に向けた取組経緯

2015年	雄勝花物語・石巻観光協会による移転元地利活用案の提案
2016年	千葉大学園芸学部秋田研究室による移転元地利活用案の提案
2017年	雄勝ガーデンパーク構想（WGで認知）、雄勝総合支所も構想受け入れ（背景に進出予定企業の倒産）
2018年	雄勝花物語、復興庁支援事業「地域づくりハンズオン支援事業」に申請し受託
	南三陸観光バス（後に名称変更：ぽちゃぐり農園）、モリウミアス、雄勝スターズ、JOCCOサークル雄勝とともに移転元地利活用案を検討
2019年4月	雄勝花物語、モリウミアス、南三陸観光バスとともに石巻市長に復興庁支援事業の成果報告
	復興庁参事官同席。ガーデンパーク構想を石巻市認知
2019年	雄勝花物語、市復興政策課の助言を得て復興庁支援事業「土地利活用促進等モデル調査支援事業」に申請し受託
	モリウミアス、南三陸観光バス、石巻市役所復興政策課、雄勝総合支所参加
2020年	雄勝ガーデンパーク策定準備会設置（復興政策課、雄勝総合支所、民間5団体他）
2021年	
5月	雄勝花物語、復興庁支援事業「土地活用ハンズオン支援事業」に申請し受託
6月	雄勝ガーデンパーク推進協議会の設立

図1　「雄勝ガーデンパーク事業」土地利活用スキーム

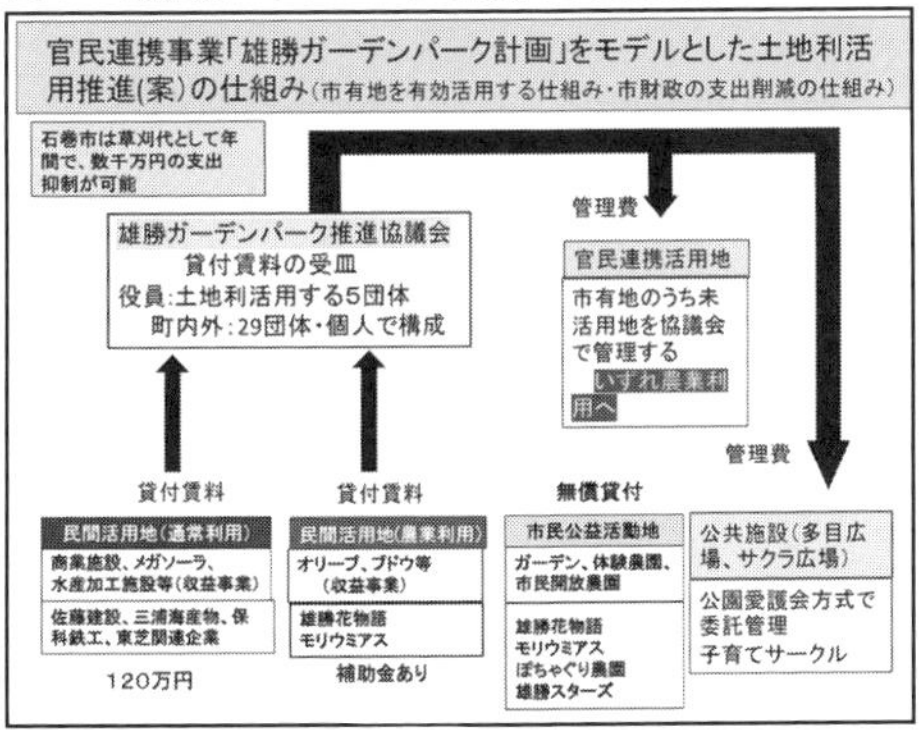

4 なりわい、地域経済の回復

商品開発から販売まで一貫した支援

協同を大切にする「古今東北」ブランド

4－⑩

古今東北とは

古今東北とは、「あしたへつなぐ、おいしい東北」をキャッチフレーズとし、東日本大震災からの復興も込めて、地域の生産者や食品加工業者を支援するため、商品開発から販売まで一貫させ東北の美味しさを全国へ届けるブランドである。

母体の1つであるみやぎ生協は、県民の暮らしをより豊かにする活動や、社会問題にも深く関わって地域からの信頼を高め、メンバー（組合員）の県民世帯組織率は全国トップの約8割もある。

2011年の東日本大震災の直後に、生産者と消費者がつながり続けるため、みやぎ生協は支援組織「食のみやぎ復興ネットワーク」を結成した。その後も震災復興と東北地方の経済活性化のため、同復興ネットワークの思いを継承し、コープ東北事業連合・みやぎ生協・（株）日専連ライフサービスが協力して、（株）東北協同事業開発を2015年に設立し、古今東北のブランド名で38品目の発売を始めた。

順調に推移し2019年度に農林水産省食料産業局長賞を受賞した。被災地を含めた東北6県から集めた選りすぐりの食材や加工品などを提供し、多彩な食文化が出会うことで生まれる新たな食の楽しみも提案し続けている。なお生協のルートだけでなく通販サイトの楽天市場も利用し、全国の一般の消費者などにも利用は広がりつつある。

古今東北のこだわり

被災地の復興支援も含めたこだわりは、①東北の原料や工場の資源を活用、②経験豊富なバイヤーが目利きした東北6県のユニークで美味しい商品、③安心・安全を追求した品質管理、④販路の制限はなく生協以外でも販売、⑤豊富でバラエティあふれる品揃え、⑥中高年層の健康にも配慮した味付けなど、⑦良心的な価格、⑧産地や生産者、製造者への配慮である。

これらにより利用者には、東北6県の名所を巡っているような楽しさ、四季が感じられる旬を味わえる喜び、おもてなしの心が感じられるほっこりとしたくつろぎ感、素材本来の旨みを堪能できる特別感、家族で楽しむことができる幸福感、これまでに体験したことのない味を伝えることができる。

このため古今東北では、東北の食の「これまで」と「これから」を紹介し、届けるのは東北6県から集めた選りすぐりの様々な食材や加工食品たちである。地元で愛されてきた伝統的な食文化を再発見し、多彩な食文化が出会うことで生まれる新たな食の楽しみも提案し、日本全国やいずれは世界の国々にも向け、東北地方の魅力を発信していこうとしている。

金貨の大判をイメージしたロゴマークに確実な保証と情熱を込め、安心・安全で優れた商品であることを訴えた。また品格と情熱をもつ赤には、古今東北とその取り組みに賛同する人々の熱い想いを込めている。

表1「古今東北」の推移

	2016年度	2022年度	増加率（%）
売上高	6億1938万円	19億930万円	208
取扱品目数	70	257	267
事業者数	46	136	196
被災地の事業者	39	101	159
販路数	34	72	111

（出所）古今東北提供

（写真）みやぎ生協店舗に設けられた「古今東北」ブランドの陳列コーナー
古今東北提供

古今東北の教訓

第一は、小さくても協同を大切にしていることである。震災からの復興や地域の活性化に向け、行政や大企業にお願いするのでなく、たとえ小さくても自分たちの知恵と力を持ち寄り、可能な範囲で事業を進めている。それらは要求追求型でなく要求実現型と表現してもよい大切な取り組みである。

第二に、東北地方で永い年月伝統の技術を守り続け、震災で途切れることなく豊かな食文化を大切にしていることである。

第三に教育機関との産学協同である。宮城学院女子大学現代ビジネス学部と共同企画して、2021年に「宮城県産めぐみ野梅干使用旨味すっきり梅昆布ドレッシング（ノンオイル）」を開発、発売した。

第四に、古今東北の生産物を使った連携である。宮城県の星農場で生産した小松菜を、岩手県の（株）あんしん生活でかき揚げに使用したり、岩手県のアグリ産業のエゴマ製品を使い、かりんとうやドレッシングなども製造している。

第五に、あるべき姿に向かって研究を繰り返している。漁業や農業による生産物は、日々変わる自然の影響を受けやすく、工業製品のように一律の育て方は通用しないことが多い。地球温暖化が進み異常気象が続く近年はなおさらで、研究はいつまでも続く大切な課題である。

古今東北では、顔も名前もわかる、同じ志をもった仲間で、素敵な商品をいくつも開発している。こうした小さくてもドラマの明確な協同が、いくつも拡がっていくことで、関わる人も含めた地域社会の活性化へと確実につながっていく。

（西村一郎）

〈参考文献〉
◦西村一郎著『あしたへつなぐおいしい東北　古今東北のチャレンジ』（合同出版、2021年）
◦古今東北ホームページ
https://cocon-tohoku.jp/

5　復興財源措置・被災自治体財政

宮城県財政
復興のさなかの「不名誉」な好転

5－①

好転「県政だより」で

宮城県は東日本大震災の最大被災県だが、「みやぎ県政だより」（2020年1月・2月号）は、復興期間中に県財政が好転したことを報じた。

図1は、掲載された将来負担比率の推移を示すグラフである。「将来の財政圧迫の可能性度合いを示す将来負担比率は164・6％となり、4年連続で都道府県平均を下回る水準」となっていると説明があった。

図2は、県債残高の推移を示すグラフである。「県の借金である県債残高の総額は、5年連続の減少」という説明がついていた。では、どのようにして財政を好転させたのか。

図1　将来負担率の推移

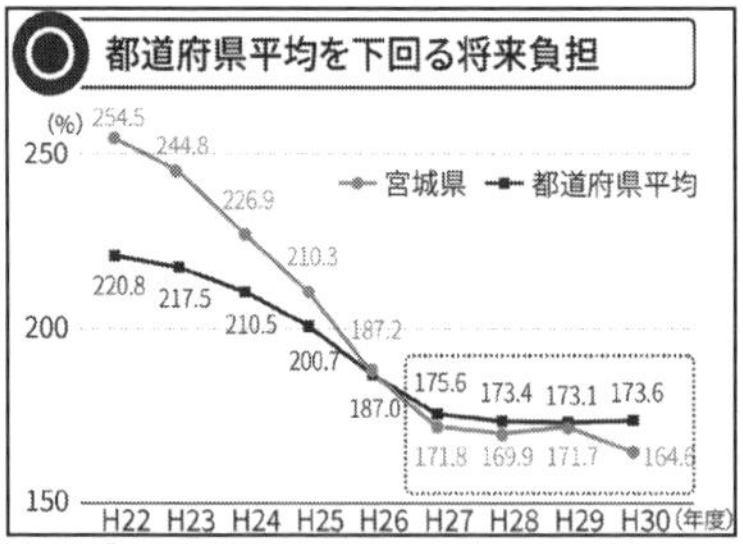

（出所）『みやぎ県政だより』2020年1・2月号、P13、グラフ5を加工。

図2　宮城県の県債残高の推移

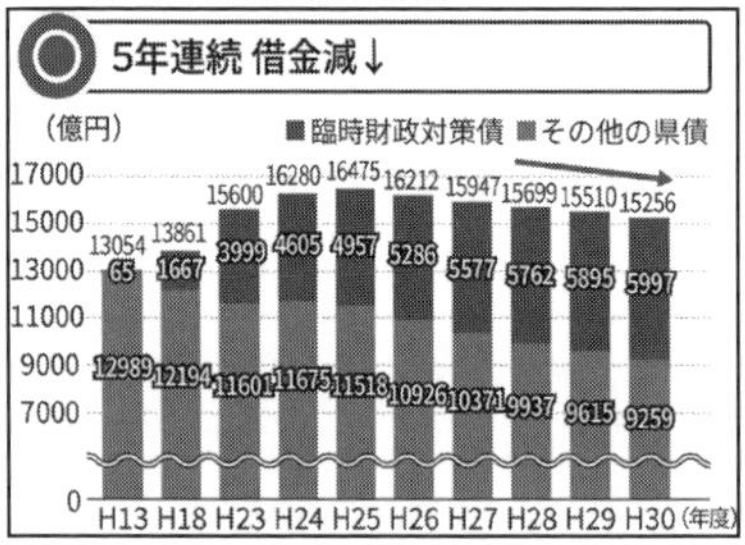

（出所）『みやぎ県政だより』2020年1・2月号、P13、グラフ3を加工。

繰り上げ償還221億も

自治体財政は、実質収支が黒字になったら、財政調整基金に積んで貯金するか、過去の借金の繰り上げ償還に充てたりするルールになっている。

村井嘉浩知事は、2005年に初当選したが、小泉内閣の「三位一体改革」の下で、当時の地方財政は逼迫していた。大震災の前年まで、繰り上げ償還は多くても272万円（2008年度）に留まっていた。

それが、復興が始まった2011年度に30億円余になり、2016年度は百億円を超え、2011年度から2018年度までの8年間の繰り上げ償還金の合計は221億907万円に達した（表1）。

復興事業が全額国費で進められ、復興期間の宮城県財政が大幅黒字基調になっていたことが浮かび上がっている。

臨時財政対策債に問題が

特筆しなければならないことは、村井知事が行政需要の非常に大きかった復興期間に、臨時

表1　宮城県の繰り上げ償還額の推移

（単位：千円）

2003年度	0	2011年度	3,080,747
2004年度	0	2012年度	144,179
2005年度	0	2013年度	2,058,547
2006年度	0	2014年度	279,350
2007年度	1,132	2015年度	5,401,433
2008年度	2,726	2016年度	10,422,005
2009年度	196	2017年度	627,395
2010年度	120	2018年度	95,414

（出所）宮城県決算資料より作成

表2　宮城県の臨時財政対策債発行状況

（単位：千円）

	発行可能額	発行額	差
2011年	69,752,402	64,213,000	▲5,539,402
2012年	68,304,746	68,304,746	0
2013年	65,080,067	46,200,000	▲18,880,067
2014年	63,258,269	47,300,000	▲15,958,269
2015年	52,729,379	52,729,379	0
2016年	44,456,110	44,456,110	0
		【累計】	▲40,377,738

（出所）宮城県決算資料より作成

財政対策債の発行を抑制したことである。臨時財政対策債は、地方交付税の代替措置で、これを発行しないということは、国からの財源を受け取らないということである。

臨時財政対策債の発行を抑制する手法は、宮城県政では財政の黒字を隠す目的に使われてきた。村井知事の前任者である浅野史郎知事が、臨時財政対策債の発行を大きく抑制して「財源がない」と見せかけ、県職員と教職員の給与を抑えたことがあった。

復興期間に、あえて使える財源を大きく削ったことは、罪が大きい。発行抑制は、２０１１年度、２０１３年度、２０１４年度の３か年度で行われ、発行可能額と発行額との差は、合計で４０３億７７７３万円に達した（表２）。被災者と県民のための施策が、それだけ抑えられたことになる。

被災者に使うべきだった

復興のさなかの財政運営は、言うまでもなく「被災者が主人公」である。

岩手県の達増拓也知事は、国が被災者の医療、介護保険の負担免除を打ち切ったあとも、県が負担して市町村とともに被災者の負担免除を継続した。住宅を自力再建する被災者に、岩手県独自に１００万円を補助した。

これに対し宮城県では、住宅再建に対する独自支援はなく、被災者の医療・介護の負担免除は２０１３年３月31日までで打ち切られた。負担免除の継続は年約50億円で可能だった。

臨時財政対策債を発行可能額まで発行し、県債の繰り上げ償還に充てた２２１億円と合わせれば、計６２５億円の基金をつくれた。岩手県のような被災者支援や住宅再建支援が、宮城県でも展開できたと思われる。

後年度の交付金で好転が

臨時財政対策債を発行しなかった分は、それに相当する交付税を後年度に受け取ることができる仕組みになっている。自治体が臨時財政対策債を発行しなくても、国は発行したとみなして、その償還分を基準財政需要額に上乗せして、交付税を配分するからである。これが宮城県財政が好転した一因である。

宮城県の臨時財政対策債について、２００１年度から２０１６年度までの16年間の発行可能額等を集計した。臨時財政対策債の発行可能額の合計は７３８１億円、発行額の合計は６８２５億円で、未発行額の合計は５５５億円。その償還のために措置された交付税の合計は１９６７億円、実際の償還額の合計は１４９１億円、その差額は４７６億円だった。

単純計算では、臨時財政対策債を５５５億円発行しなかった効果でほぼ匹敵する４７６億円の交付税が、後年度になってから交付されたことになる。

県民こそ主人公の財政に

財政には「不名誉の黒字、名誉の赤字」という言葉がある。自治体財政とは、そもそも何のためにあるのか。被災地の目線で見れば、復興さなかの宮城県財政の好転は不名誉だ。

（中嶋　廉）

5　復興財源措置・被災自治体財政

公共施設の原形復旧から民業支援、復興支援へ

5－②

原形復旧に縛られた旧来の災害復旧支援

災害の復旧を国が財政的に支援する制度は、１９１１（明治44）年に制定された「府県災害土木費国庫補助ニ関スル法律」（Ｍ44年法）に始まるとされる。「政府ハ勅令ニ定ムル所ニヨリ府県災害土木費ノ一部ヲ補助スルヲ得」というわずか1条からなる法律だった。もっとも、既に１８９９（明治32）年には、日清戦争で得た賠償金（１０００万円）を原資として災害に備える基金を造成する「災害準備基金特別会計法」が制定され、同法に基づく勅令によって「災害土木費国庫補助規定」（Ｍ32年規程）が公布されているので、形式的な意味ではそれが最初である（注1）。ただし、基金なので永続性は保証されず、国の負担割合も抑制されていた。Ｍ44年法の制定によって災害復旧への国の永続的関与が明確化され、Ｍ32年規程よりも府県の復旧負担が緩和されたことの意味は大きい。

Ｍ32年規程やＭ44年法制定以前にも、災害復旧に国の補助が皆無だったわけではない。１８８０（明治13）年太政官布告が、府県における土木費に対する下渡金を廃止して、災害復旧も含め地租を基本とする地方税で支弁すべき原則の徹底を図ったが、災害の規模が大きければ、その復旧を地方税では賄えない。被災府県の地方税急騰は避けられず、税負担の不均衡は社会の安定をも脅かす。地方税で復旧費を賄いきれない被災府県からは、国の補助を求める上申書がたびたび提出された。対応を迫られた内務省は、地方税を限界まで引き上げてなお不足する分を補助すると算定基準の明確化を図ったが、災害ごとに補助採択の是非や補助率が大きく変動し、災害支援の不均衡は解消できなかった。災害によっては手厚い補助を得た府県があった反面、１８９６（明治29）年に発生した明治三陸地震の際には、当時の岩手県知事が津波で被災した沿岸地域の学校再建等へ国の補助を上申したが、前例がないとして一顧だにされなかったという。

Ｍ44年法制定と同法に基づいて新たに勅令で制定された補助規程により、府県災害土木費が当該府県の地租年額の一定割合（１／７）を超えるときは、災害土木費の一部を国が補助することになった。ただし、補助額の算定には内務省の検査員が派遣され、「原形復旧」を原則として厳格な査定がなされた。この「原形復旧」の原則は以後の災害復旧支援に継承され、今日においても災害復旧支援の重大な制約要因となっている。

東日本大震災における復興事業の新たな特徴

東日本大震災の復興財政を振り返ると、被災公共施設を原形復旧する限りにおいて国費で支援するという旧来のシステムを脱却する兆しを認め得る。

表1は、２０１２~19年度までに支出済みの復興特別会計歳出の過半、10兆2千億円余を占める補助費を、含まれる補助金等の目的・内容等で10の類型に分類し、さらに国の直接の支出と地方政府への移転に区分して集計したものである。大半が地方政府へ移転されており、その検討は被災地の復興事業の財政分析上重要であることがわかる。

表1　使途別分類「補助費」の類型別内訳（2011～19年度支出済額）

単位：億円、％

補助費の類型	合計		中央政府直接支出	対地方政府移転
	金額	％		
①災害救助・災害廃棄物処理	6,979	6.8	62	6,917
②公共施設災害復旧	20,219	19.8	494	19,724
③災害復旧以外の公共事業・施設整備費	13,120	12.8	1,158	11,962
④東日本大震災向け総合的交付金	22,540	22.0	0	22,540
⑤除染等の原発事故関係補助金	16,952	16.6	86	16,866
⑥事業支援・産業政策	6,782	6.6	4,375	2,407
⑦農林水産業政策	2,503	2.4	572	1,931
⑧雇用対策	1,188	1.2	0	1,188
⑨被災者・コミュニティ・福祉施設支援	4,930	4.8	2,792	2,139
⑩その他	7,032	6.9	2,369	4,663
合　　計	102,243	100	11,907	90,336

注）④は復興交付金と福島再生加速化交付金

（出所）国の特別会計歳入歳出決算額科目別表の各年度より作成

まず、補助費においても公共事業等のハード事業系補助金がおよそ半分を占めるが、そのうち②公共施設災害復旧が2兆円超で、東日本大震災においても旧来の災害復旧事業が相当のウェートを占めた。しかし、新設された④東日本大震災向け総合交付金は②を凌ぐ2・25兆円である。④は防災集団移転促進事業や被災市街地復興土地区画整理事業などが中心を占め、災害復旧同様ハード事業ではあるが原形復旧から新市街地形成へと踏み出した。

特筆すべきは、事業支援や産業政策向け補助金の登場である。なかでも「中小企業組合等共同施設等災害復旧補助金」（グループ補助金）は、被災事業者に対して被災した施設・設備に応じて復旧費の一部を補助するもので、「自助努力」に委ねてきた民間事業分野に国費を投じる画期的なものとなった。

さらに、金額はわずかながらソフト支援である⑨被災者・コミュニティ・福祉施設支援にもおよそ5千億円が支出された。被災者生活再建支援金に大きな上積みがなかったのは残念だが、伴走型被災者支援やコミュニティ支援に幅広く活用できる被災者支援総合交付金の新設には注目しておきたい。

ハード系の復旧・復興事業について、「原形復旧か復興か」「民間か公共施設か」、という2つの評価スケールを配して、上述した東日本大震災の復旧・復興事業の特徴に沿って配置したのが図1である。ソフト事業は重要だが金額が小さく、ハード系事業の附置図の下に別記した。この図から新たな動向のベクトルとともに課題も見える。直面する経済環境に即応すべき産業支援が、原形復旧に縛られているのは違和感が拭えない。ソフト支援の充実がこれからの重要課題となる。

（井上博夫／遠州尋美）

図1　東日本大震災における復興事業の新たな特徴

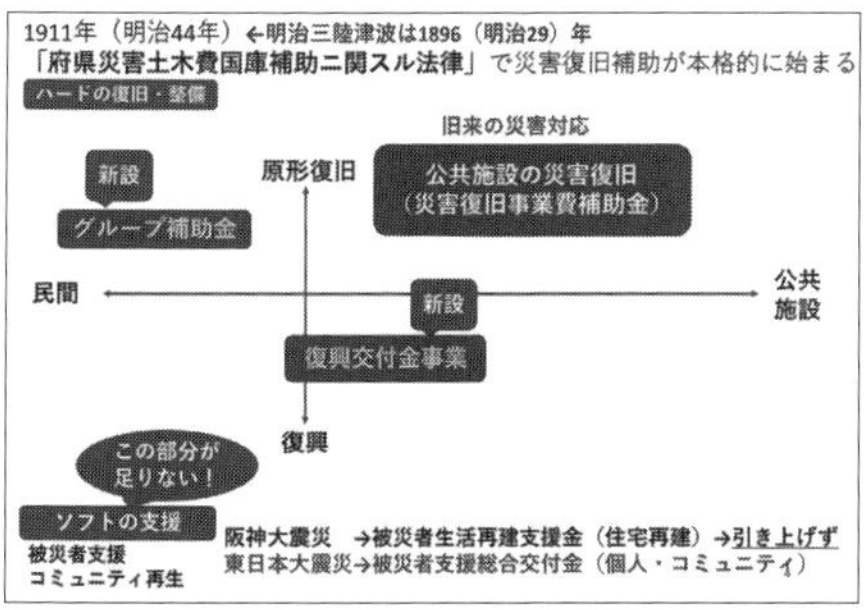

〈注〉

1　市川紀一「災害復旧費国庫補助制度制定に至る史的考察」（『土木史研究』第18号、１９９８年５月）。

5　復興財源措置・被災自治体財政

取崩し型復興基金とその意義

5－③

取崩し型復興基金の創設

国は、2011年度第2次補正予算において特別交付税1960億円を増額して青森、岩手、宮城、福島、茨城、栃木、千葉、新潟、長野の被災9県に交付した。県はその半額程度を県内市町村に交付することにより、県及び市町村に「取崩し型復興基金」が創設された。うち、被害が集中した被災3県への交付額は、岩手県420億円、宮城県660億円、福島県570億円で84％を占める。

この基金は、自治体の一般財源を補う特別交付税で創設されたため、国庫支出金とは異なり使途制限はなく自治体の自由な判断で活用できた。その活用実態を通して復興財政における地方の裁量性の意義を検討したい。

なお、2012年度補正で「津波被災住宅再建支援基金」と呼ばれる基金も被災自治体に造成された。これは震災復興特別交付税1047億円を青森、岩手、宮城、福島、茨城、千葉の被災6県に追加配分して設けたもので、防災集団移転促進事業（防集）やがけ地近接等危険住宅移転事業（がけ近）で宅地の買取対象とならなかった被災者への住宅再建支援という目的に特化したものであり、本稿の分析対象とはしない。

復興基金活用における地域間の違い

表1に、岩手、宮城、福島の被災3県の活用状況をまとめた。3県とも沿岸市町村と内陸市町村の違い、また福島県は、それに加えて、避難指示区域とそれ以外の地域の違いも比較した。

まず、県の活用状況は3県で大きな差異がみられる。

〔事業分野〕

岩手県は、住宅支援と生活支援に大半を充当した。

住宅支援では、全壊・解体で建設・購入する場合および中規模半壊で補修する場合、国の加算支援金の1／2相当を上乗せ支給した（県2／3、市町村1／3）。宅地補修や、新築に際してバリアフリー化や県産材使用にも補助している。

生活支援では主に医療費窓口負担免除を10年間継続するために活用した。国が窓口負担免除の10／10補助を終了し、基準を満たした場合に8／10を補填する特別調整交付金に移行した後も、県と市町村が1／10ずつ負担することで免除を継続したのである（国の基準に満たない時は県9／10、市町村1／10）。

一方、宮城県と福島県は産業振興・地域振興対策に6割以上費やした。

宮城県の同施策は、販路開拓や従業員確保支援など多岐にわたるが、金額的に最大なのは、グループ補助金受領企業にみやぎ産業支援機構が行った自己資金分融資への利子補給である。異例とも思えるのは、復興支援の一環として新設が認められた東北医科薬科大学入学生向け奨学金へ百億円を超える資金を復興基金から拠出している。

岩手県と対照的に、10％に留まった宮城県の住宅支援は、二重ローン対策としての既存債務への利子補給と、応急仮設住宅居住者への民間住宅情報提供や転居支援に限定されていた。

それへの評価は様々あろうが、地域の状況を反映して多様な政策意思決定が可能であったことは間違いない。

【市町村への配分】

岩手、宮城では、ほぼ9割が沿岸市町村へ配分された。津波被災の状況を反映している。

しかし福島では、逆に沿岸ではなく、内陸市町村、避難指示区域外の市町村に多くを配分している。避難指示区域（沿岸市町村を多く含む）から避難した原発長期避難者対策に重点を置かざるを得なかった事情を反映したものだろう。

表1　「取り崩し型復興基金」の活用状況（2011～2019年度支出済累計額）

単位：百万円

県・市町村区分			基金規模	うち特別交付税額	復興基金充当事業額	事業区分 生活支援	住宅支援	教育文化対策	産業振興・地域振興対策	融資への利子補給	その他
岩手県	市町村	沿岸	22,952	19,593	16,429	714	8,337	697	3,551	368	2,762
		内陸	2,334	1,407	1,420	89	198	65	225	1	842
		市町村計	25,286	21,000	17,849	804	8,536	762	3,776	369	3,603
	県		30,082	21,000	18,371	4,300	11,841	15	1,417	417	381
	市町村・県合計		55,368	42,000	36,220	5,104	20,376	776	5,193	786	3,985
宮城県	市町村	沿岸	30,074	29,981	25,731	1,711	11,313	351	7,440	969	3,948
		内陸	3,022	3,019	2,914	87	513	15	1,275	238	786
		市町村計	33,096	33,000	28,644	1,797	11,826	366	8,715	1,207	4,734
	県		58,611	33,000	31,108	4,118	3,069	2,010	20,494	1,066	351
	市町村・県合計		91,707	66,000	59,753	5,915	14,895	2,376	29,209	2,273	5,085
福島県	市町村	沿岸	43,225	10,983	8,853	896	917	728	3,453	2	2,857
		内陸	19,126	17,517	17,845	3,250	634	2,032	6,283	178	5,468
		避難指示12市町村	32,827	7,945	5,817	1,156	649	362	1,775	0	1,875
		避難指示区域以外	29,525	20,555	20,882	2,989	903	2,399	7,962	180	6,450
		市町村計	62,352	28,500	26,698	4,146	1,551	2,761	9,736	180	8,325
	県		29,082	28,500	25,830	417	3,893	1,265	16,747	0	3,507
	市町村・県合計		91,434	57,000	52,528	4,563	5,444	4,026	26,483	180	11,832

※岩手沿岸12市町村：洋野町、久慈市、野田村、普代村、田野畑村、岩泉町、宮古市、山田町、大槌町、釜石市、大船渡市、陸前高田市。

※宮城沿岸14市町：気仙沼市、南三陸町、石巻市、女川町、東松島市、松島町、塩竈市、多賀城市、七ヶ浜町、仙台市、名取市、岩沼市、亘理町、山元町。

※福島沿岸10市町：新地町、相馬市、南相馬市、浪江町、双葉町、大熊町、富岡町、楢葉町、広野町、いわき市。

※避難指示12市町村：田村市、南相馬市、川俣町、広野町、楢葉町、富岡町、川内村、大熊町、双葉町、浪江町、葛尾村、飯舘村。

※県の基金規模及び復興基金充当額は、市町村向け交付金を除いた額である。
（出所）総務省「東日本大震災に係る『取崩し型復興基金』の活用状況調」2020年度データより作成。

市町村の違いを超えた共通の特徴

岩手、宮城ともに市町村は共通して住宅支援に重点が置かれた。国の被災者生活再建支援金の不足を補う独自支援である。補助事業では実施できない施策の隙間を埋める機能を果たしたことは評価できる。

今後に向けて

住宅支援、生活支援（医療費窓口負担免除）、事業支援（グループ補助自己負担分や同事業対象外事業の支援）など、国の補助金対象外の支援に活用されて、制度の隙間を埋めたのは重要である。復興基金の飛躍的な増額を期待したい。

県のイニシアチブは、復興基金の活用に影響した。岩手県での住宅支援、生活支援への活用は、県市の共同事業としての実施（支給事務は市町村、財政負担は県と市町村が共同で）が貢献した。

一方で、知事や市町村長の意向が時には恣意的運用を生む懸念もある。支援団体や弁護士等を含むウォッチャー制度などで、県民、市民の監視と批判が機能する仕組みを求めたい。

（井上博夫）

復興財政から大震災復興を評価すると

5－④

２０１１年度から21年度における大震災復旧・復興関連経費の国歳出額は、国債整理基金繰入額を除き総額35兆円を超えた。それは大震災復興に有効に活用されたと言えるのだろうか。

復興財政を評価する視点

筆者は、以下の3点で検討・評価を試みたい。

①市町村が復興政策の主体となり得たか。

復興基本方針が復興を担う行政主体は市町村と謳い、国は、市町村が能力を最大限発揮できるよう、現場の意向を踏まえ、財政・人材・ノウハウ等の面で支援すると約束していた。

少なくとも次の二つが必要である。第一に、市町村の意向に沿った復興計画を実施するのに十分な規模の財源。第二に、復興事業の内容・手法を市町村が主体的に決定できる制度的枠組。そのためには、自治体自身に歳出決定の裁量が委ねられているという財源の質が重要だ。

②未曾有の災害であり、その態様は地域によっても時間の経過によっても異なった。それに応じた柔軟性は確保できたか。

地域的な被災態様の多様性に対しては、事業メニューの多様性は一つの要素だろう。

一方、被害の甚大性と複合性（特に原発災害）は、復興の長期化をもたらした。当初から全過程を見通す計画の策定は不可能で、時間の経過に伴う環境変化に対応できる柔軟性（時間軸でみた柔軟性）が求められた。

③被災者・被災地の復興と再生に効果的な財政だったか。

被災者・被災地が制度の狭間によって復興・再生から取り残されてはならない。そこで、既存の制度枠組みが想定していなかった分野でも、地域の実情に合わせて自治体が支援の手を差し伸べられることが必要である。そのため財政面では、使途の限定されない一定規模の財源を自治体に確保することが必要だ。

国が用意した財政的手段

●復興財源確保法による復興財源の確保

復興財源は、歳出削減及び株式・国有財産の売却等に加え、復興特別税収入で確保するものとし、復興経費に充てるため復興債は発行するが、２０３７年度までに償還すると定めた。

復興特別税は、復興特別所得税（税率２・１％、25年間）、復興特別法人税（法人税額の10％、当初は3年間だったが、2年に短縮）として実現した。

●補助率の引き上げ

東日本大震災財特法により復旧事業等に対する補助率の特例的引き上げを実施した。

●「使い勝手のよい」交付金の創設

東日本大震災復興交付金、福島復興再生加速化交付金として複数の省庁の国庫補助事業をパッケージ化し一括交付する包括補助金を創設した。基幹事業と効果促進事業の一体的実施による地域の創意工夫が謳われた。

●補助事業の地方負担分を手当

補助率引き上げに加え、残る地方負担分も震災復興特別交付税（震災特交）で負担を極小化。

●「取崩し型復興基金」造成

特別交付税を交付して被災自治体に基金を形成。使途が限定されない財源のため、支出先を自治体が自由に決定できた。

●既存補助金の拡充と新たな補助金の新設

除染を中心とした原発事故対策関連補助金、医療保険等の保険料・一部負担金の減免、中小企業組合等共同施設等災害復旧費補助金（グループ補助金）の創設、被災者支援総合交付金の新設などが挙げられる。

国が用意した財政的手段の評価

①市町村が復興政策の主体となり得たか

〔規模の十分性〕

2011～19年度の国の歳出32兆6千億円のうち58％、19兆1千億円（国庫支出金14・1兆円、震災特交5兆円）が地方へ移転。財特法・復興交付金／加速化交付金による特例的補助率引き上げ、震災特交による地方財政措置が貢献した。

〔地方の決定権限〕

復興交付金／加速化交付金等メニュー化による事業の選択性拡大は一定の評価ができる。しかしメニューにないものは選択できず、メニューはハード事業しかなかったので、地方の決定権は制限された。また包括補助金と言うものの、事業ごとの要綱に縛られ制約が大きかった。

取崩し型復興基金は、地方の裁量性は高く、制度の隙間を埋める役割を果たしたが、資金規模は不十分だった。

②未曾有の広域複合災害に対応する柔軟性

〔メニューの多様性〕

復興交付金／加速化交付金によりメニューの多様性、効果促進事業との組み合わせによる硬直性緩和を図ったが、上述の限界を免れなかった。

〔時間軸での柔軟性〕

復興交付金／加速化交付金では事業間流用の許容と基金化による年度制約の緩和を図ったが、採択された個別事業の大胆な見直しは困難だった。財政制度に加え、区画整理事業などの市街地整備事業自体を時間の推移に伴う環境変化に対応できるものにする必要がある。

③被災者・被災地の復興と再生に効果的か

復興交付金／加速化交付金は、原形復旧に留まらない復興へと支援対象を広げたが、ハード事業の範囲拡大に留まった。

グループ補助金は民間事業への国費投入を切り開いたが、原則は原形復旧で新規事業支援はわずかだった。また被災者生活再建支援金額改善は実現せず、わずかな対象拡大に留まった。

被災者支援総合交付金は被災者支援の可能性を広げたが、支援団体との協働に不慣れで活用しきれない自治体も見られた。

取崩し型復興基金の制度の隙間を埋める役割は評価したいが、資金規模の制約は拭えない。

今後に向けて

以上を踏まえ次の4点を提案したい。

① 復興基金の飛躍的規模拡大
② 復興交付金／加速化交付金メニューへの現場意向の反映
③ ソフト支援分野の拡大
④ 復興まちづくり事業制度の計画変更の柔軟化

（井上博夫）

6 復興検証・モニタリング・災害伝承

宮城県「復興まちづくりの検証」は検証の名に値するか

6－①

２０２０年3月、宮城県土木部は「復興まちづくりの検証（記録誌）」（以下『検証』）を、姉妹編とも言える「復興まちづくりの伝承」とともに公開した。部局ごとに多数公表された様々な復興の記録の中で数少ない検証を謳った文書である。いくつかの指標を設け、まちづくり事業の「アウトプット」（実績）と「アウトカム」（成果）を指標に基づいて評価する組み立てで、手続き的には検証らしい体裁を整えた。ただし、第三者による批判的検討を伴わない全くの自作自演でしかない。

しかし、自作自演による肯定的評価を根拠に、村井嘉浩流「創造的復興」を体現・牽引した「災害に強いみやぎモデル」を「伝承」によって全国に敷衍しようという目論見は黙過できない。『検証』は検証の名に値するのか、検討したい。

『検証』の組み立て

第1章の被災概要と第2章の復興まちづくりの方針は、検証の前提となる事実を述べたもので、その内容を詳しく検討する意義は薄い。第3章が「検証」の要である。図1に検証の枠組みとその結果の要点を示す。

(1)『検証』のアウトプット

アウトプット（実績）測定に掲げたのは①安全・安心なまちづくり、②住宅の再建、③産業の再建と振興の3項目である。①は、防潮堤や災害危険区域指定等と低リスクエリアでの居住地整備、②は住宅建設、③は産業基盤整備の実績を誇った。

ただし、実績の誇示は基本的に意味がない。資金は国の丸がかえ、防潮堤の高さの決定は海岸管理者である県、災害危険区域や事業区域の決定権限も自治体が握っているのだから、時間をかければ計画通りに実現できて当たり前だ。居住地整備で利用率が9割を超え、産業用地でほぼ8割前後という利用率の高さを自慢したいらしいが、防災集団移転促進事業（以下、防集）をはじめとする居住地整備では、当初計画からなし崩し的に規模が縮小したことに言及せず、区画整理では換地済みを口実に民有地は空地であっても無条件で利用率１００%に水増しした数字である。

(2)『検証』のアウトカム

他方、アウトカム（成果）の測定指標は、人口減少傾向の緩和、生産額の回復、観光需要の回復の3項目である。引き続く人口減少と沿岸市町での悪化傾向は隠しようもないが、沿岸市町の一部に社会減の鈍化が見られることに光明を見出している。産業面では県内総生産、水産業、製造業、小売業、観光業指標の回復傾向を確認し、産業基盤整備の効果を示唆した。

以上を受けて、図1に示したように、人口、産業、観光のそれぞれに復興まちづくりの「取組の効果」があったとの認識を示した。

『検証』枠組みの基本的問題点

①因果関係分析の不在

最も重要な問題はアウトプットとアウトカムで取り上げた指標との間の因果関係が示されていないことである。アウトカムで取り上げた指標にアウトプットで示した指標がどのように寄与したのが示されない限り、検証としての意義を認めるのは困難である。

②取り上げた指標が恣意的で科学的根拠を欠く

〔人口〕示されたデータで正確な判断は困難だが、『検証』の主張通り、人口減少の持続の中で社会減に改善の兆しがあるとすれば、自然減は一層深刻化したはずである。高齢化・少子化がさらに進展しているのに、その事実に全く言及がない。

〔産業〕県内総生産をはじめとする産業指標が被災後の落ち込みを回復したことが事実でも、問題は生産活動を自律的に持続できるのかである。県と市町を合わせた復興事業歳入はおよそ9兆円。国直轄事業も含めればおそらく12～13兆円が県内に投下された。中間投入財の生産と雇用者所得による波及効果を考慮すれば、復興投資が県外に流出していないなら、16～18兆円の生産を誘発しただろう。しかし、『検証』143頁のデータで2012年から17年まで各年の総生産額が11年のそれを上回った超過生産額の累積を計算すると9兆2743億円である。直接の復興投資額さえ下回っている。県内産業の自律的回復は極めて疑わしい。

図1　宮城県「復興まちづくりの検証」の検証枠組み

復興まちづくりのアウトプット（取組）
①安全・安心なまちづくり
○居住区域の設定
●防潮堤の整備による L1 津波からの防御
●津波防護・減災施設の整備や災害危険区域の指定等による L2 津波からの減災
○居住基盤の安全性
●津波による浸水状況を考慮した安全な居住基盤の形成
②住宅の再建
○居住基盤の整備と活用
●防潮堤の整備による L1 津波からの防御
●津波防護・減災施設の整備や災害危険区域の指定等による L2 津波からの減災
③産業の再建と振興
○産業基盤の整備と活用
●良好な産業基盤の形成と有効活用
復興まちづくりのアウトカム（取組の効果）
○人口減少傾向の緩和
●居住基盤供給開始後，沿岸被災市町の人口社会像，社会減緩和傾向
○関連する産業生産額の回復
●沿岸被災市町の総生産額，震災後増加傾向で推移，回復
○観光需要の回復
●沿岸被災市町の観光客入込数，震災後増加傾向で推移，回復傾向
課題
●防災意識低下による逃げ遅れ等の発生
●小規模集落の機能低下
●未活用の産業基盤に対する市町の財政負担
今後の取組
●災害リスクの継続的認識
●地域コミュニティの維持・活性化
●未活用の産業基盤の有効活用

（出所）宮城県「復興まちづくりの検証 概要版」2020 年 3 月をもとに筆者作成

『検証』が指摘する課題

検証が指摘する課題も、杜撰である。小規模集落の機能低下、産業基盤未活用地に伴う財政負担は確かに問題だが、それを生み出した原因とその解決のあり方は全く検証されなかった。

既に指摘されている復興まちづくりをめぐる問題は数多い。防集や巨大土地区画整理にのめり込んで事業期間が長期化し、多くの被災者が脱落して事業規模は縮小した。『検証』は住民意向に沿った集落単位の防集の実現と胸を張るが、集落規模の縮小は深刻だ。事業効率は低下し、1宅地あたり1億円を超えた防集事業もある。持続性をもたない小規模集落や区画整理地の空地は、過大復興の産物であり、公共施設の維持費でも財政負担は増加する。一方で、埋もれた在宅被災者や災害公営住宅のコミュニティ問題が深刻化している。それらの問題に正面から向き合わない『検証』は検証の名に値しない。（遠州尋美）

6 復興検証・モニタリング・災害伝承

国交省「津波被害からの市街地復興事業検証」の問題点

6－②

震災復興10年目の2021年3月に『東日本大震災津波被害からの市街地復興事業検証委員会―とりまとめ』（座長：岸井隆幸・日本大学特任教授。以下「とりまとめ」）が公表された。この目的は「南海トラフ地震等の切迫する大規模災害に向けて、得られた教訓をとりまとめる」（P17）ことである。

「事業ありき」の復興を追認

検証委員会の「とりまとめ」は、事業ありきでスタートした市街地復興の主要3事業（防災集団移転促進事業、土地区画整理事業、津波復興拠点整備事業）の実績追認が前提となっている。

高台移転を前提とする事業ありきの市街地復興は、まず「復興パターン」（移転、嵩上げ、現地集約等）という機械的な事業目標の設定と、実現に向けた主要3事業への絞込み・パッケージ化、そして事業実施は大手ゼネコン主体の復興CM方式というシナリオであった。

このようなシナリオを追認する「とりまとめ」の問題点を集約すると次のようになる。

①「事業ありき」と「復興パターン」の継承

ハード事業中心の市街地復興を今後とも継承するための「とりまとめ」になっている（大規模災害復興法の適用を想定した事前復興の推進等を前提）。

②住民合意なき復興の推進

住民合意形成が社会問題化した点については触れず、全体としては、今後も当局主導の市街地復興の推進を想定している（注1）。

③主要3事業への絞込み・パッケージ化を踏襲

今後も高台移転と移転元地の集約移転、先行拠点整備が一体的に展開され、事業の巨大化が避けられない。

なお、以下の小見出し・内容は、「とりまとめ」の構成に順じている。

目標なくして復興・事業なし

検証委員会の課題意識は、「事前復興まちづくりのあり方」と「事業のスピードと適切な規模」「変革の契機にふさわしい土地利用」（P17）であり、特に今後の「事前復興まちづくりのあり方」を重視している。

その特徴が「事業ありき」復興の追認であるのは間違いないが、「2．復興計画・復興まちづくり計画の策定に向けた基本的な考え方」では復興目標設定の重要性を強調している。しかし、最重要であるべき被災者の生活再建への意識づけが希薄なのが問題である。

特に、適切な事業規模と持続可能性について指摘しつつも、「復興は変革の契機」とか「時代の変化を積極的に先取りしたビジョン」という開発プロジェクト指向があることは見過ごすことができない。

図1　市街地復興事業全体の流れ

名段階	初期対応段階	調査計画段階		事業計画段階
	発災後	震災後1年目前半	震災後1年目後半	震災後2年目〜
計画の流れ	復興方針 ビジョン 構想等	復興計画 （自治体全域）	復興まちづくり計画 （地区）	事業計画 （事業地区）
内容	・復興理念、復興方針 ・将来に向けたメッセージ ・復興計画の策定スケジュール等	・復興の基本理念・将来像 ・自治体全域の視点からみた分野別方針、施策（土地利用、防災・減災、産業振興、医療福祉等） ・津波シミュレーションによる土地利用、防災減災方針の評価	・地区の復興まちづくり計画の検討 ・地区別の土地利用方針（復興パターン） ✓ 現地再建、内陸部・高台移転、現地再建・高台移転併用等） ・基盤整備方針（事業手法の活用方針） ・住まい・事業活動の再建方針等の検討 ・住民・事業者の意向把握・合意形成	①事業計画方針 ・地区復興まちづくり計画の整理 ・住民意向の把握、確認等 ②適地選定・評価 ・地形、土地所有、支障物件の調査 ・移転候補地検討、方針設定 ③土地利用計画検討 ・地区施設の検討 ・ゾーニング・アクセス動線 ・事業区分／事業適用性の検討 ・概算費用の算定・評価 ④事業計画 ・事業手法、組み合わせ ・事業区域、施行計画等

（出所）国交省「東日本大震災津波被害からの市街地復興事業検証委員会―とりまとめ」2021年3月、P34。

住民合意による復興を

「3．復興に関する計画プロセスの留意点について」では、適切な事業規模にするために被災者の段階的かつ継続的な意向把握の重要性や集落レベルの意向把握の必要性を述べている。

しかし、この「計画プロセス」の主体でなければならない被災者の存在が見えない。さらに「(3)時代を先取りした明確なビジョンの確立と共有」という表題が示すように、被災地復興と乖離した内容になっている。

「4．復興事業の進め方(1)復興事業全体の流れ」で示された「初期対応段階」から「調査計画段階」「事業計画段階」の流れ（図1）は、各段階ごとの作業手順の精緻化であり、住民合意形成のための流れではない。

「住民合意形成」とは、被災者の意思決定を行う復興主体の構築と関連づけながら、被災前のコミュニティの関係性を回復し、合意形成を重ねる一貫した取組・支援、プロセスを指す。

実際の復興過程では、被災直後の建築制限から、防潮堤建設や災害危険区域指定、高台移転と移転跡地等の集約化が行政主導で行われた。被災者の意向確定は、この事業計画作成のために行われ、制度に合わせた（被災者個人の資力等による）住宅再建でコミュニティの復興を含めた生活再建ではなかった。特に宮城県は、惨事に便乗して沿岸部の集落解体・再編さえ目論んだ。このような復興のあり方への批判的な見方を欠いたことが「とりまとめ」最大の問題点だったと言ってよい。

地域主権、住民自治の確立が重要

この検証委員会の「とりまとめ」を踏まえて改訂された国の「津波被害からの復興まちづくりガイダンス」（2023年3月改訂）は、第2部で事前対策のあり方を提示している。それは図1に示した「復興事業全体の流れ」に沿って事前対策の検討を求めており、コミュニティの視点の欠如が懸念される。

今次の被災市街地の復興を振り返れば、コミュニティ（生活も含む）としての市街地・集落復興を支えたのは、機能主義・便宜主義の「事業ありき」や「復興パターン」ではなく、被災前からの地域分権や住民自治、生活と地域が一体となった集落の力（構想・実行力、支え合い）である（注2）。

（阿部重徳）

〈注〉

1　国土交通省都市局・住宅局「東日本大震災の被災地における復興まちづくりの進め方」（合意形成ガイダンス）2012年6月があるが、効果的に活用されることはなかった。

2　例えば、被災市街地レベルでは東松島市や七ヶ浜町、大船渡市、気仙沼市及び釜石市の一部など。

6　復興検証・モニタリング・災害伝承

復興感をどのように測るか

いわて復興ウォッチャー調査の意義

6－③

復興感を測る住民意識調査

東日本大震災では、住民が感じる復興の実感を測るための意識調査が繰り返し行われてきた。一つは、被災自治体が定期的に行う大規模な住民意識調査で、選挙人名簿から層別無作為抽出により対象者を選び、調査票を郵送して回答してもらうアンケート調査である（注1）。岩手県の場合、復興の実感を５段階の選択肢で回答してもらうとともに、具体的な（施策別の）復旧・復興の重要度や実感、東日本大震災津波の風化、復旧・復興に向けた優先施策等について尋ねている。この種の調査は、復興感の時間的推移を把握するのには適しているが、復興感をもたらしている要因までは知ることができない。

もう一つは、研究者や報道機関等による住民意識調査であり、調査票によるアンケート調査という点では共通しているが、復興感のより深い把握や復興感を規定する要因の分析にまで立ち入っているのが特徴である。例えば、阪神・淡路大震災の経験を基に開発・洗練されてきた「生活復興カレンダー」による生活復興感調査（注2）は、その代表的なものである。

いわて復興ウォッチャー調査

岩手県では、東日本大震災津波からの復興状況をより具体的に把握するために、いわて復興ウォッチャー調査を実施してきた。これは被災地域に居住または就労している約１５０名にモニターを依頼し、半年に1回（２０１４年までは四半期に１回）、生活と経済の回復、および災害に強い安全なまちづくりに対する実感を、選択式（5択）および自由記載で回答してもらう調査である。第1回は震災の翌年の２０１２年5月、最新は２０２３年1月で、これまでに29回の調査が行われてきた。調査方法は郵送による発送・回収であり、回収率は当初は9割を超えていたが、近年は8割前後で推移している（注3）。

図1に、いわて復興ウォッチャー調査の結果のうち、生活の回復に対する回答の経年変化を示す。これを見ると、生活の復興感は２０１２年に急上昇して50％に達した後、２０１３年から２０１４年にかけて停滞し、２０１５年からは再び上昇、２０１８年には80％台後半までになったが、その後はコロナの影響もあって頭打ちとなっている。

この傾向は「岩手県の東日本大震災津波からの復興に関する意識調査」でも似たような結果となっているが、最大の違いは、いわて復興ウォッチャー調査では自由記載欄を設けていることである。

表１に、復興のステージに対応した特徴的記述を掲載した。

震災から２年目の記述には、とりあえずの住宅や商店は確保されて生活ができているが、住宅再建の見通しが立たないことへの不安・不満が現れている。

また震災から３年目の記述には、依然として住宅再建の見通しが立たない様子が記され、それが復興感の停滞につながっていることが見て取れる。

他方、震災５年目には、住宅再建の目処がたったという記述が目立つようになり、復興感の上昇を後押ししたことがわかる。

自由記載欄には、住宅、買い物、医療、雇用、産業、コミュニティなど、復興に関わるあらゆる分野の記述があり、復興の進捗状況を具体的に把握することができる。またコロナ禍や台風による水害など、震災以外の影響についても知ることができる。復興感を選択肢で尋ねるだけの「意識調査」では知りようのない復興感の背景となる要因を押さえることができるわけである。

復興ウォッチャー調査は比較的手軽に復興の実相を知ることができる有用な調査と言える。

（広田純一）

図１　生活の回復度（いわて復興ウォッチャー調査）

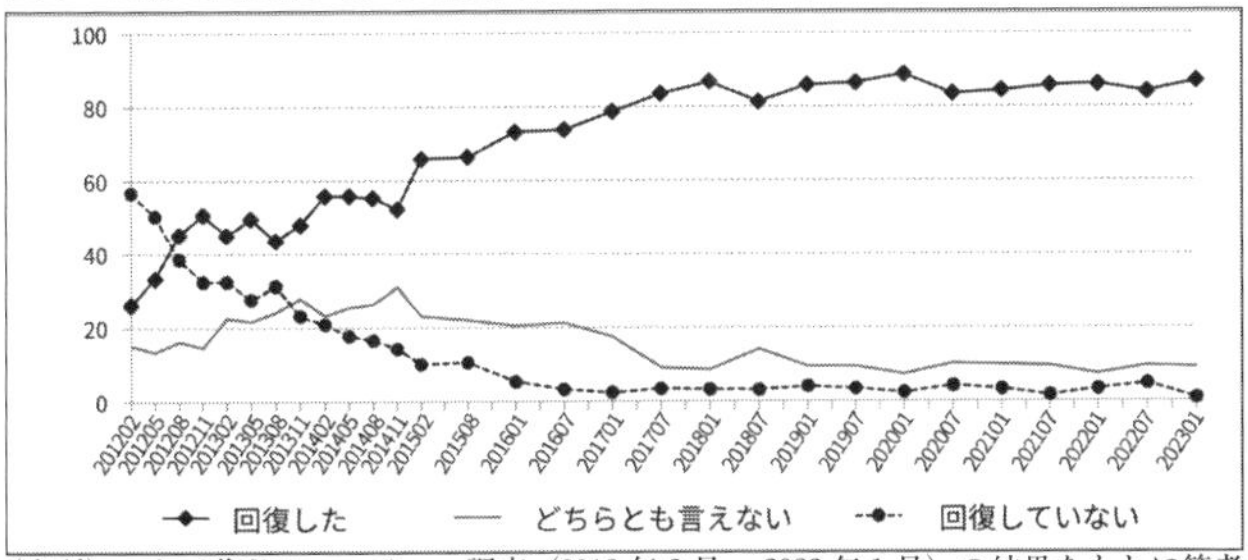

（出所）いわて復興ウォッチャー調査（2012年２月～2023年１月）の結果をもとに筆者作成

表１　復興ステージに対応する自由記述記載内容の変化

2012年２月調査：震災２年目
【あまり回復していない】仮設住宅に入居しているが、住宅の再建がどうなるのか分からない。被災企業の再建も進んでおらず、今後の雇用動向も不透明（50歳代 沿岸南部）
【やや回復している】がれき撤去が進み、仮設の商店も増えてきているが、がれきを撤去した土地が空き地のままで、これからのまちづくり計画が見えてこない（50歳代沿岸南部）
2013年３月調査：震災３年目。復興感に停滞感。
【あまり回復していない】もうすぐ２年になるが、先が見えず疲労感が特に増していると思う。仮設団地内の高齢者が心配（40歳代 沿岸南部）
【やや回復した】仮設住宅での生活にも慣れてきたためか心情的には余裕とまではいかないが安定していると思う。ただ、次のステップ（住宅再建）には進めずにいる状態だと思う。（後略）（20歳代 沿岸南部）
2016年３月調査：震災５年目。復興感が明確に上昇
【やや回復した】私共の仮設区内で１／３が安全な山手に再建し引っ越して行きました。仮設にいる方々も復興住宅に入る方、元の宅地の嵩上げを待って再建すると、先の見通しが出来た事で日常の生活も落ち着いてきたと感じました（60歳以上 沿岸南部）

（出所）「いわて復興ウォッチャー調査」自由記述欄から抜粋して筆者作成

〈注〉

1　岩手県では毎年１回、「岩手県の東日本大震災津波からの復興に関する意識調査」を実施している。これは県内に居住する18歳以上の男女個人５千人に対して、岩手県全体の震災からの復旧・復興の実感をアンケート調査（郵送）によって尋ねるものである。有効回収率は60％台半ばである。

2　木村玲欧・林春男・立木茂雄・田村圭子「被災者の主観的時間評価からみた生活再建過程―復興カレンダーの構築」『地域安全学会論文集』№６、２４１―２５０頁、２００４年。

3　岩手県HPに、これまでの調査結果がすべて記載されている。https://www.pref.iwate.jp/shinsaifukkou/fukkounougoki/chousa/watcher/1002363.html（２０２３年５月１日閲覧）。

6 復興検証・モニタリング・災害伝承

震災10年で取り組んだ復興検証報道

6－④

大災害が起こると、復興対応が妥当だったのかどうか検証することが一般的だ。１９９５年の阪神・淡路大震災や２００４年の新潟県中越地震では、それぞれ兵庫県、新潟県による復興の検証が5年、10年という節目で行われた。しかし、東日本大震災では自治体のそうした動きはわずかに留まっている。

岩手、宮城、福島の被災3県を取材エリアにもつ河北新報社は、ワンテーマを深掘りする毎年の長期連載は必ず「震災もの」から選んだ。国の当初の復興期間（２０１１～20年度）が終了する10年を前に、巨大地震、大津波、原発事故という未曽有の複合災害の復興について腰を据えて検証することを決めた。

復興プロセスを描く

震災10年報道の議論は19年11月に始まった。神戸新聞の震災10年報道の取り組みを参考に、編集局や営業も含めた全社員アンケートと報道部・総支局ヒアリングを実施した。意見が集まったのが「当初目指した復興はできたのか」「できなかったとすれば何が教訓なのか」という根本的な問いかけだった。

震災復興と原発事故を検証する長期連載シリーズを軸にすることが決まったが、犠牲を胸に刻みながら地元の人々が懸命に関わった復興に、安易な正否は下せない。わずか10年で復興の良し悪しを判断していいのか―という疑問もあった。

悩んでいる中、阪神・淡路大震災の取材で訪れた神戸でまちづくりの民間支援者から「地元紙として復興のプロセスを残せばいい」と背中を押された。

この助言で、評価というよりも、テーマごとに証言や資料を掘り起こして「復興過程を丁寧に描いて教訓を導く」という手法にたどりついた。記憶が薄れる前に事実を集めて「共有知」を得て、南海トラフなど次の被災地に生かす。検証という言葉も上から目線に感じる。一緒に考えてほしいと、シリーズ名を「東日本大震災10年　復興再考」と名付けた。

1年間で連載65回

「復興再考」は20年の7月11日から21年6月15日まで全12部、65回の連載に上る。毎月11日、月命日にスタートして読者に震災を意識してもらえるような展開を心がけた。

取り上げたテーマは掲載順に「伝える」「風評の実相」「復興構想会議」「石巻市大川小判決」「村井県政」「まちづくり」「高台移転」「なりわい」「社会の行方」「復興庁」「被災者支援」「つなぐ」の12項目。震災10年で浮かび上がった課題を深掘りし、復興そのものを真正面から問い直した。

　誰がいつ、どんな判断で復興に至ったかの検証は、当事者の協力なくして成立しない。じくじたる思いも抱えながら率直に語ってもらった。取材した全国の研究者も50人を超え、個々の研究成果に助けられた。一連の連載は、岩波書店が22年8月に発刊した単行本「復興を生きる　東日本大震災　被災地からの声」（河北新報社編集局編）で読むことができる。

　もちろん反省は多い。あの日、何があったかというストレートな話に比べ、専門的になりがちだった。また現在進行形の福島県の復興を連載で取り上げられなかった後悔もある。10年間で38兆円の巨費が投じられた復興予算の全容も検証できなかった。震災が突きつけたものは多岐にわたり、検証できたテーマは一部に過ぎない。

震災報道は適切だったか

　10年間の自社の震災報道の検証も必要だと感じている。

　例えば「復興が遅い」と事業をあおる報道では、急ぐべき復興と、防潮堤など急ぐべきではない復興があった。「復興再考」の取材では、現地かさ上げによる住宅再建を断念した石巻市の男性から「メディアの論調も含め、日本中が高台移転を称賛する雰囲気だった。現地かさ上げを主張すると『なぜ危ない場所に住もうとするのか』と批判された」と吐露された。

　時々の報道が防災や復興を考え抜いたものだったか、教訓は多々ある。災害報道の経験を積むことでミスリードを少しでも減らそうとしているが、社内検証はできていない。

復興検証は被災地責任

　災害報道は今後も、住民の命を守る「防災報道」と、被災地の課題を追いながら次の災害に生かす「復興報道」という使命を抱える。長期にわたり取材し続けることは容易ではない。報道の受け手となる読者も震災への関心は薄れており、「風化」は新聞社も例外ではない。

　取材経験の継承は待ったなしで、河北新報社は若手記者に橋渡しする活動も始めた。21年末、震災後入社を中心に所属部署を横断して「震災報道若手記者プロジェクトチーム」を発足させ、震災11年、12年と特集記事を紹介した。災害報道に興味をもつ若者も増えた。

　また全国の地方紙や放送局と連携し、各地に震災の教訓を伝える取り組みもしている。被災体験を当事者と語り合う「むすび塾」を12年から展開し、被災体験や復興過程を学び合うネットワークを築いている。

　阪神・淡路大震災25年の際に取材した神戸新聞社の幹部に「なぜ震災報道を続けられたのか」と尋ねたことがある。「震災報道は特別なものと言われるかもしれないが、ベースは他のニュースと同じ『地域密着』。最後の1人が復興するまで終わらせるわけにはいかない」という言葉が、今も胸に刺さる。

　大規模災害が全国で起こるたび、東日本大震災の復興過程は「先例」としてひもとかれることになる。後世の被災者のために何を残せたのか。復興検証は、河北新報社の被災地責任として課せられている。

（高橋鉄男）

6 復興検証・モニタリング・災害伝承

震災遺構大川小学校 どう遺し、何を伝えていくか

6－⑤

大川小学校は２０２１年７月より石巻市の震災遺構となり、公共交通機関もない中、県内外から多くの人が足を運ぶ。

訪れる人の「知りたいこと」をどれだけ伝えられているだろうか。

「向き合いづらさ」こそ本質

学校管理下における多くの児童・教員の犠牲。けっして忘れてはいけないと同時に、最もなかったことにしたい事実でもある。夢だったらどんなにいいだろう。報道等でセンセーショナルな面が切り取られ大川小のイメージになる。悲しみ・恐怖・後悔・責任…、だから「伝えにくい」「曖昧にしたい」となり、議論が十分尽くされてこなかった。当初は、行政も有識者も保存・解体の検討対象から外してきた。この「向き合いづらさ」の中にこそ伝承の本質がある。２０１６年３月に保存が決定。腰が引けている大人に対し、中高生が勇気をもって母校の保存を訴えたことは特筆される。

何を伝えるか

校舎は語る。大自然の力の前では人間は無力だ。だから、高裁判決（２０１８年４月）でも明らかなように、問われるべきは意思決定が遅れ判断を誤った当日の校庭ではない。そこにつながった3・11の前の取り組みである。津波到達のはるか前に、あるいは津波が来ないのに避難した学校がたくさんある。大川小より内陸の学校も逃げている。予め決まっていたからだ。

一方で、大川小と同じように備えが不十分で、判断が遅れた学校も少なくない。「津波が来なかった」ので助かっただけで、けっして大川小が特別だったのではない。

学校に求められているのは、津波が迫り、サイレンが鳴り響く中での判断ではなく、パニックになる前に行動することである。「まさか」と思っても「念のために」避難する。「念のためのギア」をより早く高く入れる。

事実に向き合い、伝える先には多くの命を救える未来が待っている。「悲しい」「かわいそう」の先に、よりよい未来につながる意味を生み出せれば「伝えるべき」「伝えたい」内容に更新されていくはずだ。

震災後2年近く経ってから文科省主導でスタートした検証委員会は、経費と時間を費やした挙句「もう限界です」と、事実の解明をあっさり放棄し「監視カメラや地震計を設置すべき」等の提言をまとめ解散した。学校はカメラがなければ子どもの命を守れないのだろうか。何よりも「検証中」を理由に当局は伝承や考察の対話をやめた。一

層「できれば関わりたくない」空気が作られてしまったことも述べておきたい。

どう遺すか

普通、震災遺構の中は泥や瓦礫が残っているものだが、教室内は整然としている。ボランティアや児童遺族・教員遺族・卒業生らがずっと掃除を続けてきたのだ。2階の教室も雑巾掛けで磨かれ、校庭には花もたくさん植えられた。

現在は市が管理し「ありのままを伝えるために建物には手を加えない」となっている。しかし、それは「放置」であってはいけない。天井や壁など劣化が進んでいる。ありのままを伝えるためにはメンテナンスが必要で、時間が経つほどに難しくなってしまう。

また、建物内は入れないことになっているが、校舎の中には多くの気づき・学びがある。学校生活の様子もわかる。自由に立ち入るのではなく、ルールや範囲を決めて見学できる工夫があっていいのではないだろうか。

未来の人は、校舎を見て「昔の人はなぜここを遺したのだろう」と思うはずだ。私たちの言葉、行動はそこに届けるものである。遺族の想いは十分配慮すべきだが、大川小校舎は遺族だけのものではないし、むしろ、遠くの人、未来の人にとっての意義を考えるべきだろう。内外の若い世代の声を反映させる体制づくりも必要である。

少しずつ動いている

震災間もない頃、私はどちらかというと校舎に足が向かない一人だったのだが、ある時「ずいぶん寂しい所ですね、何もない場所になぜ学校を建てたんですか？」と尋ねられた。ここには町があり、子どもが走りまわっていた。伝えないとそれはわからない。

それがあの日突然失われてしまったこと。どんなに怖かったか、どんなに生きていたかったか…。そんな命があったことを、一緒に黒い波に飲まれた先生方の無念さとともに、忘れることなく、しっかり語り継いでいかなければならない。

壁画がだいぶ痛んでいたが、昨年、塗装業者の方が無償での作業を申し出て、ようやく補修できた。その後各方面からの働きかけもあり、市では校舎の補修に予算を計上した。みんなでノックをし続けた扉が少しずつ動いている。

（佐藤敏郎）

図1　大川小の伝承（イメージ図）

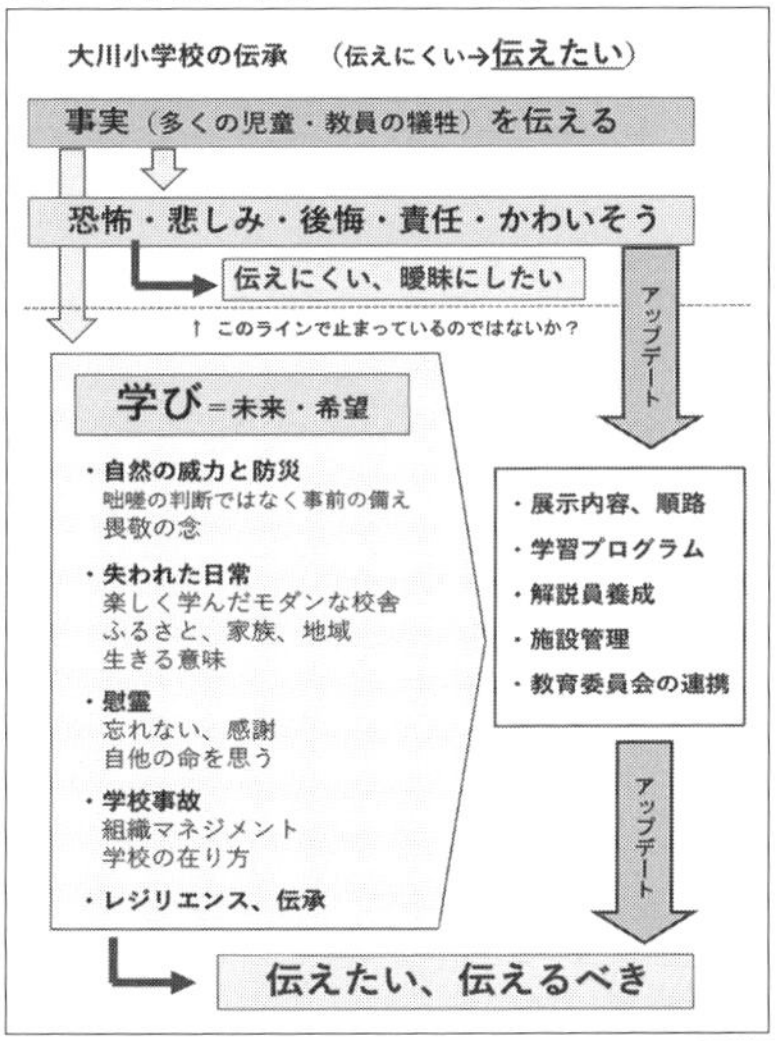
大川小学校の伝承　（伝えにくい→伝えたい）
事実（多くの児童・教員の犠牲）を伝える
恐怖・悲しみ・後悔・責任・かわいそう
伝えにくい、曖昧にしたい
↑ このラインで止まっているのではないか？
アップデート
学び＝未来・希望
・自然の威力と防災
咄嗟の判断ではなく事前の備え
畏敬の念
・失われた日常
楽しく学んだモダンな校舎
ふるさと、家族、地域
生きる意味
・慰霊
忘れない、感謝
自他の命を思う
・学校事故
組織マネジメント
学校の在り方
・レジリエンス、伝承
・展示内容、順路
・学習プログラム
・解説員養成
・施設管理
・教育委員会の連携
アップデート
伝えたい、伝えるべき

大川小には連日多くの人が訪れる。

大川伝承の会

2016年発足。手作りの案内板を設置し、ガイドを始めた。解説やQ＆A、各地から寄せられた声、新聞記事…等、管理棟内の展示を随時更新し、SNSでの発信も続けている。

7　危機管理の破綻・創造的復興批判

検証＝東日本大震災と女川原発

7－①

「県民合意なき」再稼働

東北電力は、女川原子力発電所2号機（82・5万キロワット）の2024年2月再稼働をめざしている。『河北新報』の世論調査で2023年2月、再稼働に賛成が53％、反対が47％と、初めて賛否が逆転した（2月12日報道）。しかし、賛成理由に「電気料金を安くできる」を挙げた県民が32％に急増したことが特徴で、ロシアのウクライナ侵攻と異常円安による化石燃料の高騰を機に、岸田政権が原発推進に転換したことが影響している。原発の安全性について「不安」とする回答が59％、避難計画を「不十分」と見る回答が67％で、再稼働に県民の納得と合意があるとはとても言えない状況が続いている。

避難計画に裏付けがない

女川原発2号機再稼働の差止を求めて石巻市民17人がおこした裁判に5月24日、仙台地裁が判決を下した。訴えは却下されたが、原告が申し立てた調査嘱託が一部実現し、裁判所が宮城県に避難計画の実効性を裏付ける資料を求めた。

避難計画を含む緊急時対応が具体的かつ合理的であることの確認は、女川地域原子力防災協議会が行った。ところが所管している内閣府は、原告の情報開示請求に対して、避難計画の実効性を裏付ける資料は「不存在」であると回答した。資料ナシに実効性の確認はできない。

避難計画の実効性は、行政のどの機関も確認していないことが浮かび上がっている。

再稼働の同意後に問題が

女川原発2号機は、2020年2月26日に新規制基準に「合格」し、村井嘉浩宮城県知事らが同年11月11日に再稼働に同意したが、その後に安全性に関する新たな問題が浮上した。

放射能を閉じ込める格納容器の一部である圧力抑制室が、一千ガルの新基準地震動に耐えられないと判明し、鋼板を溶接する補強が行われている（図を参照）。「経験のない工事」（東北電力）で、作業には圧力抑制室の損傷が付きまとうので、適切に修復したかどうか、溶接や塗装が適切に行われたかどうか、十分な検証が必要である。

女川原発2号機には、水素爆発防止対策として、水素を吸収する装置（静的触媒式水素再結合装置）が設置されている。その設置場所が原子炉建屋の最上階であるのは、福島第一原発の水素爆発が最上階で発生したとされていたからだが、その後の検証で水素爆発は四階以下で発生したことが判明した。

岸田政権の運転期間延長

岸田政権が、原子力基本法に原発利用を「国の責務」と明記する法改定など、原発推進への大転換を打ち出した。

福島原発事故後の2012年、安全対策として原発の運転期間を「原則40年」に制限するルールが定められた。その後に新知見がないのに、岸田政権はその廃止を打ち出した。法改定が行われれば、運転期間の延長は何度でも可能で、審査も科学的・技術的要素の乏しい、しかも非公開のものになる。

法改定には、審査等の理由による長期停止を運転期間から除外し、その分を運転期間に追加する措置が盛り込まれている。女川原発2号機は、運転期間が12年延びる。国際原子力機関（IAEA）は、老朽化を運転開始からの経過時間で評価することを推奨しており、法改定はこれに反する。長期停止の間は劣化が進まないとすることに、「眠っている間は歳をとらないと言うようなものだ」と厳しい批判がある。いずれも、「事故の危険を増やすだけだ」と非難されている。

安全性検討会設置の提案

宮城県の原発運動団体、母親大会連絡会、生活協同組合あいコープみやぎなど計39団体が4月17日、村井知事に「女川原発の安全性に係る検討会（仮称）の設置を求める要望書」を提出した。

要望書は、原子力規制機関を原子力利用推進の行政から分離・独立させるという大原則が踏みにじられていると指摘。国と原子力規制委員会に任せておけない以上、宮城県政が女川原発の重大事故を防止する役割を果たすべきだと求めている。

女川原発は、再稼働の可能性がある原発の中で最も旧い型式の沸騰水型で、地震・津波の影響が世界一大きい場所に立地している。住民運動は、安全対策の不備と政策転換による事故リスクの増大に、危機感を募らせている。

行き詰まりの原発推進策

住民運動は、女川原発1号機の廃炉で発生するL3廃棄物を原発敷地内に埋設処分する計画について、海を汚染する恐れがあるとして中止を求めている。使用済核燃料についても、再処理が不可能になっている現実を指摘して、長期暫定保管に関わる「本音の議論」を始めることを問題提起している。

大手電力会社の大幅値上げ申請で、原発が電気料金を底上げしていると批判されるようになった。気候危機打開が急務になるもとで、原発が温暖化対策を妨害していることも知られ始めている。原発依存への回帰は、大きな行き詰まりに直面している。

（中嶋　廉）

■圧力抑制室の補強工事に関する東北電力の説明図より

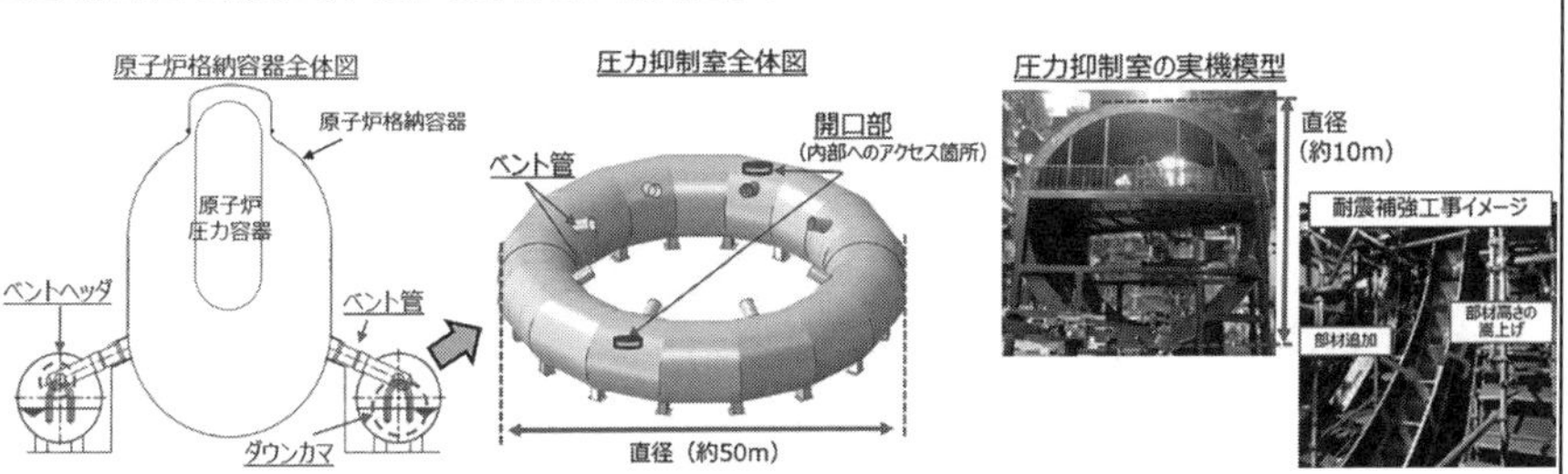

7 危機管理の破綻・創造的復興批判

迷走する宮城県広域防災拠点事業

7－②

宮城県の惨事便乗型ビックプロジェクトの中でも、「広域防災拠点」事業は、総事業費が324億円という巨大事業である。

宮城野原に整備する「広域防災拠点」の完成時期は、当初2020年度だったが、22年度、26年度へと二度延長され、23年2月の宮城県議会には2032年度まで完成がずれ込む債務負担行為の変更が提案された。しかも、セットで提案されるべき金額の上限は「精査中」で示されず、費用総額が見通せないまま事業期間の延長だけが議決される異常事態である。

総事業費も当初295億円から2019年3月に324億円へ増額された。仙台市が青葉山につくる音楽ホールの総事業費は、資材や人件費の高騰で1・6倍になると公表されているが、同様のコスト増を想定すると、広域防災拠点の事業費は優に400億円を超えてしまう。県は23年度中に総事業費の見直しを議会に諮るとしているが、その提出時期すら明言できないでいる。

これほど事業費が増え、期間も伸びる原因は、JR貨物のターミナル駅移転事業とリンクしているからだ。22年度までの執行額220億円のうち、114億6千万円はJR貨物、JR東日本への移転補償費である。JR貨物から購入した用地費は契約時に137億8千万円に固定され、三分の二は支払い済みで、残りは移転完了時の支払いになっている。23年度予算2億5千万円のほとんどもJR貨物への移転補償である。

JR貨物への異常な便宜

JR貨物が宮城野原ターミナル駅移転を希望していたことは地元新聞で報道もされ、周知の事実だった。この駅の土地取得を収用事業で進めたことによって、JR貨物への移転補償が生じることになった。収用事業によらず駅移転はJR貨物にまかせ、移転後に跡地を購入するのであれば、ここまで事業費は膨らまないで済んだ。宮城野原へ固執し、JR貨物のいいなりで「至れり尽くせり」の移転補償を行う事業を強引に進めてきた知事の責任は重大である。

県議会で知事は陳謝したが、「時間が延びたことを謝ったので、構想自体を間違っていたと謝ったわけではない」と強弁し、「資材高騰と工事が更に付加されているので予算が上がっていくことは考えられる。しっかりしたことがわからない段階で数字を出したことを反省する」と言い、費用も期間も見通せない事業を進めた自らの責任には触れなかった。

震度6強の想定なのに

昨年12月に公表された最新の「長町─利府線断層帯の地震想定」では、冬の夕方で死者1095人、建物全壊・焼失が2万3700棟という被害が想定され、宮城野原地区の震度は6強で、仙台圏の住宅密集地の火災被害は特に大きいと予測されている。隣接している宮城野原公園総合運動場は、仙台市の「広域避難場所」である。大規模火災が発生すれば、運動場は数万人が逃げこむ避難広場となる。高い確率で被災地と想定される場所に、全県で一か所の防災拠点を固定的に置くのは、リスク管理上、避けるべきだが、知事は「(問題はない)いいと思う」との一点張りである。

宮城野原の広域防災拠点事業は、事業着手から10年が経過し、23年度に県は「公共事業再評価」の手続きに入る予定である。パブリックコメントも再度募集することになる。

国交省と県の思惑

宮城野原へ「広域防災拠点」が整備されることによって、消えかけていた「1千億円道路」と言われる、高規格の国道「仙台東道路」(仙台東部道路から宮城野原への自動車専用道路)の「必要性」「緊急性」が急浮上した。広域防災拠点としての交通利便性向上を口実に、自動車専用道路との直結が必要と、知事は仙台市とともに陳情を重ね、「仙台東道路」は、国直轄事業として動き始めた。この二つの事業は、「ニワトリと卵」のような関係と言える。

「広域防災拠点」の総事業費324億円のうち、県の実質負担は153億1千万円とされ、残りは国費である。「防災公園」の位置づけで、国の社会資本整備総合交付金や普通交付税措置、復興交付金等で賄われる。

22年4月には、宮城野原駅ターミナルに広域防災拠点が2《ヘクタール》暫定運用された。復興期間が終了し、復興交付金が使えなくなる前に、その分だけを先行して整備した形である。しかし、当該部分には相変わらず貨物コンテナが山積みされており、実態はJR貨物が利用を続けている(写真)。暫定整備地の運用開始とは名ばかりで、平時は、引き続きJR貨物が無料で利用し、災害時には明渡すという文書を交わしていた。当初、県はその正当性を主張していたが、県議会建設企業委員会で質すと「コンテナは移動してもらう」とようやく土木部長が答弁した。国交省が、杜撰な暫定利用や復興交付金の支出を認めていることも問題である。

2 ha の暫定運用区域にはコンテナが置かれ JR 貨物が現在も使用している。2023 年 6 月 17 日 © 小川静治氏撮影。

宮城野原への広域防災拠点整備は中止し、JR貨物への行きすぎた移転補償をやめるなど、これ以上、財政負担が生じないように事業の抜本的な見直しが必要となっている。

岩手県では、既存施設活用を前提に、圏域ごとに既存施設が連携することで、災害に応じた広域防災拠点機能を臨機応変に発揮させる分散連携手法を採用した(事業費4千万円)。その経験も参考にして、専門家の知見も得ながら、県民が納得できる整備事業に転換させていくことを求めたい。

(福島かずえ)

不透明さ増す仙台空港民営化の未来

7－③

２０１６年７月、仙台空港は全国で初めて民営化された。その目的は「民営化によって空港内の物販・飲食収入を増やして、それを原資にして着陸料を引き下げ、就航便数を増加させ『東北地域』への来訪者を現在の２倍に増やす」ことにあった。そして運営会社の仙台国際空港㈱（以下ＳＩＡ社）は、民営化５年後の２０２０年度目標を旅客数４１０万人、貨物取扱量１万㌧においた。しかし２０２０年から３年に及ぶコロナ禍により、シナリオは完全に崩れた。民営化30年後の２０４４年度目標値（旅客５５０万人・貨物２・５万㌧）の見直しも必至である。

仙台空港の現状

民営化以降の仙台空港の旅客数・事業数値は表１の通りである。コロナ禍前の２０１９年度までの実績は「３年連続過去最高」の旅客数となり、ほぼ目標通りに推移した。しかしコロナ禍を経過し、仙台空港を巡る経営環境は悪化している。

割安航空会社（ＬＣＣ）のピーチは２０１７年に仙台空港を第３拠点化し、路線の拡大が期待されたが、その後中部国際空港便が１往復増便になっただけで路線拡大は進んでいない。仙台・沖縄便が期待されたが、20年から２年間で就航打ち切りとなった。ＬＣＣは体力が弱くコスト削減が難しくコロナで苦境にあり、ピーチも20年決算は94億円の赤字で、増便する余裕がない状況にある。ＳＩＡ社は18年にピア棟を28億円の投資で新設し、20年にターミナルビルを50億円で改修する計画だったが経営悪化に伴い、工事を中断し、リニューアルオープンを25年度末に先送りした。旅客がコロナ前に回復するのは24年度以降を想定しているが、下振れリスクは小さくない。リモート会議やテレワークがビジネススタイルとして当たり前になり、ビジネス客は完全には戻らないという見方は関係者共通のものになっている。また貨物の取扱いが仙台空港を通過して成田国際空港に集中する状況にあり、目標達成は容易ではない。

表１の「空港営業収益①②③」は空港全体の営業収益（売上高）を部門別に表したものである。「①ターミナルビル運営」は売店・飲食が主な収益で、空港営業収益全体の約74％（19年度）を占める。この部門の売上高を原資として、着陸料を引き下げて就航便増やすというビジネススキームは、コロナによって21年度は売上高が19年度の半分以下に落ち込むことによりフリーズした。また「②空港運営」は着陸料が主な収益だが、仙台空港は搭乗率が下がると着陸料金を引き下げる体系を採用してい

るために、搭乗率が下がると着陸料収入が減少する。21年度は19年度の約60％まで減少している。旅客数が右肩上がりを前提とした民営化事業手法は、いったん右肩下がりに転換するとその手法が足かせになってしまう。こうした経営状況に対し、宮城県は総額2億2300万円の経営支援を行う。65万人相当の利用客減少による「空港運営」収益不足分として1億5000万円、電気料金高騰分の半額補助として2500万円がその主な内訳である。空港民営化は民間の力を活用して空港の営業収益の増加を図るというロジックだが、コロナ禍のようなイベントリスクには通用しないということが顕在化したといえるだろう。

表１　民営化後の仙台空港の業績　（2022年度は速報値）

		2016年度	2017年度	2018年度	2019年度	2020年度	2021年度	2022年度
旅客（千人）		3,163	3,439	3,612	3,718	1,218	1,651	2,794
	国際線	226	281	311	379	0	2	15
	国内線	2,937	3,159	3,301	3,339	1,218	1,651	2,779
貨物（トン）		6,349	5,654	5,273	5,043	1,552	1,273	2,758
	国際	262	196	242	177	0	0	811
	国内	6,087	5,458	5,031	4,866	1,552	1,273	1,947
空港営業収益（百万円）		4,594	5,155	5,506	5,746	2,472	2,285	
①	ターミナルビル運営	3,708	3,894	4,134	4,273	1,733	1,337	
②	空港運営	634	902	906	980	450	601	
③	その他事業	252	359	467	494	290	348	
営業利益（百万円）		▲99	67	35	▲37	▲1,692	▲1,200	▲350
当期純利益（百万円）		▲8	109	135	▲42	▲1,514	▲1,085	▲115
投資	運営権施設更新	—	1.5億円	2.4億円	0.8億円	2.3億円	3.4億円	
	非運営権施設整備	4億円	5.3億円	27.5億円	4.8億円	1.7億円	8億円	

（注）①ターミナルビル運営：売店・免税売店の運営、テナント賃貸、旅客・貨物取扱事業、②空港運営：着陸料等空港基本施設に関する事業、③その他事業：駐車場・土地貸付事業他
（出所）旅客数・貨物量：国交省「暦年・年度別空港管理状況調書」、運営事業高＝仙台国際空港㈱HP

避けれられない2030年問題

2030年度末開業に向け、北海道新幹線札幌延伸の工事が進められている。7年後に東京・札幌（営業キロ1035㎞）は、約5時間（注1）で、仙台・札幌（同709㎞）は3時間半程度で結ばれることになる。この北海道新幹線札幌延伸が「仙台空港の2030年問題」である。

国交省の「全国幹線旅客純流動調査」（2015年度）によれば、都市間距離が「700㎞～1000㎞」の場合、新幹線と航空は40数％ずつのシェアを分け合う。しかし700㎞に絞った都市間距離例を見ると、東京・岡山（同732・9㎞）では新幹線69％・航空31％であり、東京・広島（同894㎞）では新幹線66％・航空34％となっている（注2）。両空港のイグレス性（空港から目的都市までの区間）を考慮する必要があるが、概ね7対3のシェア分担である。

現在の仙台・札幌間の新幹線と航空シェアは新幹線（＋在来線）が約10％、航空が約60％である（注3）から、札幌延伸により、これが岡山、広島事例と同様になるとすれば、現在の仙台・新千歳空港間の航空乗客数84万人（19年度）の60％程度、約40～50万人が新幹線に移ることが想定できる。これは仙台空港乗降客の15％程度に相当し、空港経営上大きな打撃となる。

コロナ禍からの本格的立ち直りが24年以降となり、30年には北海道新幹線札幌延伸リスクによる右肩下がりが確実視されるなかで、空港民営化による初期目的の実現可能性は不透明さを増している。創造的復興の一環と強弁して民営空港に県費を費やす危うさを指摘したい。

（小川静治）

〈注〉
1　国による認可時（2012年時点）の資料：北海道ホームページ。
2　西村剛（2015）「新幹線と航空の競合関係の推移と訪日外国人（インバウンド）増加の与える影響について」（『土木計画学研究・講演集』P51）。
3　国交省「都道府県間流動表」2015年度版。

7　危機管理の破綻・創造的復興批判

水道民営化というショックドクトリン

7－④

宮城県の村井知事は震災復興において「創造的復興」を掲げ、水道民営化もその中に位置づけた。民営化から1年を経過したが、早くも問題が露呈している（表1）。

「みやぎ型管理運営方式」という名の水道民営化

2022年4月、宮城県は運営権を「みずむすびマネジメントみやぎ社（MMM社）」に売却し、上工下水道9事業の民営化を開始した。コンセッション方式により、運営権を一括して民間に売却するのは、宮城県が全国で初めてである。コンセッション方式は「民営化の一形態」であることは、同じ方式である仙台空港を知事自身が「民営化」と呼称していることでも明らかである。

にも関わらず、それを「みやぎ型管理運営方式」と称し、「民営化ではない」と弁解しているのは水道の公共性の高さから、民営化されることへの県民の批判をかわすための方便であり、誤魔化しである。

表1　水道民営化後に発生した問題

①電力費高騰による営業利益悪化
②下水道事業の事業期間初期の赤字発生
③作業手順を誤って上水道濁度上昇
④汚泥含水率の管理目標値の錯誤設定

（出所）関連資料をもとに筆者作成

情報公開と水道民営化

ＭＭＭ社は、民営化後20年間で約92億円の純利益を生み出すとしている。「そんなに利益が出るのなら、県営を続けて料金引き下げと設備・管路の更新に活用すべきだ」という声が広がったのは当然である。また、実際に設備の運営とメンテナンスにあたるのは、「みずむすびサービスみやぎ」（ＭＳＭ社）である。ＭＭＭの一員であるフランスのヴェオリア社傘下のヴェオリア・ジェネッツ社が議決権の51％を保有する子会社だ。だが、県とは契約関係がない。契約関係がなければ、どこまでこの子会社を監視できるのか、曖昧なままだ。また民営化後は、ＭＭＭ社が事業の決定権を握り、公開すべき情報でも「当社の企業経営上の正当な利益を害するおそれ」（情報開示規定第6条）があるとして、秘匿できる仕組みになっている。

このような情報公開政策の建付けで、水道民営化が今後どのような事態をもたらすだろうか。条例改正を行った２０１９年11月県議会定例会でも、運営権設定を承認した２０２１年6月同定例会でも、県民の代表である宮城県議会に対して、判断に必要な十分な資料は提出されなかった。民営化後には、事業経営の状況や水質などをモニタリングする情報は、知事が任命した経営審査委員会に提出されるが、県議会に提出される資料は、そのすべてではなく、一部分に限られる。

県が言う「みやぎ型」とは、「民の力を最大限活用した県政」の名のもとに、県民の共有財産を民間の利益追及に差し出した結果、情報公開を大幅に後退させる、「質の悪い民営化」というべきものだ。

ねらいは「蛇口からダムまでを一つにする」こと

18年の水道法改正において、複数の市町村の水道事業を統合していく「広域連携」と、コンセッション方式で民営化する「官民連携」がセットで打ち出された。広域化した市町村の水道事業を民間が受託し、県営事業と設備・事業を統合すれば、その民間事業者がダムから家庭の蛇口までを「一社独占」することが可能となる。

宮城県は、MMM社に対して、民営化後、「任意事業」で、市町村の水道・下水道事業の委託を受けることを認めている。また、村井知事は、運営権の設定議案が可決される見通しが立った21年6月28日の定例記者会見において、市町村の水道事業を連携・統合していく「広域化」と、それを県の水道事業に統合することについて「20年先」と断りながらも、「各家庭の入り口のところからダムまでを一つにする」と強い意欲を示した。県内の水道事業を一体化し、同時にそれを民営化することがみやぎ型の最終到達目標なのである。

水道民営化は「ショックドクトリン」そのもの

復興は「住まいと暮らしと生業の復興」が核心である。水道民営化は復興とは何も関係がない。それを創造的復興の一環であるというのは、「方向性のベクトル合わせ」の道具として水道民営化を利用しようとするものである。復興という反対しにくい施策（方向性）に、水道事業の民営化という施策を強引に加えることで、あたかも水道民営化も復興の一環であるかのように偽装する。そして「これは復興のために必要なことなのだから」と、県民が水道民営化に反対しにくい状況を作り出すことを企図したのであろう。

19年から行われた水道民営化に関する県民への説明会には3年間で507人しか参加しなかった。さらにその年10月に行われた県知事選挙前の河北新報の「意識調査」では、水道民営化に否定的な意見が6割を超えた。数を頼んで強引に進められた水道民営化は「ショックドクトリン」そのものだったのではないだろうか（注1）。

問われる県のガバナンス

上水道事業において、22年12月、23年4月と連続して水道水の濁度が上昇するという事故が発生した。いずれも初歩的な機器の操作ミスが原因である。驚くことに、12月の事故の際、「（当該作業の）手順マニュアル」が存在しないことが判明した。民営化前も民間事業者に委託していて未整備だったという。今回の事故は深刻なものではなかったが、作業手順マニュアルの整備状況の総点検が必要である。

前述の通り実際のオペレーションを担うMSM社と県には契約関係がなく、県直接の監督は及ばない。果たして県の水道事業全体のガバナンスを全うできるのか。この事故が炙り出した民営化が内包する問題は、決して軽視できるものではない。

（小川静治）

〈注〉

1　ショックドクトリン：大惨事につけこんで実施される過激な市場原理主義改革のこと。2007年にカナダのジャーナリスト、ナオミ・クラインが著した同名タイトルの著書で広く知られるようになった。

7 危機管理の破綻・創造的復興批判

再生可能エネルギーと地域主権

7－⑤

　東日本大震災以降、太陽光・風力・バイオマスなど、再生可能エネルギー（以下、再エネ）による大規模な発電設備の立地が相次いでいる。

　東電福島原発事故を受けて、また脱炭素社会へ向かうエネルギー転換の必要からも、再エネの普及・促進のために、日本でもようやく2012年7月1日から固定価格買取制度が始まった。電力会社に太陽光発電設備の場合には10年間、風力発電とバイオマスの場合には20年間、高値での買取りを義務づけることで、再エネ設備への投資を活発化させようという制度である。1990年にドイツで始まり、太陽光発電や風力発電の急速な拡大に実績をあげてきたが、日本では政府が再エネに消極的なため導入が遅れていた。

コミュニティパワーの3原則

　福島県会津地方で、2013年8月、「原子力に依存しない、安全で持続可能な社会作りと、会津地域のエネルギー自立を目指して」、地元資本による会津電力株式会社が設立され、固定価格買取制度を活用して、太陽光発電所を拡大している。

　しかし、再エネによる発電設備は外部資本による大規模な投資の対象になりやすく、太陽光や風という本来地域資源であるはずのものが、外部資本の利潤のために利用され、地元には、固定資産税の他は、環境への悪影響だけが残ることになりかねない。すなわち外部資本による地域収奪型プロジェクトでは、原子力発電と類似の基本的構図が生じやすい。そのため国際的に、①地元資本による所有、②地元主導の意思決定、③地元への利益還元の3原則のうち少なくとも2つ以上を満たさなければならないとする「コミュニティパワー」の考え方が生まれるようになった。会津電力の取り組みはコミュニティパワーの代表事例である。宮城県でも、丸森町筆甫地区で、再エネを通じた地域活性化をめざす、ひっぽ電力株式会社が計13基、605・6キロワットの太陽光発電設備により、2019年度以降は、筆甫地区全世帯の年間消費電力量に相当する110万キロワット時の発電量を得ている。

　コミュニティパワーは地域密着型で、相対的に小規模であり、地域紛争化することは稀である。問題は、外部資本収奪型の大規模プロジェクトにある。しかもその根底にあるのは、経産省に届出をすれば許認可が得られ、県・市町村の関与が限られているという現行電気事業法の問題点である。地域が主体的に関与しがたいような時代遅れの仕組みになっている。これでは問題のあるプロジェクトが排除されず、紛争化するのは必然である。秋田県にかほ市が風力発電建設に関して景観を守るための独自のガイドラインや条例を定めているように、地域環境を守るための市町村の主体的な取り組みが不可欠である。

懸念される地域収奪型の大プロジェクト

(1) メガソーラーと問題点

１ＭＷ（メガワット、１０００キロワット）以上の太陽光発電設備はメガソーラーと呼ばれる。敷地面積は、約3千坪、１ヘクタール以上の土地が必要になる。太陽光発電所は大規模になるほど、収益性も高まるが、その一方で、森林を伐採したあとの傾斜地やゴルフ場跡地などに立地されやすく、土砂崩れや景観の悪化、太陽パネルの反射などによる光害などの問題をもたらし、地域の反発を引き起こしやすくなる。

(2) 大規模風力発電建設への懸念と反発

風力発電機の場合には、年間を通して風が強い場所でなければならず（地上高30ｍで、年平均秒速6ｍ以上の風が得られること）、航空機の経路などに抵触しない、バードストライクの危険性が少ない、景観への配慮など、立地適地は限られてくる。長い間、宮城県には商業用の風力発電機がなかったが、２０１7年以降、大規模な発電事業が、気仙沼市や石巻市で開始され、県が２０１８年に風力発電の導入可能性エリアを示したゾーニングマップを公表して以降、15の事業が環境影響評価の手続きを進めている（２０２２年6月現在。1万キロワット以上のプロジェクトが、環境影響評価の対象となる）。

風力発電機は最近は静かになり騒音が苦情を招くことは少なくなったが、人間の耳には聞こえない低周波の騒音による健康への影響が懸念されている。大規模プロジェクトの場合、最も懸念されるのは、直径１００ｍ以上にも達する風車の羽根やタワーを大型トレーラーで輸送するために必要な直線的な作業用道路の造成・拡幅工事に伴う自然破壊、地滑り、土砂崩れ、地下水脈への影響、クマなど野生動物の生態系への影響、風車が林立することによる景観への影響などである。オオタカなど、稀少な猛禽類の営巣地が見つかり、環境影響評価で中止になる事例も見られる。

２０２２年7月には、宮城県でも、川崎町の蔵王山麓への大規模風力発電施設建設計画が撤退に追い込まれた。加美町周辺の薬莱山や舟形連峰付近での大規模風力発電施設建設に対しても、地元住民を中心とする反発がひろがっている。

大規模風力発電施設が地域に受け入れられるためには、地元への説明を十分に尽くして地域住民に不安を与えないこと、バードストライクをはじめ自然環境や景観に十分に配慮することと、新たな災害の誘因とならないことが不可欠である。

(3) 津波被災地への輸入木質バイオマス発電所建設

輸入木質バイオマスや輸入パーム油による発電事業も固定価格買取制度の対象事業となってきたが、木質バイオマスの原産国北米での森林破壊やパーム油の原産国インドネシアなどでの熱帯林破壊、オランウータンの生息地破壊などの悪影響が環境団体によって指摘され、再生可能エネルギーの理念に反するとして批判されている。津波被災地の仙台市蒲生地区及び仙台港での輸入木質バイオマス発電所建設には環境影響評価手続きの中で、市民から厳しい批判が相次いだにもかかわらず、仙台市は計画を容認し、建設が強行されてしまった。

（長谷川公一）

新浸水想定と現場の混乱

新たな津波浸水想定

岩手・宮城・福島の被災3県は、津波防災地域づくり法第8条に基づき（表1）、2022年3月から10月にかけて、相次いで最大級の津波浸水想定を更新して公表した（以後、西暦は下2桁で記載）。東日本大震災からの復興計画策定時に想定したにもかかわらず、この時期に想定を更新したのは、中央防災会議が設置した日本海溝・千島海溝周辺海溝型地震に関する検討会やワーキンググループが、20年4月から22年3月にかけて、相次いで同巨大地震に関する新たな断層モデルや被害想定、対策を発表したことによる（表2）。

表1　津波防災地域づくり法の浸水想定規定

津波防災地域づくり法（抄）
第8条　都道府県知事は、基本指針に基づき、かつ、基礎調査の結果を踏まえ、津波浸水想定（略）を設定するものとする。
（略）
4　都道府県知事は、第一項の規定により津波浸水想定を設定したときは、速やかに、これを、国土交通大臣に報告し、かつ、関係市町村長に通知するとともに、公表しなければならない。
（略）
6　第2項から前項までの規定は、津波浸水想定の変更について準用する。

表2　日本海溝・千島海溝周辺海溝型地震に対する検討会等の成果物

日本海溝・千島海溝沿いの巨大地震モデル検討会
・概要報告：2020年4月21日
・最終報告：2022年3月22日
日本海溝・千島海溝沿いの巨大地震対策検討ワーキンググループ
・被害想定：2021年12月21日
・対策についての報告書：2022年3月22日

拡大した浸水域

新浸水想定における浸水面積は、岩手100㎢、宮城391㎢、福島139㎢。震災時の浸水域対比で岩手1・7倍、宮城、福島で1・2倍に達し、津波による死者の想定も、岩手県の場合は、大震災の犠牲者を上回る7千人となった（宮城県5251人、福島県796人）（『朝日新聞』、22年12月13日）。

新想定が、大震災での浸水域を上回ったのは、中央防災会議の検討会が公表した最大級の地震の断層モデルを採用してシミュレーションしたことによるが、大震災後に復旧・整備された防潮堤等が津波が越流しても破堤を免れるように粘り強い構造として設計されたはずにもかかわらず、「津波防災地域づくりの推進に関する基本的な指針」（11年12月27日、以下、「基本指針」）が、浸水想定にあたり防潮堤等が「津波が越流した場合には破壊される」ことを想定することを基本とするように求めているからである（表3）。

新想定と現場の混乱

(1) 浸水域に立地する小中学校

「日本海溝・千島海溝地震対策特措法」による「地震津波避難対策特別強化地域」（以下、「特別強化地域」）に指定された青森・岩手・宮城・福島の東北4県59自治体に対して、河北新報社が23年1月に実施した調査によれば、新想定の浸水域に立地する小中学校は、32自治体161校にのぼると言う。その結果、各校の津波避難計画が見直しを迫られている他、一部の学校では移転も検討されている（『河北新報』、23年4月24日）。

(2) 避難ビルや避難場所も浸水域に

より深刻なのは、新想定では浸水する緊急避難場所や避難所、避難タワー・避難ビルも相次いでいることだ。例えば岩手県久慈市の最大浸水深は、久喜漁港の16・7mで大震災時の2倍近い。湊町にある市内唯一の避難タワーの高さを津波が超え、避難には使用できない。市庁舎を含む中心部が広く浸水する（『河北新報』、23年3月8日）。

また、東北特有の問題もある。雪や寒さの悪影響だ。迅速な避難の妨げとなり、避難場所の寒さ対策も強いることになる。

(3) 見直しの困難性

しかし、見直しは容易には進まない。前述の河北新報調査によれば、緊急避難場所や避難所の見直しが完了したのは、59自治体中34自治体、避難ビル、避難タワーの見直しは、必要のある22自治体中9自治体に止まっている（『河北新報』、23年2月16日）。

見直しを阻む理由の一つは、自治体財政の壁だ。「特別強化地域」に指定されれば、避難施設や避難経路整備に対する国庫補助率が、2分の1から3分の2にかさ増しされるが、それでも地方負担は無視できない。

もう一つは、過酷な避難ビルの安全指針だ（国交省告示1318号（11年12月27日））。国交省は21年3月に許容浸水深で簡易的に指針への適合を判定する事務連絡を発出した。中心部で10mを上回る津波が想定される岩手県釜石市では、この簡易指針に照らすと10階建てを超えるビルでなければ適合しないことが明らかとなった。中心部にある7、8階建ての災害公営住宅やホテルは不適合となる（『河北新報』、23年3月9日）。

表3　津波浸水想定に対する基本指針の要点

三　法第八条第一項に規定する津波浸水想定の設定について指針となるべき事項（抜粋）
・津波浸水想定の設定は、最大クラスの津波を想定して、浸水の区域及び水深を設定する。
・最大クラスの津波は、国の中央防災会議等により公表された津波の断層モデルも参考にする。
・最大クラスの津波の断層モデルの設定等は国が検討し都道府県に示す。ただし都道府県独自の考え方に基づき設定することも考えられる。
・津波の断層モデルの新たな知見が得られた場合には、適切に見直す。
・津波浸水想定は、津波による浸水が的確に再現できる津波浸水シミュレーションモデルを活用する。
・海岸堤防、河川堤防等の破壊事例などを考慮し、最大クラスの津波が悪条件下において発生し浸水が生じることを前提に算出する。悪条件下として、設定潮位は朔望平均満潮位を設定し、海岸堤防、河川堤防等は津波が越流した場合には破壊されることを想定する。
・津波浸水想定は、建築物等の立地状況、盛土構造物等の整備状況等により変化するため、津波浸水の挙動に影響を与えるような状況の変化があった場合には、再度津波浸水シミュレーションを実施し、適宜変更していくこと。

最大級の津波を想定する矛盾

新想定による現場の混乱は、最大級の津波（L2津波）の想定を強いる「基本指針」への重大な疑問を提起する。筆者が最も懸念するのは、近隣の避難ビルや避難場所の利用を閉ざし、結果として避難を妨げ犠牲者を増やす可能性だ。悪条件下のL2津波からの安全な避難場所を、すべての人々に直ちに保証するのは不可能だ。東日本大震災を経験した東北沿岸域を再びL2津波が襲うことも否定はできないが、しかし、百年以下の周期で繰り返すL1津波の確率は遥かに高い。いたずらにL2対応を強いるより、L1津波も考慮に入れて、確率的に犠牲者を最小化する対策を推進すること、検潮ブイの大量設置などで到達津波規模の早期把握に努めることが優先されるべきではないか。

（遠州尋美）

あとがき

東日本大震災の発災から13年、前著『東日本大震災100の教訓　地震・津波編』（『地震・津波編』）の出版からほぼ5年、国が当初復興期間に位置づけた2020年度末からも3年が過ぎようとしている。依然として復興から取り残された少なくない被災者の苦しみをよそに、国は復興基本方針を大幅に見直して、原発被災からの復興に軸足を移し、地震・津波被災に関しては復興計画をほぼ達成したとして、復興からの撤収を始めている。被災自治体の多くも、国と足並みを揃えて平時の営みへと舵を切った。だが、まともな検証を行わないままの撤収である。復興庁をはじめ国のいくつかの省庁が「検証委員会」や振り返りの「有識者会議」を設置して、形だけは立派な「検証」報告書を出してはいる。被災自治体のいくつかも同じように「検証」文書は作成した。しかし、それらの多くは、官僚が作文して、莫大な復興資金を費やした事業の達成を誇示したものに過ぎず、将来に向けた教訓を汲み取ることは難しい。かろうじて評価できるのは、岩手県による『東日本大震災津波からの復興—岩手からの提言』くらいであろうか（本書10頁）。

大震災以後も、災害リスクは低下するどころか、ますます増大している。熊本地震をはじめ地震災害が相次ぎ、台風や豪雨など気象災害も凶暴さを増している。そして首都直下地震や南海トラフ地震の発生も不可避とされる。そのような中で、概ね33兆円（対東京電力求償対象経費、復興債償還費等を除く）もの巨費を費やした大震災復旧・復興事業についてまともな検証を行わない行政に存在意義はあるのか。その危機感が、本書企画の動機づけとなった。

前著『地震・津波編』は、極力「べき論」の展開は避け、復興現場で起きている事実の客観的記述に努めて、「事実に語らせる」こと、読者ご自身が自ら判断・理解する助けとなることを主眼として編集した。直接大震災を経験していない大多数の人々が、多様な被災の実態と復旧・復興への取り組みに、それぞれの関心に応じてアクセスできる、いわばミニ百科事典の役割を担おうとしたのである。しかし、『地震・津波編』出版後に明らかになったのは、検証なしに地震・津波復興から撤収を進めるだけに留まらず、国は、首都直下地震や南海トラフ地震などの切迫する大災害を睨み、大規模災害復興法をはじめ、大震災復興で用いた復興特区手法の正当化と権威づけを着々と進めていることである。ミニ百科事典機能だけでは、そうした情勢の展開に応えることは難しい。大震災復興の全体的枠組みを規定した構造的問題について、俯瞰的・総括的に問題提起することも求められている。そこで、本書『復興検証編』は、各々4頁を費やして本格的に検証を試みるパート1と、『地震・津波編』同様、多様な復興現場にフォーカスして事実を記録し共有するパート2と2部構成とした。

私たちは、2022年9月18日を皮切りに、8回にわたって企画会議を行い、本書に採録すべき項目案と執筆依頼者の選定を行った。しかし、執筆者の執筆意図を尊重し、論調や結論の統一などは一切行っていない。それでも、大震災復興の特徴は自ずと浮かび上がってきたように思う。私は、『地震・津波編』のあとがきで、同書から読み取れる大震災復興の特徴として以下の5点を指摘した。第一に惨事便乗の横行、第二に被災者、コミュニティの分断、解体、第三に国丸抱えの復興財政と裁量の拡大にもかかわらず、被災者の要求を汲み取り実現する上での地方の未成熟、第四に復興の行末を左右した県のイニシアティブ、そして最後に現場及び市民レベルでの創意的取り組みの前進と経験の蓄積である。本書の各項目から見えることも、やはりこの5点の特徴であることは揺るがない。ただし、前作以上に私の危機感を掻き立てるのは、惨事便乗の温床となった特区法の負の側面が、津波防災地域づくり法、大規模災害復興法、国土強靭化法等により災害復興の分野を遥かに超えて一層強固に国の政策体系の中心に根づいたのではないかということである。被災者、被災地の再建のためならばと、負担の増加を厭わなかった国民の善意につけ込んで、未曾有の軍備拡張予算の確保のために、復興特別所得税の課税期間のさらなる延長を目論む国の姿勢を見ると、杞憂とは言えないのではないかと思う。

編者の求めに応えて、2頁見開き、ないしは4頁にきっちりと収めるという制約の中で、簡潔に、かつ客観的な根拠を踏まえてまとめていただいた執筆者のみなさんに敬意を表したいが、本書がめざした市民版復興検証白書という位置づけに照らし、編者の責任という意味では依然として課題は残されている。

まず心残りなのは、被災した小規模自治体の復興事業遂行能力を補うために広範に採用された復興ＣＭ（Construction Management）方式を正面から取り上げて、その意義や課題をきちんと論じることができなかった。日常の行政事務を遥かに凌駕する大規模な復興業務を遂行する専門部隊を各々の自治体が自ら抱えることが不可能である以上、ＵＲ都市機構などの経験豊富な外部者が自治体に代わってそれを担う復興ＣＭの活用は避けられない。しかし、専門ノウハウをもたない自治体が復興ＣＭを適切に管理・監督できなければ、惨事便乗のさらなる温床となる懸念は拭えない。実際、災害公営住宅建設を受注した知人のゼネコン社員は、金に糸目をつけない発注単価に驚いたという。地方自治の根幹に関わる課題が残されていることを指摘しておかなければならない。

もう一つは、広域合併の影響を十分に検証することができなかった。旧村単位で見た場合に、極端な人口減少に見舞われた地区も少なくない。広域合併の影響があったことは間違いなく、「被災住民の希望」に沿って、粛々と集約化が進展することになった。居住選択の自由は憲法で保障された権利ではある。だが、復興事業が「消滅集落」への一里塚だったとすれば、無批判に見逃すことはできないだろう。本書とは異なるアプローチ、ケーススタディの課題なのだと思う。

女川、南三陸…。復興の進んだ被災地を訪れると、海辺近くの小綺麗なショッピングモール、そこから隔絶された高台の住宅団地と公共施設群。判で押したようなパターンだ。建物は新しく清潔で、晴れた日にはまばゆく輝いて見える。だが、違和感が拭えない。生活の匂いが薄いのだ。私が好んで訪れた農村や漁村集落、伝統的な町並みのもつ魅力を感じない。私が惹きつけられるのは、暮らしと生業が渾然一体となった通りや家並みが醸しだす生命の躍動だ。それを解体して小さな都会に置き換えてしまった。産業的資源の乏しい地方がインバウンドに期待するのはわかる。だが、そこに日々の暮らしを楽しむ人々の営みがないなら、インバウンドは長続きしない。復興構想会議を担ったみなさんに問いかけたい。これがあなたたちの言う創造的復興だったのでしょうかと。

本書の出版企画には、編者として表記した方以外にも多くの人々の参加を得た。お名前のみ記させていただく。阿部重憲さん、井上博夫さん、小川静治さん、金田基さん、菜田但馬さん、鴫原敦子さん、中嶋廉さん、福島かずえさん、増田聡さん。みなさんとの刺激的なディスカッション、そして率先して素晴らしい論考をご執筆いただいたことに厚く感謝したい。

『地震・津波編』からほぼ5年、一層厳しさを増した出版事情のもとで、本書もまたクリエイツかもがわに出版をお引き受けいただいた。制約の多い中、リスクの高い出版を引き受けてくださった同社の田島英二さんに心から謝意を評したい。

２０２３年11月30日　『東日本大震災１００の教訓　復興検証編』出版企画委員会

事務局　遠州尋美

執筆者一覧（50 音順）

阿部　重憲　新建築家技術者集団宮城支部／都市プランナー
井上　博夫　岩手大学名誉教授（財政学）
岩渕　健彦　弁護士／仙台弁護士会
姥浦　道生　東北大学災害科学国際研究所教授
遠州　尋美　みやぎ震災復興研究センター事務局長／元大阪経済大学教授
小川　静治　東日本大震災復旧・復興支援みやぎ県民センター事務局長
小野寺宏一　弁護士／宮城県災害復興支援士業連絡会理事
小山田榮二　岩手県保険医協会会長／全国保険医団体連合会理事／小山田歯科医院勤務（盛岡市）
金田　　基　宮城県議会議員／元東日本大震災復旧・復興支援みやぎ県民センター事務所長
神倉　　功　東日本大震災復旧・復興支援みやぎ県民センター事務所長／
　　　　　　宮城県民主医療機関連合会理事
桒田　但馬　立命館大学経済学部教授（地域経済学、地方財政学）
小賀坂行也　仙台農業協同組合管理部経営企画課課長／博士（農学）
小向　俊和　弁護士／仙台弁護士会
坂井　直人　河北新報社いわき支局記者
嵯峨サダ子　前仙台市議会議員
坂田　　匠　宮城県民主医療機関連合会事務局長
佐藤　隆雄　国立研究開発法人防災科学技術研究所社会防災システム研究部門客員研究員／技術士
佐藤　敏郎　大川伝承の会共同代表
塩崎　賢明　神戸大学名誉教授／兵庫県震災復興研究センター代表理事
鴫原　敦子　東北大学大学院農学研究科学術研究員（社会学、開発学）
菅野　　拓　大阪公立大学大学院文学研究科准教授
鈴木　　浩　福島大学名誉教授
高橋　鉄男　河北新報社岩沼支局記者
田澤　紘子　東北芸術工科大学デザイン工学部企画構想学科専任講師
千葉　昭彦　みやぎ震災復興研究センター代表／日本地域経済学会理事／
　　　　　　東北学院大学経済学部教授（地域経済論）
津久井　進　弁護士／兵庫県弁護士会
手島　浩之　都市建築設計集団／ UAPP 代表
徳水　博志　（一社）雄勝花物語共同代表／元雄勝小学校教諭／
　　　　　　元宮城教育大学・元東北工業大学非常勤講師
中嶋　　廉　原発問題住民運動宮城県連絡センター世話人／前宮城県議会議員／
　　　　　　東日本大震災復旧・復興支援みやぎ県民センター事務局
中関　武志　ＮＨＫエンタープライズ東北支社コンテンツ制作部　シニア・プロデューサー
長谷川公一　尚絅学院大学特任教授（環境社会学）／東北大学名誉教授
広田　純一　（特非）いわて地域づくり支援センター・代表理事／岩手大学名誉教授
福島かずえ　前宮城県議会議員
本間　照雄　地域福祉研究所主宰／宮城県仙台市民生委員児童委員
増田　　聡　東北大学大学院経済学研究科教授・震災復興研究センター長、同災害科学国際研究所兼務
宮入　興一　愛知大学名誉教授、長崎大学名誉教授 / 財政学、地方財政学、地域経済学
宗片恵美子　特定非営利活動法人イコールネット仙台・常務理事
室崎　益輝　神戸大学名誉教授・兵庫県立大学名誉教授
山谷　澄雄　弁護士／仙台弁護士会
吉江　暢洋　弁護士／岩手弁護士会

編著者紹介

千葉昭彦（ちば・あきひこ）

1959年岩手県一関市生まれ。東北学院大学大学院経済学研究科博士課程後期課程満期退学。博士（学術）。現在、東北学院大学経済学部教授、みやぎ震災復興研究センター代表、専門は地域経済論。主な著書は『都市空間と商業集積の形成と変容』（原書房）。

塩崎賢明（しおざき・よしみつ）

1947年神奈川県川崎市生まれ。京都大学大学院工学研究科修了（建築学専攻）、工学博士。神戸大学名誉教授。現在、兵庫県震災復興研究センター代表理事、専門は都市計画・住宅政策。主な著書に『復興〈災害〉―阪神・淡路大震災と東日本大震災』（岩波新書）。

長谷川公一（はせがわ・こういち）

1954年山形県上山市生まれ。東京大学大学院社会学研究科単位取得退学（社会学専攻）、社会学博士。現在、尚絅学院大学特任教授、東北大学名誉教授、公益財団法人みやぎ・環境とくらし・ネットワーク理事長、専門は環境社会学・市民社会論。主な著書に『岐路に立つ震災復興』（共編著、東京大学出版会）、『原発避難と震災』（共編著、有斐閣）。

遠州尋美（えんしゅう・ひろみ）

1949年宮城県仙台市生まれ。東北大学大学院工学研究科修了（建築学専攻）、工学博士。元大阪経済大学教授。現在、みやぎ震災復興研究センター事務局長、専門は地域政策・地域開発。主な著書に『グローバル時代をどう生きるか』（法律文化社）、『低炭素社会への道程』（共編著、法律文化社）。

みやぎ震災復興研究センター

東日本大震災の復興の検証を、被災者の視点に立って進めるとともに、得られた研究成果を被災者の救済と被災地の復興に役立てることを目的として、2018年12月に発足。本書は、『東日本大震災100の教訓 地震・津波編』（クリエイツかもがわ、2019年2月）に続く、本センター2冊目の成果物である。代表は千葉昭彦東北学院大学教授、事務局長を遠州尋美元大阪経済大学教授が務める。「みやぎ」の名を冠しているが、地域を限定せずに研究者、専門家、復旧・復興支援に取り組む人々の幅広い参加を求めている。

ホームページ：https://miyagishinsailabo.com/

同センターについての問い合わせは、下記宛、メールにてお寄せください。

みやぎ震災復興研究センター　e-mail：miyagishinsailabo@gmail.com

東日本大震災100の教訓――復興検証編

2023年12月20日　初版発行

編　者Ⓒ　千葉昭彦・塩崎賢明
長谷川公一・遠州尋美
みやぎ震災復興研究センター

発行者　田島英二
発行所　株式会社 クリエイツかもがわ
〒601-8382　京都市南区吉祥院石原上川原町21
電話 075 (661) 5741　FAX 075 (693) 6605
ホームページ　https://www.creates-k.co.jp
郵便振替　00990-7-150584

印刷所　モリモト印刷株式会社

ISBN978-4-86342-357-2 C0036　Printed in Japan

好評既刊本　　定価表示

まもられなかった人たち
検証「借上復興公営住宅」の強制退去策
兵庫県震災復興研究センター／編
津久井進・市川英恵・出口俊一・吉田維一・関本龍志・井口克郎・藤原柄彦／執筆

住まい、いのち、健康、法制度、人権…様々な課題が浮き彫りになった「借上復興住宅問題」を、弁護士・研究者・入居者支援者らが検証。　1430円

負の遺産を持続可能な資産へ
新長田南地区再生の提案
兵庫県震災復興研究センター・市民検証研究会・広原盛明・松本誠・出口俊一／編

2300億円近い予算を投入。阪神・淡路大震災後四半世紀を経てなお、事業完了せず。『新長田駅南地区震災復興第二種市街地再開発事業検証報告書』（2021.1神戸市発表）を徹底検討した「市民検証報告書」。　1430円

震災復興研究序説
復興の人権思想と実際
出口俊一／著

ほんの一瞬大きな縦揺れが横揺れに変わり、家財が飛び散り家屋が崩壊——認定されているだけでも6,434人が犠牲となった阪神・淡路大震災から四半世紀。被災地において見聞・体験・研究・実践してきた復旧・復興の記録。　3520円

住むこと 生きること 追い出すこと
9人に聞く借上復興住宅
市川英恵／著　兵庫県震災復興研究センター／編　寺田浩晃／マンガ・イラスト

住み続けたい人が追い出されるってどういうこと？　借上復興住宅入居者の声を聞き、自治体の主張を整理。研究者、医師、弁護士との対話から、居住福祉、医療、健康、法律について考える。　1320円

22歳が見た、聞いた、考えた「被災者のニーズ」と「居住の権利」
借上復興住宅・問題
市川英恵／著　兵庫県震災復興研究センター／編　寺田浩晃／マンガ・イラスト

震災を覚えていない世代が、自分たちのことばで、阪神・淡路大震災の復興に迫る。各章はマンガからスタート。まだ、終わっていない阪神・淡路大震災の復興、そして、東日本、熊本…今後の震災復興住宅のあり方に目を向けて！　1320円

阪神・淡路大震災の経験と教訓から学ぶ
塩崎賢明・西川榮一・出口俊一　兵庫県震災復興研究センター／編

大震災15年と復興の備え	1320円
世界と日本の災害復興ガイド	2200円
災害復興ガイド　日本と世界の経験に学ぶ	2200円
大震災10年と災害列島	2420円
大震災100の教訓	2420円

https://www.creates-k.co.jp/